华文教育专业建设成果汇编

总主编　周　静　蔡　丽

华文教育专业论文集

主　编　周　静　　副主编　张耀文

Collection of Papers on Chinese Education

暨南大學出版社
JINAN UNIVERSITY PRESS

中国·广州

图书在版编目（CIP）数据

华文教育专业论文集/周静主编；张耀文副主编．—广州：暨南大学出版社，2021.3
（华文教育专业建设成果汇编）
ISBN 978 - 7 - 5668 - 2723 - 4

Ⅰ.①华… Ⅱ.①周…②张… Ⅲ.①华文教育—文集 Ⅳ.①G749 - 53

中国版本图书馆 CIP 数据核字（2019）第 194566 号

华文教育专业论文集

HUAWEN JIAOYU ZHUANYE LUNWENJI

主　编：周　静　副主编：张耀文

出 版 人：张晋升
策划编辑：杜小陆
责任编辑：黄志波　黄少君
责任校对：王莎莎
责任印制：周一丹　郑玉婷

出版发行：暨南大学出版社（510630）
电　　话：总编室（8620）85221601
　　　　　营销部（8620）85225284　85228291　85228292　85226712
传　　真：（8620）85221583（办公室）　85223774（营销部）
网　　址：http：//www. jnupress. com
排　　版：广州良弓广告有限公司
印　　刷：佛山市浩文彩色印刷有限公司
开　　本：787mm × 960mm　1/16
印　　张：17
字　　数：350 千
版　　次：2021 年 3 月第 1 版
印　　次：2021 年 3 月第 1 次
定　　价：69.80 元

编选说明

本论文集是华文教育专业建设成果汇编之一，是暨南大学华文学院华文教育系的教师自2005年创系以来发表过的与华文教育相关的论文选集，共计23篇。

本论文集共分五个专题，分别是华文教育学科与专业建设研究9篇、华文教材研究3篇、华文教学研究4篇、华文习得研究4篇、汉语研究3篇。

本论文集的作者大多是在华文教育系工作过或者和我们的学科与专业建设比较契合的老师。这些入选作品大多已经在杂志、报纸、论文集公开发表过。有的是已经入选即将出版的论文集的论文，如《汉语教材例句的典型性考察》《印尼华裔新生代中华文化认同与华文教育研究》。有的是研究团队共同署名发表的论文，如《〈中文〉（初中版）的编写理念和特色》。个别论文是在本论文集中首次公开发表，如《暨南大学华文教育专业奖学金的管理现状与改进对策》。

其实，在这期间，暨南大学华文学院其他系部的教授和专家也担任过华文教育系的教学和研究工作，还有不少相关的论文，但因篇幅、专题和时间的限制，此次并没有全部选入，期望有更多作品陆续收集出版，敬请各位同行专家批评指正！

周　静　张耀文

2019年1月

目　录

华文习得研究

汉语研究

华文教育学科与专业建设研究

华文教育研究的重点与方向[①]

贾益民

世界华文教育研究已经进入了一个新的发展阶段，我认为以下几个方面是当前华文教育研究的重要领域，也将是未来一段时间内华文教育研究的重要方向，需要我们组织力量，广泛调查，深入分析，取得成果，以推动华文教育研究向更深层次、更高水平发展。

1 华文教育“三教”问题研究

紧紧围绕扎根于实际需要的“三教”问题，华文教育理论研究首先要解决“教什么”的问题。“教什么”必然涉及“标准”的问题。我们现在的华文教学还没有通用的、地区性的华文教育大纲，华文教育目前在“应该教什么”这个问题上尚无定论。而要设计华文教育大纲，就必然会牵涉到大纲标准的制定问题，就会密切关联到语言问题和文化问题。这里面就存有很大的研究空间，有很多工作值得我们进一步去研究，去探索。

其次是要解决“怎么教”的问题，要花大力气去研究华语本体各个要素，研究华语习得规律、习得偏误，在语言对比的基础上对偏误现象进行有针对性的描写和分析，并以此开展本土化、国别化教材的编写与教学。同时，展开对不同阶段、不同群体、不同背景下的华语学习者的接受心理、接受规律、学习动机的研究，并使之成为华文教育可持续发展的不竭动力。

强大的师资队伍是华文教育持续发展的根本保障。为促进华教师资队伍的正规化和可持续发展，当前非常有必要积极研发华文教师认证体系，根据海外华文教学日益规范化的需要，开展华文教师等级证书制度研发，以建立一个融师资培训、证书考试、等级认证为一体，科学、权威、实用的华文教师认证制度，以促进华文教育的发

① 本文根据作者在“第二届两岸华文教育协同创新研讨会”（厦门，2013）上的讲话整理而成。

展。在此基础上，积极研发配套的华文师资培训系列教材，以培训需要为出发点，开发出针对不同教学性质、不同教学类型的系列华文师资培训教材；积极组织开展多层次、高质量、成体系的海外华文师资培训工作，建设立体化的华文师资培训课程体系，推动海外华文师资队伍的成长。

2　世界华文教育现状调查

开展海外华校普查、海外华文教育组织调查及海外华文教育政策调查，是华文教育理论研究的重要内容。通过调查，我们要了解清楚目前华文教育的现状究竟是怎样的，全球究竟有多少华文学校，这些华文学校里面究竟有多少学生，比例构成是怎么样的；各个国家、各个地区、各个学校有多少华教师资，师资构成又如何。目前，这些数据都很匮乏，很多时候我们所依据的数据都是估算的，缺乏田野调查的第一手数据作为基本依据。这种状况将极大地限制学科研究的科学性，对相关主管部门制定科学政策也会产生较大影响。因此，需要调动世界范围内华文教育界的各方力量，群策群力，发挥各自优势，摸清海外华校的整体概况、师资队伍结构、教学运行机制、学生来源、教材使用及历史沿革等。在深入、充分调查的基础上，依托相关科研机构，建立海外华文教育的分项数据库，为华文教育政策制定和学科研究提供直接的数据平台支撑。

3　世界华文教育发展历史研究

作为一门学科，学科发展历史是学科理论研究的核心课题。当前华文教育研究的重要领域之一便是华文教育发展历史研究，也包括其未来发展趋势的研究。可以说，现在还没有一部完整的关于世界华文教育历史的文献，现有的一些华文教育历史研究著作，往往研究范围较小，地域性较强。部分著作对相关史料的搜集也不甚翔实，全面性、权威性不足。随着时间的流逝，有些华文教育的珍贵史料，我们只能眼看着其逐渐流失，而没有人去收集，没有人去整理。尤其是海外华文教育界的一些老前辈，他们手上有大量的宝贵资料，脑海中有丰富的事件史实，但限于各种原因，这些鲜活的史料目前还没有人去收集、整理，只能慢慢消失。而那些正在流逝的材料与史实，却正是华文教育理论研究的宝藏。

作为华文教育理论研究的一项基础性工作，我们要抓紧时机，积极行动起来，去抢救这类华文教育史料。把华文教育当作一门学科来建设，这是一项最具基础性的工作，前人做的这么多贡献，创造的这么丰富的历史，不能白白流失掉。抱着对历史、对未来负责任的态度，我们迫切需要加强对华文教育史料的收集、整理工作，加强对华文教育史料的研究编纂工作，编写华文教育国别史和世界华文教育史。

4 华文教育的文化教学体系建设

华文教育不仅仅是语言教学，文化的教学与传承占有非常大的比重，可以说，华文教育是语言和文化并重的。我们要让世界人民认同中华文化，要让华侨华人子女传承与弘扬中华文化。但我们应该让世界人民认同什么样的中华文化，让华侨华人子女传承什么样的中华文化，这些问题，到目前为止，并没有从理论上真正认识清楚。中华文化的核心内容到底是什么，它的内核和价值体系究竟是什么，我们现在还表述不清楚，或者说，关于华文教育的文化教学究竟教什么，还缺乏一个界定清晰的表达或论述，这就直接导致了我们对华文教育的文化教学要点，对华文教材编写中的文化内涵，无法统一标准，无法达成共识。这些问题也需要华文教育界的专业之士进行深入研究，为建成系统性强、共识度高的华文教育文化教学体系而进行不懈的努力。同时，如何有效地开展华文教育文化教学，如何创新华文教育文化教学的内容、形式，提升文化教学的可接受度，也是文化教学的重要研究内容。

5 华文教育教学资源开发

在华文教育理论研究的基础上，华文教育界必须重视教学资源的开发，尤其是基于现代教育技术和网络平台的语言、文化教学资源的开发。为提升华文教学的可接受度，提高华文教学的教学效果，我们既要继续大力开发、编写具有较强针对性、实践性、本土化的华文平面教材和多媒体教材，也要充分重视研发建设华文教学案例库、华文教材和教辅资料库，搜集优秀教案、课件及教学用音频、视频资料等建设华文教学多媒体素材库等。要有规划、有目的地打造一个或多个影响力广泛、基于云端技术的华文教育教学资源平台，为全球华文教师及华语学习者服务，满足华文教学和学习的需要。

在大力开发教学资源的同时，另一个不能忽视的重要问题是华文教育资源（包括语言教学资源和文化教学资源）的传播问题，即如何有效地将我们开发的教学资源传播出去，以实现其最大的利用价值。我们应该建设怎样的传播通道，应该如何利用各种传播手段使各种教学资源能够最大限度地被一线的华文教育工作者使用，是之前被忽略的一个方面。

6 华文教育的协同创新平台建设

华文教育要向更深层次、更高水平发展，既需要创新，也需要协同。创新是生命力，协同是生产力。华文教育是一项宏大的事业，是全世界中华儿女实现民族伟大复兴梦的重要途径。在这一过程中，无论是华文教育现状普查，还是华文教育各类资源库建设，各类工作的有效开展都需要全世界华文教育界同仁共同添砖加瓦才能完成。大家分工合作，信息互通、共建，资源共享，研究互助，是华文教育事业发展的必由途径。在这一方面，两岸华文教育界的协同创新、互助发展已经树立了成功的典范。近几年来，通过协同创新，两岸在原有合作的基础上，把两岸甚至世界范围内的华文教育事业都往前大大地推进了一步。无论是两岸华文教师论坛，还是世界华语文教学研究生论坛，两岸华文教育界协同创新建立的这些交流机制与平台都获得了极好的反响。如何建立华文教育协同创新的有效机制，开辟世界范围内华文教育协同创新的新领域，拓展华文教育协同创新的新渠道，是华文教育今后发展和研究的重要方向。

（本文曾刊载于《华文教学与研究》2013 年第 2 期）

［作者简介］

贾益民，教授，博士生导师，著名华文教育专家。原文发表时作者为暨南大学副校长。

汉语国际化论略

曾毅平

1 语言国际化的含义及其分级

1.1 国际化及分级界定

语言国际化指的是一种语言成为国际通用语言的过程。国际通用程度可分低级、初级、中级、高级和最高级五等。低级是起步水平，至少在两国间通用。初级指区域若干国家通用，如印地/乌尔都语、马来/印尼语、斯瓦西里语等。中级指在洲际多国或多个国际公共事务领域通用，如法语、西班牙语、俄语、阿拉伯语、葡萄牙语等。高级则应为国际普遍使用，如目前的英语。最高级当为通行全球，无处不能的世界共同语，这是国际化的理论境界。推动国际化并不是追求全球语言单一化，语言归一并不符合价值多元和文化多样性原则，不是人类追求的目标；但在保持多样性的前提下，发展出一种或若干种高度国际化的语言，方便全球公共交际使用却是需要的。

1.2 现有的语言国际化排名

目前全世界尚在使用的语言达 6 000 ~ 7 000 种（黄长著，2009）。从不同角度理解“国际化”，可以有不同的排名。如：

（1）1997 年 7 月 22 日英国《卫报》按使用人数排出 11 种语言的位序：①汉语（11.23 亿）；②英语（4.7 亿）；③印地语（4.18 亿）；④西班牙语（3.72 亿）；⑤俄语（2.88 亿）；⑥孟加拉语（2.35 亿）；⑦阿拉伯语（2.35 亿）；⑧葡萄牙语（1.82 亿）；⑨日语（1.25 亿）；⑩法语（1.24 亿）；⑪德语（1.21 亿）。①

（2）原中科院研究员陈明远在《环球时报》撰文称：“据一份联合国调查和统计资料，多年来实际使用的‘世界十大语言’排行榜依次是：英语、日语、德语、法语、俄语、西班牙语、韩语、阿拉伯语、汉语、葡萄牙语。汉语在世界上只排在第 9

---

① 转自《参考消息》，1997 年 8 月 9 日第 6 版。

位。”（陈明远，2008）

（3）瑞士学者 George Weber 提供了几种排序（周有光，2011），如按母语人口排序，前 10 名是：①汉语（占世界总人口的 20.7%）；②英语（6.2%）；③西班牙语（5.6%）；④印地/乌尔都语（4.7%）；⑤阿拉伯语（3.8%）；⑥孟加拉语（3.5%）；⑦巴西葡萄牙语（3.0%）；⑧俄语（3.0%）；⑨日语（2.3%）；⑩德语（1.8%）。

以作为第二语言的人口数计，汉语排第 7。前 10 名依次是：①法语（约 18 000 万）；②英语（约 15 000 万）；③俄语（约 12 000 万）；④葡萄牙语（约 3 000 万）；⑤阿拉伯语（约 2 400 万）；⑥西班牙语（约 2 200 万）；⑦汉语（约 2 100 万）；⑧德语（约 2 000 万）；⑨日语（约 1 000 万）；⑩印地语。

George Weber 还按母语人数、第二语言人数、经济实力、科学及外交中的重要性、使用国家数和人口数、社会及文学地位 6 条标准加权评分综合排序，汉语排第 6。前 10 名依次为：①英语；②法语；③西班牙语；④俄语；⑤阿拉伯语；⑥汉语；⑦德语；⑧日语；⑨巴西葡萄牙语；⑩印地/乌尔都语。

2 语言国际化的表现：语言的国际影响力

2.1 语言国际影响力

语言国际影响力表现为对国际语言生活影响的广度和深度，特别是语言对国际事务和国际交往参与的深度。全球性重大事务，常常是观察一种语言国际影响力的窗口。如 2008 年北京奥运会，开幕式工作语言和比赛场馆播报用语共有 3 种：先说法语，再说英语，最后是汉语。英语当下在国际上普遍使用，奥运会自然也不例外；汉语则是东道主语言。而优先说法语，则说明法语在奥运会上最具影响力。这是因为：

（1）法语影响的国家多、区域大。法语共同体（Francophonie）有 60 多个成员国和观察员国，在法律或事实上将法语确立为官方语言的国家和地区有 20 多个。

（2）用作第二语言的排序中，法语居于首位。全球说法语的人口约 2 亿，但只有 6 000 万是法国人，外族使用者比例高。2002 年全球法语学习者多达 9 070 万，且多为外族学生。

（3）在奥运会上法语的法律地位高。国际奥委会是在法国人顾拜旦的倡导下建立的，一开始就使用法语。《奥林匹克宪章》第 24 条规定：国际奥委会的官方语言是法语和英语，如果出现歧义，以法语为准。2007 年，法语国际组织奥运推广监督人即与北京奥组委主席签订了《推广奥运会法语使用协议》，以落实宪章第 24 条的规定（翟华，2008）。

2.2 国际强势语言与弱势语言

语言的国际影响力有强势和弱势之分。影响力大的是强势语言，即国际化程度高的语言；强势语言国际运用领域广、范围大，国际认可程度高，有众多的非母语学习者。

以英语为例，世界上以英语为母语的国家有十多个，以英语为官方语言的国家超过 70 个。托福考试的创始机构——美国教育考试服务中心（ETS）成立于 1947 年，据 2009 年统计，ETS 在 180 多个国家设有 9 000 多家考试中心，每年开发、举办并评估逾 5 000 万人次参加的考试，其中包括托福（TOEFL）、托业（TOEIC）、GRE 等（新华网，2010 年 4 月 4 日）。2010 年，共有 130 个国家的 7 500 多所大专院校认可托福成绩。考生可通过遍布全球 165 个国家的 4 500 多个考点参加托福考试。中国托福考点 2011 年已达 200 余个（留学网，2011 年 5 月 24 日）。

一项由英国文化委员会所作的名为“英语 2000 年”的调查表明，尽管全球以英语为母语的人口仅为 3.5 亿，但以英语为第二语言和外语并能流利使用的人却有 4.5 亿，全球英语学习者更是超过 10 亿。英语是当下世界上当之无愧的强势语言（陈彩凤，2006）。

2.3 评价语言影响力的指标体系

评价语言影响力的指标，也就是衡量语言国际地位的指标。语言的国际地位，不是由单一指标，如使用人数的多少来决定的，它要综合多种因素，形成一个多角度观察的指标体系。如周有光先生提出的主要标准有：①使用人数，分本地语言的使用人数和外来语言的使用人数；②文化背景；③出版事业（周有光，1989）。张普教授认为，衡量一个语言大国的标准，不仅仅是操这种语言的绝对人口数量，更重要的还有以下 8 条标准：①以这种语言为载体的大众传媒数量，即报纸、图书、杂志、出版社、广播、电视台（站）、电影厂、网站等的数量；②这些大众传媒的发行量，如印数、广播时数、拷贝数、网页数等；③这些大众传媒的传播率，如阅读率、收视率、收听率、点击率等；④这些大众传媒进入国际传媒排行榜的情况；⑤以这种语言作为第二语言的人口数；⑥以这种语言撰写国际文件的数量；⑦这种语言的语言信息处理水平和处理量；⑧是否建立了这种语言的国家语料库或国际语料库（张普，2006）。

更为科学的评价体系，还应考虑到各指标的权重。如瑞士学者 George Weber 的六因素加权评分指标体系：①以该语言为母语的人数，最高得分 4；②以该语言为第二语言的人数，最高得分 6；③使用该语言国家的经济实力，最高得分 8；④科学、外交中该语言的重要性，最高得分8；⑤使用该语言的国家数和人口数，最高得分7；⑥该语言的社会、文学地位，最高得分4（如果是联合国工作语言加1分）。

3 语言国际化的驱动力：语言需求

语言习得是一个潜移默化的过程，是在语言环境中自然地获得该语言；而语言学习是有目的、有意识地去掌握一种新的语言交际工具，除非是语言学习的爱好者，一般来说语言学习总是需要一定的毅力的。人们之所以愿意费时费力去掌握一种非母语，当然是有所需求。这种需求来源于现实的需要。所谓现实需要，对个人来说就是工作、生活、娱乐、审美、发展和身份识别的需要；对国家和民族来说，就是国家安全、国家发展、民族认同与文化多元化的需要。

3.1 “世界语”的失落：现实需求缺失

“世界语”是波兰医生柴门霍夫抱着世界语言大同的理想设计的“国际共同语”。世界语在印欧语系的基础上创制，结构完备和简单易学是其两大特点。但自1887年诞生至今，它并没有成为真正的国际共同语。据华盛顿大学 Sidney S. Culbert 教授调查，目前全世界使用世界语者仅200万（沈乎，2005）。世界语实属“小语种”（minority languages），其性质只能算“国际辅助语”。

世界语无法实现其世界共同语的理想，原因在于它缺少现实的需求：其一，它是一种人为设计的语言，没有普通民众日常交往使用的现实需要，缺少民族语言的天然基础、成长过程、自足自洽机制；其二，它的民族内涵与养育不足，没有人文意义上的魅力需求；其三，它没有足够的文化和科技支撑，缺少文化和科技传播的需求；其四，它没有国家背景，缺少语言国际化的国家主体需求。正是现实需求的缺失，使得世界语难以真正为全世界所接受。

3.2 英语的国际化：现实需求的推动

英语的国际化起步于16世纪，到19世纪逐渐确立了国际性语言的地位，至今依然是国际化程度最高的强势语言。有诸多学者探讨过英语何以能成为国际通用语言，甚至英语语言帝国的成因（童之侠，2004；俞行，2007；张红玲，2007；肖燕，2009；王睿，2009）。英语国际化过程中的现实需求可概括为以下几方面：

（1）殖民扩张的国家主体需求。1588年，英国打败西班牙的“无敌舰队”，掌握了制海权；1763年，英国迫使法国放弃了北美和印度的殖民地，成为世界头号殖民帝国。此后的150年间，其殖民地扩展到3 350万平方公里，相当于英国本土面积的137倍，殖民地人口39 350万，相当于英国人口的8倍之多，成为真正的“日不落帝国”。殖民扩张将英语带到全世界，并自上而下被接受。殖民地独立之后，英语成为一些国家的官方语言（俞行，2007）。

（2）经济与贸易的需求。工业革命创造了巨大的生产力，19世纪初，英国已成为世界主要的工业国和贸易国，英国的产品销往世界各地。经济活动与贸易的需要，使得英语随着英国产品和英国商人散布到全世界。19世纪末，讲英语的美国又成为经济发展最快的国家，19世纪后期至20世纪初，英、美等国的经济快速增长帮助英语确立了国际地位（俞行，2007）。

（3）英语文化传播的需求。自文艺复兴起，英国的文学和艺术日益繁荣。以莎士比亚为代表的英国文学影响了整个世界。1765年，英国语言学家John Wallis在编写《英语语法》一书时就明确指出：“外国人对学英语有很大渴求，他们希望能够读懂用我们的语言编写的各种重要著作。”“任何有价值的知识载体（书）没有英语版本是极其罕见的。”（俞行，2007）殖民时期，走在前列的传教士们对传播英国语言、文化、价值观念和宗教思想更是不遗余力。

在娱乐文化方面，20世纪20年代末，英语即在电影制片使用的语言中占据了主流地位。1933年首次出版的一本电影百科全书，其中所列的44家影片制作室中，有32家是美国或英国的；2 466位电影艺术家，仅85位不用英语拍片；340位导演中，有318位用英语工作。20世纪90年代中期，美国占有世界电影市场约85%的份额。而流行音乐若要赢得国际听众，也常常要用英语演唱，1990年出版的企鹅流行音乐百科全书收录了全世界557家音乐团体，用英语演唱的就有549家，比例高达98.6%。另据2001年统计，全世界的电视频道中英语节目的比例也高达75%（俞行，2007；张红玲，2007）。

（4）科技传播的需求。工业革命的大部分发明来自英国，18世纪中叶至19世纪末的约150年中，约一半的科技文献是用英文写作的。新的科学发现和技术发明使英语增添了数以万计的新词语。非英语国家的科学工作者要了解这些科学发现和技术发明，就必须学好英语（俞行，2007）。

“二战”以后，美国、加拿大和英国的互联网技术引领全球，英语成为互联网通用的、使用最频繁的语言，100%的软件源代码是英语格式，英文信息占全世界电脑信息贮存的80%、邮件的70%。今天，国际互联网上的信息，90%是用英语发布的。另外，全世界每年出版的科技书籍约25万种，用60种文字印刷，其中以英文印刷者占到了50.5%（俞行，2007；张红玲，2007）。

（5）各组织事务管理中的需求。包括联合国在内的各种国际性组织、地区性组织和行业组织是国际秩序及国际事务的管理主体。1995—1996 年国际协会联盟年鉴所收录的 12 500 个国际组织中，大约 85% 将英语确定为工作语言（童之侠，2004；张红玲，2007）。联合国工作语言有 6 种，但其原始文件使用英语的占到 80%。在亚洲和太平洋地区的国际组织中有 90% 开会时完全使用英语。在欧盟内部，英语也已成为各种成员国语言互译中的二级传译语言（俞行，2007）。不以英语为母语的地区性国际组织（如东盟）、国际科学组织和体育组织，也大都选择英语为通用语言。

4　汉语的国际需求

4.1　对外汉语教学史实

有学者认为，有组织地教外国人学习汉语，起码可以追溯到汉代，付克指出，东汉明帝时有“四姓小侯学”，“匈奴亦遣子入学”，当有汉语教学；北魏时都城洛阳“夹御道有四夷馆”，“乐中国土风，因而宅者，不可胜数。是以附化之民，万有余家”。针对这些“乐中国土风”的“附化之民”，亦有汉语教育。自东汉以降近两千年，经盛唐，历宋、元、明、清至于民国，对外汉语教学时盛时衰，却持续不绝（李宇明，2010）。

19 世纪中叶国门被迫打开之后，通商口岸及大城市相继有大批外国人往来或定居，他们与中国人打交道，需要学习汉语。如 20 世纪 30 年代，仅上海就有 30 多国侨民达 27 万之众，他们当中就出现过一阵“汉语热”。《北京日报》所登“一个叫威廉·奥莫特的英国人跟他的老师何朝辉学中文”的历史照片（尚水，2009），从一个侧面反映了当时“对外汉语教学”的情景。20 世纪 70 年代，随着中美建交，国际上掀起了解中国的热潮，汉语学习者随之增多；90 年代后，中国发展迅速，汉语受到全球重视，“汉语热”方兴未艾。

4.2　近 30 年来汉语的国际需求增长迅速

据《人民日报》报道，2012 年初全世界学习汉语的人数已超过 5 000 万。已有英国、法国、美国等 40 多个国家颁布政令，将汉语教学正式纳入国民教育体系（王芳、傅丁根，2012）。

尽管因缺少系统完整的年度数据发布，30 多年来汉语的国际需求增长难以进行年度准确数据的比较，但透过媒体披露的一些不完整信息，仍可一窥汉语国际需求增长的基本面貌。其中，国外学校汉语教学数据、来华留学生数据、孔子学院和外派汉语教师志愿者情况，是几个重要的观察点。

4.2.1 美国等国家汉语教学的发展

美国人总体上被认为不重视外语学习。但是，自20世纪80年代以来，其汉语教学发展令人瞩目。美国现代语言协会提供的数据显示，1980年到2002年，美国高校注册学习汉语的人数增加了3倍多，2002年达3.4万人。全美中文学校联合会称，1999年全美共有634所中文学校，学习汉语的学生有82 675人，教学班6 942个，教师5 540人（沙蒙，1999）。美国亚洲协会2008年12月统计：当年在美国全日制公立学校学汉语的学生有5万名；在非全日制私立中文学校学习者则高达20万人。据国家汉办主任、孔子学院总部总干事许琳于2012年4月12日披露，2011年注册学生近16万人，美国开设汉语课的公立大、中、小学超过5 000所，学汉语的学生数达到20多万，1 000多所大学开设汉语专业，招生规模达5.2万人（许琳，2012）。

俄罗斯2004年有50所中学开设汉语课，2009年增加到150所，学生从5 000人增加到1.5万人。德国2009年有200所公立中学开设了汉语课，学习汉语的人数达1万多。泰国2009年有1 000多所中、小学开设汉语课，有30多万学生学汉语，2011年上半年达50多万。英国原有150所中学开设汉语课，2009年增至500所，达到7万多人，2011年开设汉语课的中、小学达5 200多所。澳大利亚2011年有1 500多所中、小学开设汉语课，学生达12万人。法国2011年上半年学汉语的学生达4.6万人（常璐等，2009；沈泽玮，2011）。

4.2.2 来华留学生

30多年来，外国来华留学生增长迅速。原国家教委来华处统计，1980年来华留学生为1 381人，1996年增至41 200多人，增长了近30倍，每年以40%的速度递增（谢乃康，1997）。2000年来华留学生为5万人，2009年为238 184人，10年间平均增幅达到15.88%（赵金坡，2011）。2010年为265 090人，其中学习汉语等文科专业的学生占62.5%（留学中国网）。2011年，据教育部统计，全年在华学习的外国留学人员为292 611名，来自194个国家和地区（教育部网站，2012年2月28日）。来华留学生尽管有相当一部分是学非文科专业，并非专攻汉语，但他们多有一定的汉语基础，在中国大都重视继续学习通用汉语或专业汉语。

4.2.3 孔子学院和外派汉语教师志愿者

自2004年11月21日全球第一所孔子学院在韩国首尔揭牌以来，到2012年底，全世界已有108个国家建立了400所孔子学院和500多个孔子课堂，注册汉语学员总数达65.5万人。此外，尚有76个国家的400多所大学正在申办孔子学院（马震等，2013）。到2012年初，孔子学院总部通过走出去、请进来等多种方式，累计为80多个国家培训汉语教师10万人次。孔子学院总部已有45个语种对照的核心教材出版，向国外配送和销售的教材图书也超过了1 200万册，国外4万多所大、中、小学的500多万名学生正在使用孔子学院总部的统编教材（王芳、傅丁根，2012）。

国家汉办2003年试点向泰国和菲律宾派遣了首批志愿者。2004年经教育部批准，汉语教师志愿者项目正式实施。截至2010年底，已向亚、欧、美、非、大洋洲89个国家派出1万余名志愿者（国家汉办汉语教师志愿者项目网）。2011年"有8 000多名教师和志愿者奔赴100多个国家教授汉语"（刘延东，2011）。

除了孔子学院、汉语教师志愿者项目外，30多年来，中国的侨务部门、海外交流协会、高等院校等也应有关国家的要求，以项目合作的方式，派出了为数不少的汉语教师和志愿者。

5 刺激汉语需求增长的主要因素

如前所述，英语国际化与殖民扩张、文化的繁荣、经贸的优势、科技的领先、国际政治中的话语权等因素相关，汉语的国际需求增长则主要受经贸因素驱动，也与文化、科技、政治、移民等因素相关。

5.1 文化因素

中国五千年文明铸就的传统文化对国际社会具有持久的魅力，中国当代文化同样令人瞩目，文化影响力是产生汉语国际需求的一个重要因素。据中国科学院中国现代化研究中心发布的《中国现代化报告2009——文化现代化研究》，按2005年世界各国的相关指标数据排名，中国的文化影响力指数居全世界第7位，在美国、德国、英国、法国、意大利、西班牙之后。这个排名不是很靠前，但与汉语国际地位综合排名第6的位序接近。

5.2 科技因素

科技部《国家"十二五"科学和技术发展规划》提到，我国国家综合创新能力世界排名目前为第21位（央视网，2011年7月14日）。关于学科水平，贺德方有以下几点评价：①从"十五"计划开始，各领域的国际竞争力呈现持续上升态势；②农业科学领域接近世界平均水平，兽医科学具有国际优势；③基础学科领域与世界的差距缩小，化学进步幅度明显；④工程技术领域影响力提升显著，土木工程学科表现不俗；⑤医药卫生领域差距较大（贺德方，2012）。总体上，中国还不能说是科技强国，但30多年来，因实行“科教兴国”的基本国策，中国在某些领域已取得世界领先地位，如超级计算机、航空航天、电子信息科技、超级稻育种技术、核科技、船舶科技、轨道交通、清洁能源技术等。中国攻克了一批重大公益技术和产业共性关键技术，取得了一批具有自主知识产权的重大成果。

30多年来，中国科技人力资源和研发经费投入持续上升。据新华网报道，2009年，我国科技人力资源总量达到5 100万人，居世界第1位。研究与开发人员全时当量229万人年，居世界第2位（新华网，2011年2月18日）。根据经济合作与发展组织（OECD）的统计数据，中国1981—2007年间的研发支出年均复合增长率（CAGR）达到了24.021%，位居OECD监测的39个国家和地区的第2位。2007年，中国的研发支出约1 023亿美元，超过德国，成为仅次于美国和日本的世界第三大研发支出国。据瑞士洛桑国际管理学院世界竞争力评价，2007年中国科学基础设施的国际排名为第15名，2008年进入世界前10名，2009年为世界第6名（庞景安等，2010）。

在成果产出方面，汤姆森路透集团收录的全世界10 500份期刊科学论文索引显示，2006年中国研究论文的产出超过了传统的科学强国日本、德国和英国。2009年达12万篇，仅次于美国的35万篇。另据中国科学技术信息研究所发布的2012年中国科技论文统计结果，2002—2012年，中国科技人员共发表国际论文102.26万篇，居世界第2位；截至2012年11月1日，被引用次数居世界第6位，被引次数处于世界前1%的“高被引用论文”，在2002—2012年这10年中居世界第5位；被引用次数排在各学科前1‰的“热点论文”数量居世界第4位（赵展慧，2012）。

科学技术的进步，使得到中国留学、进行科技合作的人数持续增加，科技交流与合作在一定程度上刺激了汉语的国际需求，促进了汉语的国际化。

5.3 国际政治因素

语言的政治地位的最佳观察点是使用该语言国家参与国际组织的程度、话语权以及该语言在国际组织中的使用情况。根据UIA（2002—2003年）的资料，中国目前参加的协定性国际组织如表1所示［据王玲（2007）整理］。

表1　中国参与协定性国际组织统计

<table>
<tr><th colspan="3">国际组织类别</th><th>中国参与数量</th><th colspan="2">中国的全球参与率</th></tr>
<tr><td rowspan="4">协定性国际组织</td><td>A类</td><td>国际联盟</td><td>25个</td><td>67.57%</td><td rowspan="3">A～C和参与率58.23%</td></tr>
<tr><td>B类</td><td>全球普遍性国际组织</td><td>372个</td><td>73.66%</td></tr>
<tr><td>C类</td><td>洲际国际组织</td><td>548个</td><td>50.74%</td></tr>
<tr><td>D类</td><td>地区性国际组织</td><td>507个</td><td colspan="2">9.75%</td></tr>
<tr><td rowspan="5">其他类型国际组织</td><td>E类</td><td>起源特定地区、人物或产品所有权的IO</td><td>392个</td><td colspan="2">12.32%</td></tr>
<tr><td>F类</td><td>包括基金等类型的特殊形式的国际组织</td><td>726个</td><td colspan="2">15.95%</td></tr>
<tr><td>G类</td><td>以国际事务为导向的国内组织</td><td>134个</td><td colspan="2">2.34%</td></tr>
<tr><td>K类</td><td>国际组织的内部组织或附属机构</td><td>216个</td><td colspan="2">10.95%</td></tr>
<tr><td>R类</td><td>宗教类组织</td><td>31个</td><td colspan="2">3.43%</td></tr>
</table>

整体来看，中国对全球协定性国际组织（A～C和）的参与率（58.23%）超过地区协定性国际组织的参与率。中国广泛参与国际组织一般是指参与全球性的政府间国际组织IGOs，参与率居全球第12位。至于中国在政府间国际组织中的地位，一般认为：尽管中国是联合国安理会常任理事国之一，但整体看，中国在各种国际组织中的活跃程度仍不够，并不积极谋取话语主导权。

以汉语作为其官方语言之一的国际组织，主要是联合国及其专门机构，如联合国总部、联合国日内瓦办事处、联合国维也纳办事处、联合国粮食及农业组织、联合国环境规划署、联合国教育科学及文化组织、联合国贸易与发展会议、联合国工业发展组织、联合国亚洲及太平洋经济社会委员会、世界卫生组织、世界知识产权组织、世界气象组织、国际货币基金组织、国际原子能机构、国际劳工组织、国际民用航空组织、国际海事组织、国际电信联盟等。2007年世界旅游组织第17次会议通过汉语为其官方语言之一。此外，汉语也是上海合作组织、中国—阿拉伯国家合作论坛的官方语言之一。在国际体育组织中，以汉语为官方语言的，有国际武术联合会。汉语虽然是联合国的6种工作语言之一，但总体上汉语在国际组织中的使用范围和地位还很有限。

作为官方语言，汉语在联合国中的实际地位并不理想。依据联合国大会议事规则的规定，联合国散发的文件应各种官方语言并存。但是，正如一位《国际先驱报》记者所说，由于在联合国的成员中几乎只有中国使用汉语，汉语在联合国内的使用频率和流通率并不大。联合国总部秘书处的新闻媒体资源中心公开发放的新闻稿甚至安理会报告，基本上都为英文资料，鲜有中文资料。虽然在各项正式会议上可以听到汉语同声传译，但会后的新闻稿，甚至联合国中文网站里面二级以上的页面，内容仍为英文。在联合国原始文件所用的语言当中，实际比例是英语占 80%，法语占 15%，西班牙语占 4%，俄语、阿拉伯语和汉语共占 1%。

尽管如此，当前世界范围的“汉语热”在联合国亦有所反映，近年来在联合国语言交流部组织的面向来自各个国家的联合国职员所开设的语言课程中，学习汉语课程的人数越来越多。2007 年有的期次达 200 人，而 5 年前，中文学习班每学期只能招到 70 ~ 80 名学生，联合国学习汉语的员工正与日俱增（刘旸辉，2007）。

5.4 合法移民产生的汉语国际需求

据国务院侨办“华侨华人分布状况和发展趋势”课题主持人庄国土教授介绍，2007—2008 年间全球华侨华人总数已达 4 543 万，如今约为 6 000 万。华侨华人不再高度集中在东南亚地区，而是真正地遍布世界各地。据统计，2006—2007 年间，在美国的华人移民总数达 200.7 万，加拿大达 76 万，澳大利亚超过 30 万。截至 2009 年底，在日本和韩国的华侨华人总数则分别达到 68 万和 59 万。庄国土认为“从上世纪 70 年代到 2007—2008 年间，从中国前往世界各地的移民超过 1 000 万人。其中，来自港澳台地区的有 160 万 ~ 170 万，来自中国大陆的约 800 万”（吴宇，2011）。另据美国商务部人口普查局调查，2007 年居住在美国但出生地在中国的华人为 193 万，移民人数仅次于墨西哥，位居第二。如果加上美国本土出生的第二代以上的华人，旅美华人总数为 305 万（林瑞轩，2009）。

新移民将汉语普通话及其方言带到世界各地，海外华裔从保有母语权，体现华族族性的角度热心传承华语，这也是汉语国际化的一个重要推动因素。

5.5 刺激汉语国际需求最强劲的因素：经贸往来

自改革开放以来，中国经济增长速度大大高于世界经济平均增长速度，也高于发达国家的增长速度。中国经济总量的快速增长，决定了中国经济世界排名的前移，中国经济占世界经济总量的比例提高。1978 年中国 GDP 世界排名为第 15 名，2006 年超越英国排名第 4，2007 年超越德国排名第 3，2010 年超越日本，成为全球第二大经济体。

表 2　1978—2012 年我国 GDP 世界排名

年份	1978	1980	1990	1995	2000—2002	2003	2004	2005	2006	2007—2009	2010—2012
名次	15	7	10	7	6	7	6	5	4	3	2

调查数据显示，在全球已建立孔子学院和孔子课堂的国家，80% 都与中国经贸关系密切，经贸关系越密切，孔子学院和孔子课堂建得越多（张越，2011）。经贸往来的需要是近 30 年汉语国际化最强劲的动力。

5.6　综合国力和全球竞争力的提升扩大了汉语的国际需求

2008 年美国发布《第十次全球综合国力排名》：第 1，美国；第 2，日本；第 3，德国；第 4，中国；第 5，俄罗斯；第 6，英国；第 7，法国；第 8，加拿大；第 9，印度；第 10，巴西；第 11，澳大利亚；第 12，韩国。中国的综合国力居第 4，其中中国的经济实力居世界第 3，科技实力居世界第 8，教育实力居世界第 10，综合国力相当于美国的 48%。达沃斯世界经济论坛《2012—2013 年全球竞争力报告》中，中国排名第 29（联合早报网，2012 年 9 月 6 日）。

中国综合国力和全球竞争力的提升，使得中国与国际社会的关系日益密切，中国在全球性重大事务管理及国际秩序构建中的影响力和作用日益增强，国际社会需要更加积极地学习汉语，以便更直接地了解中国，更方便地与中国人交往。

6　“汉语热”的冷思考

30 多年来，随着我国综合国力的提升，汉语的国际需求增长迅速，世界范围内的汉语学习者呈较快增长趋势，即形成所谓的“汉语热”或“中文热”。但冷静地看，这种“热”主要还存在以下局限：

6.1　汉语的使用领域和范围还非常有限

一种强势语言不仅仅在于使用此种语言的绝对人数，更在于运用的领域和范围。目前汉语的国际使用领域和范围还十分有限。在国际经济、政治、文化、科技、体育等领域，使用汉语为官方语言、工作语言或民间交流语言的还非常有限。

6.2　海外非华裔学习者比例偏低

国际化语言的一个显著特征是，在本土之外，他族学习者所占比例远高于本族学习者。目前，国际汉语学习者中华裔和非华裔各占多少，尚缺少统计报告。比较普遍的看法是，国际汉语学习者主体是华裔。如贾益民教授认为："汉语学习者中，华人华侨学生几乎占了绝大多数，约占总人数的70%多。""在美国全日制公立学校学中文的学生……多数还是华裔学生。"（贾益民，2007）"汉语教育正前方"网站在测算世界汉语学习者人数时提到："华裔学习者人数和非华裔学习者人数之间有一个比例，目前行内较为认可的一个比值是70%：30%。"（汉语教育正前方，2009）

《东方早报》美国特约撰稿人吴琦幸2005年著文称，在海外，大学开设汉语课程最正规，作为学分制，大约有50%的大学有汉语课程。学习汉语的人大致有三种，其中一种是华侨子弟，如加州大学洛杉矶分校东亚语言系的汉语班上，90%是具有汉语背景的学生；洛杉矶圣安东尼学院的汉语班上，50%是具有汉语背景的学生（吴琦幸，2005）。

6.3 汉语的使用国家单一，"中文依然是内敛型的语言"

张五常指出，"从国际的角度看，中文依然是内敛型的语言，也就是说是专与中国人打交道的语言"。除了中国之外，国际上以汉语为官方语言的仅有新加坡，这与英语、法语甚至西班牙语的情形很不相同。"学会英语、法语、西班牙语可以走遍天下都不怕，而学中文只能在大中国区域通行或者与走出国门的中国人打交道。"学中文最主要是方便在经济事务上与中国人打交道，而纯粹以经济为依托的"语言热"不一定会长久。在历史上，因为德、日两国经济实力的快速增长，曾出现过"德语热""日语热"，但好景都不长（翟华，2008）。

6.4 汉语国际传播文化和科技的动力有待加强

在刺激汉语国际需求的诸因素中，经济因素最为强劲，文化和科技尽管起了一定的作用，但目前还很难说是强而有力的推动力。外族学习者希望通过学习汉语了解中国文化，就文化内容而言，主要还在于传统文化的某些部分，如儒家思想、孙子兵法等，以及中国人日常生活中的一些世俗文化。科技方面，目前远未到不阅读汉语文献，就无法把握大部分学科科技前沿成果的地步。中国一些先进科研成果在国际场合的发表，也还是多以英语表述。语言背后的现代科技与文化的内涵动力若长期不足，"汉语热"就会逐渐降温，汉语的国际化必然后继乏力。

6.5 汉语成为国际性语言尚需时日

当前的"汉语热"是由中国的综合国力提升所引发的，其中经济的动因最为明显。汉语能否成为强势语言，最终还是要取决于中国未来的综合国力水平，以及文明的水准、中文信息处理水平。只有政治、经济、文化、科技等各方面的需求全面提升，汉语的国际传播工作紧跟时代的需求，汉语的国际化才能水到渠成。

7 汉语的历史机缘

7.1 当前汉语国际化的定位

尽管汉语还不能说是一种国际语言，但30多年来，汉语的国际化进程明显加快却是不争的事实。按前文提到的George Weber汉语排名第6的位序，汉语的国际化处于中级阶段。在现有国际性语言中，如果把英语划为第1层次，法语和西班牙语划为第2层次，第3层次就是俄语、阿拉伯语、汉语。汉语国际化比较恰当的定位，应是第3层次偏后的位置。

7.2 汉语国际化的预期高

目前，汉语的国际化处于快速上升时期，国际社会看好汉语，对汉语的预期最高。在国际化第2层次上的法语、西班牙语的现有格局，基本上是殖民时期的历史传承。第3层次的俄语，其需求主要建立在科技、经济、安全等方面，处于抛物线的上升段；阿拉伯语的需求主要来自宗教文化、经济等方面；汉语的需求则建立在对中国综合国力提升的预期上，建立在大华语区综合实力的基础上。语言学习的“热”反映了国际社会的需求预期。章新胜说：“各国人民自愿想学习语言，是因为看好中国的未来。孔子学院和汉语传播主要是为了满足世界各国对语言的需要。从世界语言传播和流行规律来看，汉语传播表明了中华文化本身具有的吸引力，以及中国生产、中国制造对全世界的贡献率。”（常璐等，2009）

7.3 汉语的语言产业处于开发的初期阶段，潜力巨大

英语作为国际化程度最高的语言，在国际传播过程中，培植了巨大的语言产业，仅英语教学产业每年便可以收入70多亿英镑。汉语的语言产业尚未成型，市场才刚刚开发。师资培养、语言教学、计算机辅助教学、教材、电子产品、教辅材料、词典、网络资源建设，证照、水平考试、资格考试等，都有广阔的开发前景，汉语语言产业大有可为。

8　创造汉语的国际需求

8.1　全球华人共享汉语的历史机缘

汉语处于国际化的上升时期，汉语的传播，区域华语背后语言亚文化的推广，特别是语言产业的发展，难免产生竞争。良性的竞争，对汉语的国际化利大于弊。在正视竞争的同时，当前更应强调的是全球华人共享汉语国际化的历史机缘，以融通与合作，共同创造汉语的国际需求。需求的扩大，必将带来大华语区语言利益的最大化。这个大华语区包括中国大陆、台湾、港澳，也包括东南亚，如新加坡、马来西亚、泰国、印度尼西亚、菲律宾，以及各大洲的华人社区等。

8.2　推动汉语国际化的举措

创造汉语的国际需求，推动汉语的国际化，可以考虑以下举措：①国家主体的推动与汉语进入国外主流教育系统；②有意识地使汉语随经贸往来传播海外，如经贸谈判、经贸法律文本、产品说明书等使用汉语或汉外双语；③发展科学技术，在前沿科技文献和国际学术会议中使用汉语；④传播中华优秀传统文化，创新当代文化，海外华语接纳当地文化融合变异；⑤拓展汉语传播渠道，形成官方渠道、民间渠道、企业渠道、传媒渠道和组合渠道为主体，个人渠道为补充的全方位传播格局；⑥创新汉语传播方式，既有传统的口耳听说传播、书面传播，又有多媒体视听传播、网络数字化传播等，同时要充分利用现代科技的进步，革新和丰富、发展传播手段，创新传播方式；⑦融通海峡两岸、新马汉语教学，研制汉语教学、测试的国际标准；⑧汉语传播当地化，如教材的本土化、师资的本地化、标准的国别化。

参考文献

常璐，桂涛，王昊．教育官员、专家就“汉语国际化”进行深入阐述［EB/OL］．新华社，http://www.gov.cn/2009lh/content_1258067.htm，2009-03-12.

陈彩凤．汉语：如何在英语强势的国际环境中定位［J］．山西财经大学学报，2006（2）．

陈明远．不要高估中文的国际地位［EB/OL］．中国网，http：//www.china.com.cn/international/txt/2008-03/25/content_13473438.htm，2008-03-25.

贺德方．中国各学科领域国际竞争态势分析［EB/OL］．科技日报，http：//www.cms.org.cn/cms/news/20120305-2.htm，2012-03-04.

黄长著．全球化背景下的世界诸语言：使用及分布格局的变化［J］．国外社会科学，2009（6）．

贾益民．海外华文教学的若干问题［J］．语言文字应用，2007（3）．

李宇明．语言学习需求与对外汉语教学［EB/OL］．中国教育网，http：//teacher. eol. cn/yuyanzhanlve_10077/20100625/t20100625_489813. shtml，2010－06－25.

林瑞轩．美国华人移民数位居第二［EB/OL］．财新网，http：//international. caixin. com/2009－02－20/100063552. htm，2009－02－20.

刘延东．在第六届孔子学院大会开幕式上的讲话［EB/OL］．孔子学院总部网站，http：//www. chinese. cn/conference11/article/2011－12/13/，2011－12－13.

刘旸辉．汉语在联合国地位尴尬身居官方语言文本不足1%［EB/OL］．搜狐新闻，http：//news. sohu. com/20070725/n251236019. shtml，2007－07－25.

马震，杨超伦，陈俊锋．2012中国文化的海外风景——孔子学院花开世界［N］．人民日报（海外版），http：//culture. people. com. cn/GB/87423/8522972. html，2013－01－01.

沙蒙．北美的中文教学前景不凡［J］．地平线月刊，1999（3）．

尚水．汉语热［EB/OL］．新华网，http：//news. xinhuanet. com/theory/2009－04/10/content_11160556. htm，2009－04－10.

沈乎．世界语之命运与中国人的大同梦想［EB/OL］．中华传媒网学术网，2005.

沈泽玮．普通话全球热［N］．联合早报，2011－09－02.

童之侠．国际传播语言学概述［M］//陈卞知．造桥者说：跨文化传播研究．北京：中国传媒大学出版社，2004.

王玲．中国对于各类国际组织的参与［EB/OL］．中国网，http：//www. china. com. cn/node_7000058/2007－04/02/content_8047647_2. htm，2007－04－02.

王睿．英语语言帝国主义之探讨［J］．安徽文学，2009（5）．

王芳，傅丁根．文化交流的“中国样本”（人民观察）——探访四国孔子学院［EB/OL］．人民日报，http：//paper. people. com. cn/rmrb/html/2012－03/01/nw. D110000renmrb_20120301_8－01. htm? div=－1，2012－03－01.

吴琦幸．海外“汉语热”的真相［EB/OL］．东方早报，http：//news. cri. cn/gb/3821/2005/08/05/762%40649091. htm，2005－08－05.

吴宇．约5 000万：全球华侨华人总数首次得出较明确统计数字［EB/OL］．新华社，http：//news. xinhuanet. com/politics/2011－11/30/c_111206719. htm，2011－11－30.

肖燕．语言帝国主义的理论构建与现实影响［J］．西南民族大学学报，2009（8）．

谢乃康．来华留学生结构和层次探析［J］．中国高教研究，1997（6）．

许琳．在“第五届全美中文大会”上的讲话［EB/OL］．汉语国际推广南方基地网站，2012－04－17.

闫清景．英语何以强势？——一种社会语言学的视角［J］．郑州大学学报，2009（5）．

俞行．英语是怎样成为世界通用语言的［EB/OL］．http：//guancha. gmw. cn/2002－03/2002－03－07/20020307－21. html，2007－04－27.

翟华．奥运场馆广播为何先说法语？［J］．当代广西，2008（18）．

张普．汉语语料库的问题［Z］．2006年9月2日网络日志．

张越．发展商务汉语是我们的特色［N］．语言文字报，2011-03-11.

张红玲．跨文化外语教学［M］．上海：上海外语教育出版社，2007.

赵金坡．新世纪以来我国来华留学生教育发展状况、分析及展望［J］．高教探索，2011（2）．

赵展慧．中国科技国际论文被引用次数世界第六［N］．人民日报，2012-12-08.

庞景安，黄军英，徐峰，杨朝峰，曹燕．中国科技现状：论文翻番经费第三人才第二——创新提高中国科技影响力［EB/OL］．人民网，http：//scitech. people. com. cn/GB/11242338. html，2010-03-29.

周有光．汉语的国际地位［J］．语言教学与研究，1989（2）．

周有光．中文在世界上的真实地位［J］．读者（原创版），2011（6）．

（本文曾刊载于《世界华文教育》2013年第2期）

［作者简介］

曾毅平，江西人。博士，暨南大学华文学院教授、博士生导师，暨南大学汉语国际推广中心主任。国务院学位委员会、教育部、人力资源与社会保障部“全国汉语国际教育专业学位研究生教育指导委员会”委员，广东省第六届学位委员会“教育、汉语国际教育专业学位研究生教育指导委员会”委员，中国修辞学会副会长，中国语文现代化学会汉语国际传播分会常务理事，中国台湾暨南国际大学、台中教育大学客座教授。主要研究华文教育、修辞学、方言学。

暨南大学华文教育专业奖学金的管理现状与改进对策

龙燕玲　张　军

2004 年 9 月，暨南大学率先向教育部成功申报了开设主要面向海外招生的华文教育本科专业，并于 2005 年招收首批学生。国务院侨办和中国华文教育基金会为暨南大学华文教育专业的海外留学生设立了多项奖学金。华文教育专业奖学金的构成，主要包括海外华文教师专项奖学金、华文教育基金会雅居乐奖学金（以下简称雅居乐奖学金）。

海外华文教师专项奖学金旨在资助、奖励有志于从事华文教育事业、品学兼优的海外华裔子弟就读华文教育本科专业。海外华文教师专项奖学金金额为每学年度 20 000元人民币，包括学费、住宿费和生活费三部分。学费和住宿费参照自费本科留学生的标准执行，生活费为每年 5 000 元人民币。奖学金资助的最长时间为四学年。

雅居乐奖学金包括优秀学业奖、优秀学生干部奖、创作成果奖、学习飞跃奖、卓越才艺奖、道德风范奖、文体活动奖。各奖项按各年级人数百分比进行分配，奖项最高奖励金额为 5 000 元／名，最低奖励金额为 1 000 元／名。

1　调研实施过程

我们对暨南大学的 370 名华文教育专业本科生进行了调查，其中 2010 级共计 72 人，2011 级共计 95 人，2012 级共计 103 人，2013 级共计 100 人。问卷的实施情况为：发放学生问卷共计 370 份，回收问卷 336 份，回收率为 90. 81%；有效问卷共计 328 份，有效率为 97. 62%。同时我们也对暨南大学华文学院华文教育系任课教师及汉语系部分曾担任华文教育专业课程的教师进行了调查，发放调查问卷 25 份，回收问卷 19 份，有效问卷 19 份，回收率 76. 00%，有效率 100%。我们还对部分教师进行了访谈。结合《暨南大学华文教育专业 2013 年全日制学历生雅居乐奖学金项目汇报手册》，我们对雅居乐奖学金进行了数据分析。问卷调查获得的数据采用 Excel 进行统计分析，并根据不同问题筛选有效信息，以图表的形式呈现。

2　调查结果分析

2.1　学生版问卷统计与分析

2.1.1　调查对象的基本情况

学生版问卷的调查对象是暨南大学华文教育专业全日制本科生。该专业四个年级的全日制本科学生共计370人，来自18个国家，印度尼西亚、泰国、菲律宾、缅甸、老挝5个国家的人数和占总人数的85.72%。

2.1.2　学生对海外华文教师专项奖学金的反馈

（1）入学选拔。

据调查，大部分学生通过海外华校教师获得海外华文教师专项奖学金名额，所占比例为53.11%；其次是通过单位机构，占24.84%；接着是通过补习班教师和亲戚朋友，分别占9.94%和8.39%。可见，华校教师和单位机构为学生了解华文教育专业情况提供了重要的平台。

在本次调查中，有37.03%的学生表示参加过入学选拔考试，62.97%的学生表示并未参加过任何考核（包括笔试和/或口试）便直接获得了入学机会。调查发现，大部分学生并未经过入学选拔考试就取得了海外华文教师专项奖学金。

参加过入学选拔考试的学生，44.05%为笔试，7.14%为口试，48.81%为笔试加口试。可见，目前的入学选拔考试形式以笔试或笔试结合口试为主。

（2）就业协议。

为鼓励学生毕业后从事与华文教育相关的工作，来华前，当地教育机构与受助学生签订协议。据调查，有签订协议的为79.13%，没有的占20.87%。没有签订协议的学生很可能是因为他们的生活费是自费的而不是保送单位赞助的。没有就业协议的约束，他们学成回国后被允许从事与华文教育并不相关的工作。对这部分接受了四年华文教育专业教育却没有对华文教育事业作出贡献的，我们认为非常可惜，这容易造成资源的浪费。因此，签订协议的方式对培养并留住华文教育人才是较好的方法。

按照协议的要求，学成者需要回国至少从事与华文教育相关工作的年限如表1所示，最低工作年限为1年，仅占1.95%；2年的占15.56%；3年的占11.67%；4年的占8.17%；5年的占49.42%；6～7年的占3.50%。可见，华文教育基金会鼓励获奖学金学生毕业后长期从事与华文教育相关的工作。

表1　协议要求最低工作年限

	1年	2年	3年	4年	5年	6~7年	8年或8年以上
人　数	5	40	30	21	127	9	25
百分比	1.95%	15.56%	11.67%	8.17%	49.42%	3.50%	9.73%

为了探讨奖学金生履行协议的意向，我们设置了如下题目："毕业后，如果有更好的其他工作，您是否选择继续履行原来签订的协议?"有55.16%的学生表示会选择履行原来签订的协议；而44.84%的学生则选择不会履行原来的协议。两者百分比相差10.32%，据此，我们认为签订就业协议并不能切实地保证学生毕业后从事与华文教育相关的工作，这说明海外华文教师专项奖学金的目的在某种程度上无法实现，可能造成资源浪费。

我们设计了相应问题探讨学生来华就读华文教育专业的原因，通过调查发现，57.67%的学生是出于自己的兴趣，而23.30%的学生是因为家长的意愿，14.20%的学生是因为在校老师的鼓励，4.83%的学生是因为其他因素，例如获得奖学金、免学费等。因此提供奖学金这一措施可以吸引学生选择就读华文教育专业。

学生获得奖学金前后是否希望将来当一名华文教师呢？调查显示，在获得奖学金前，57.62%的学生希望将来当华文教师，42.38%的学生则不希望当华文教师。而在获得奖学金后，73.91%的学生希望将来当华文教师，26.09%的学生则不希望当华文教师。通过对比，我们可以看到选择当华文教师的学生提高了16.29%。造成学生职业态度变化的原因是多方面的，在访谈中，部分学生反映选择来华就读的原因是可以免学费，入学后经过学习华文教育的专业知识，逐渐希望毕业后能够学有所用。由此可以清楚地看出，海外华文教师专项奖学金对学生选择从事华文教育相关工作有较大的导向作用。

（3）对奖学金的满意度。

在学生对海外华文教师专项奖学金的满意度方面，我们对奖学金的发放方式、学生在华的经济状况进行了调查。

当被问到是否同意调整海外华文教师专项奖学金的发放方式，由学生上一年的表现（学业表现与品行表现）决定，如果表现不佳则取消奖学金时，从表2可以看出，45.99%的学生比较同意或非常同意调整奖学金的发放方式，36.73%的学生则选择了一般，17.28%的学生选择了非常不同意或比较不同意。由此可知，较多学生是赞同对海外华文教师专项奖学金进行年度评审的。同时，我们也可据此预测，若对海外华文教师专项奖学金的发放方式进行改革，阻力是比较小的。

表 2　是否同意调整海外华文教师专项奖学金的发放方式

	非常同意	比较同意	一般	比较不同意	非常不同意
人　数	54	95	119	30	26
百分比	16.67%	29.32%	36.73%	9.26%	8.02%

为了解学生对海外华文教师专项奖学金与国家汉办孔子学院奖学金之间的接受度对比情况，我们设计了如下问题："您是否同意这种做法：海外华文教师专项奖学金改为资助学费、教材费、住宿费、医疗保险，并发放一次性安置费 1 500 元，生活费每个月 1 400 元?"大部分学生表示非常同意或者比较同意，所占比例为 61.76%；而 17.24% 的学生选择了"一般"；持比较不同意或非常不同意意见的学生占 21.00%。因此，对学生而言，孔子学院奖学金的金额与发放方式比海外华文教师专项奖学金的接受度更高。若对海外华文教师专项奖学金进行改革，国家汉办孔子学院奖学金可作为重要参考依据。

（4）在华经济状况。

大部分学生在中国平均每个月除了伙食费的其他生活费超出 500 元。海外华文教师专项奖学金每个月提供生活费 500 元，在一定程度上能够减轻学生的经济负担，但并不能完全满足学生的生活费需求。据调查，学生在中国生活费的主要来源：家人支持所占比例为 66.16%；其次是奖学金，所占比例为 32.32%；自己兼职占 7.01%；社会热心人士赞助占 4.57%；其他占 0.91%。学生认为自己在中国的经济状况：大部分认为一般，占 63.11%；非常困难的占 7.32%；比较困难的占 24.70%；比较宽裕的占 4.87%；没有人选择非常宽裕。可见大部分学生的经济状况处于中等水平，约有三分之一的学生存在经济困难的情况。

2.1.3　学生对雅居乐奖学金的反馈

（1）对雅居乐奖学金的了解程度及途径。

调查发现，56.88% 的学生对雅居乐奖学金的了解程度为一般，4.89% 的学生表示非常了解；18.35% 的学生认为比较了解；比较不了解的占 13.15%；非常不了解的占 6.73%。由此可见，学生对雅居乐奖学金的了解程度有待提高。

在了解雅居乐奖学金的评定标准途径中，大部分学生选择了系领导和老师，占 64.63%；其次是同班同学和学长学姐，分别占 36.59% 和 32.62%；仅有 3.05% 的学生是通过学校网站了解，2.13% 的学生通过学生手册了解。学校网站作为学生获取信息的一种便捷手段，应该及时进行更新并完善奖学金相关信息。

（2）奖项设置。

雅居乐各奖项的评选指标（学习成绩、课堂表现、行为表现等）的权重合理性方面，有16.41%的学生认为非常合理；选择比较合理的有41.03%；另外有33.74%的学生认为一般合理，有6.08%的学生认为比较不合理；认为非常不合理的占2.74%。

如果要改革奖学金制度，认为最应该加大比重的情况是：选择学业成绩的学生人数占49.70%；选择考勤的占34.76%；选择活动的占29.88%；选择课堂表现的占29.27%；选择道德风尚的占17.99%；选择增加其他评定程序的占12.20%；选择其他的占1.83%。

在奖项改革方面，约一半的学生认为原有的奖项都应该保留，学生认为应该去掉的奖项排在前五的分别是：先进社团奖、学习飞跃奖、先进班集体奖、道德风范奖、优秀学生干部奖。另外，采访中部分学生反映道德风范奖是主观性比较强的奖项，很难去评定一个人道德水平的高低。也有学生反映学习飞跃奖和道德风范奖的奖金过高。

在雅居乐奖学金金额设置方面，38.72%的学生对雅居乐奖学金的金额设置非常满意或比较满意，而超过一半即53.05%的学生认为一般，感到比较不满意或非常不满意的占8.23%。由此可见，学生对金额设置总体态度较满意，但并不是非常满意。

对雅居乐奖学金是否应该设置单人奖学金总额限制，大部分学生持中立态度，选择了一般，占64.38%；而非常同意和比较同意的比例和为25.94%；比较不同意和非常不同意的占9.68%。可以看出，学生还是较为赞同设置单人奖学金总额限制的。

在获奖人数满意度方面，非常满意的占4.95%；比较满意的占28.17%；超过一半的学生认为一般，占56.66%；而比较不满意的占8.05%；非常不满意的则占2.17%。

至于奖学金名额各年级分配比例是否合理，非常同意的占8.49%；比较同意的占24.53%；认为一般的占大多数，为57.55%；比较不同意的占6.60%；非常不同意的仅为2.83%。

可见大部分学生对获奖总人数是满意的，而奖学金名额各年级的分配比例也较为合理，但都还有较大的改善空间。

（3）奖学金评审过程。

对是否赞同能够同时申请多种奖项，15.69%的学生非常同意；36.62%的学生比较同意；28.62%的学生认为一般；选择比较不同意的有14.15%；选择非常不同意的有4.92%。综合学生的上述意见，大部分学生倾向于能够同时申请多种奖项。

44.63%的学生认为雅居乐奖学金的评定过程是非常或者比较公平公正的，同时也有 34.53% 的学生认为一般，20.84% 的学生认为比较或非常不公平公正。根据学生的反映，现有的奖学金制度比较能够体现公平公正，但也存在一些不够公平公正的现象。

学生认为奖学金不够公平公正的原因主要有以下几方面：第一，评选过程不公开，所占比例为42.08%；第二，制度实施不严谨，所占比例为22.63%；第三，自己没有直接参与评定，所占比例为21.72%；其他，所占比例为13.57%。

在奖学金评审人员方面，大部分学生选择了班主任，占68.90%；其次为任课教师，占50.91%；接着是系领导，占39.02%；而全班同学或学生干部分别占28.96%和11.28%。目前，奖学金评审人员主要由系领导和班主任、任课教师组成，本次调查数据显示，学生认为目前评审人员构成是比较合理的。调查结果也反映了学生有一定的意愿参与评审，建议各班选派学生代表成立学生奖学金评审委员会。

（4）奖励方式。

在奖励方式方面，如图1所示：超过一半的学生选择了奖金+证书+参观游览机会，占51.83%；其次是奖金+证书，占19.51%；接着是奖金+证书+实习机会，占18.60%；选择奖金+证书+公开表扬的有10.06%；仅有2.74%的学生选择了奖金。可见，学生比较乐意选择多样化的奖励方式，而奖金+证书+参观游览机会是最受学生欢迎的。

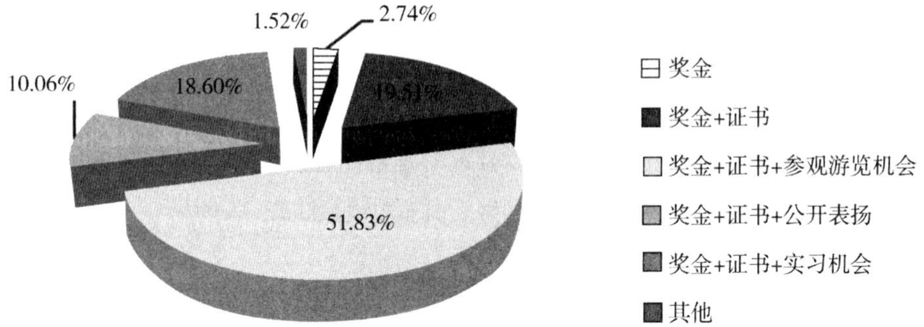

图1　赞同哪种奖励方式

2.2　教师版问卷统计与分析

2.2.1　教师对华文教育专业奖学金制度的反馈意见

对雅居乐奖学金各奖项的评选指标（学习成绩、课堂表现、行为表现等）的权重是否合理这一问题，选择非常同意的占15.79%；比较同意的占63.16%；选择一般的有21.05%；没有人选择不同意。大部分教师认为雅居乐奖学金各奖项的评选指标的权重是合理的。而学生的意见与教师的基本一致。

大部分教师对雅居乐奖学金各奖项的金额设置的总体态度是比较满意的。教师的满意度略高于学生，原因是部分学生反映应该提高奖学金的金额，学生希望有机会获得较高的奖金，另外也有学生反映道德风范奖的奖金额过高，优秀学业奖不同等级的奖金相差太大。调查结果显示，雅居乐奖学金各奖项的金额设置总体比较合理，但还存在一些不够合理的因素，对此需要作进一步调整。

大部分教师对雅居乐奖学金各奖项的人数设置的总体态度是满意的。选择非常满意的有15.79%；选择比较满意的占52.63%；选择一般的有26.32%；选择比较不满意的有5.26%；没有教师选择非常不满意。而学生方面则大部分表示一般，并有10.22%的学生表示不满意，原因是认为获奖人数太少，获奖机会较小。结合师生两方面的意见，大部分师生对雅居乐奖学金的获奖人数是较满意的，同时也有少数学生希望增加获奖人数。

2.2.2 教师对华文教育专业奖学金改革的建议

在对奖学金改革的建议部分，各种指标中应加大比重的所占比例高低依次为：增加其他评定程序 > 加大学业成绩比重 = 加大考勤部分比重 > 加大课堂表现比重 > 加大道德风尚比重 > 其他 > 加大活动部分比重。教师认为应该增加其他评定程序的占57.89%，而学生对此仅占12.20%。教师和学生选择加大学业成绩比重及加大考勤部分比重的人数百分比均大于30%。没有教师选择加大活动比重，但有29.88%的学生选择了此项。在对加大课堂表现和道德风尚比重方面，师生的意见较一致。

对于是否赞同把宿舍表现作为奖学金评比依据之一，大部分教师选择了非常同意或比较同意，占68.42%；有26.32%的教师选择了一般，仅有5.26%的教师选择了比较不同意。因此，宿舍表现可考虑纳入某些奖项的评比要求中。

大部分教师认为应该保留原有的奖项，占36.84%；同时有31.58%的教师认为应该去掉先进社团奖；其次是应去掉道德风范奖，占21.05%；选择去掉文体活动奖与先进班集体奖的人数相同，均占10.53%；接着是创作活动奖、卓越才艺奖和学习飞跃奖、优秀学生干部奖，均为5.26%。综合学生与教师的意见，比较赞同保留全部原有的奖项，另外赞同最应该去掉的奖项是先进社团奖，其次是道德风范奖。

在现有奖学金的项目基础上，对于是否赞同增加奖学金项目，大部分教师持中立意见，占63.16%；非常同意的为5.26%；比较同意的占21.05%；持比较不同意的占10.53%；没有人选择非常不同意。据此，教师总体上认为原有奖学金项目数量比较合理，也可以适当增加必要的奖学金项目，但不宜过多。通过比较发现，学生对此问题的意见与教师的比较相近。

对于是否赞同设置雅居乐奖学金年度单人奖金总额限制，绝大部分教师选择了非常同意或比较同意，所占比例高达94.73%。可见，大部分教师认为设置奖学金总额限制是十分必要的。学生方面大部分则表示中立，占64.38%；持赞同意见的学生人数占25.94%；只有小部分学生是表示不同意的，占9.68%。综合教师和学生的意见，总体上是较赞同的。据此可以预测，若设置雅居乐奖学金年度单人奖金总额限制，可行性较强。

对于是否赞同各年级的奖学金名额分配比例是合理的这一问题，10.53%的教师选择了非常同意；57.89%的教师选择了比较同意；26.32%的教师认为一般；5.26%的教师比较不同意；没有人选择非常不同意。综合师生的意见可得出，各年级的奖学金名额分配比例是较合理的。

对于是否赞同学生能够同时申请多种奖项，持非常同意或比较同意意见的教师占52.63%；持比较不同意或非常不同意意见的占31.58%；认为一般的占15.79%。可见，教师较为赞同学生能够同时申请多种奖项。通过对比发现，教师和学生都倾向于能够同时申请多种奖项。

在奖学金评审人员方面，大部分教师选择了班主任，占94.74%；其次为任课教师，占78.95%，接着是系领导，占63.16%；而选择全班同学或学生干部的分别占52.63%和42.11%；其他则占10.53%，包括系里其他班同学、学生代表。我们发现，教师对本题的作答情况与学生的较为一致。

若对海外华文教师专项奖学金进行改革，针对学生上一年的表现（学业表现与品行表现）决定，如果表现不佳，则取消奖学金。对上述观点，大部分教师持同意的态度，非常同意的占47.37%；比较同意的占36.84%；比较不同意的为5.26%；有10.53%的教师弃权；没有人选择一般和非常不同意。据此可见，大部分教师和学生对海外华文教师专项奖学金进行年度评审是赞同的。

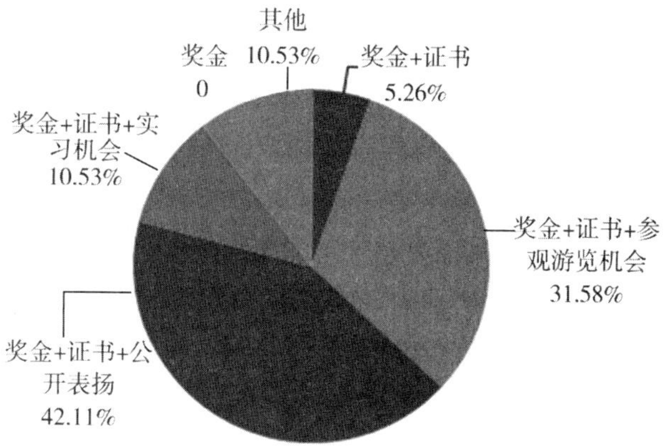

图 2 调整奖励方式的建议

在奖学金的奖励方式方面，由图 2 可知，按所占百分比高低排列依次是：奖金 + 证书 + 公开表扬 > 奖金 + 证书 + 参观游览机会 > 奖金 + 证书 + 实习机会 = 其他 > 奖金 + 证书 > 奖金。教师与学生都建议奖励方式应多样化。

2.3 2013 年雅居乐奖学金获奖情况

通过参考由暨南大学华文教育系提供的《暨南大学华文教育专业 2013 年全日制学历生雅居乐奖学金项目汇报手册》，我们了解到暨南大学华文教育专业全日制学历生 2013 年雅居乐奖学金获奖情况如下：优秀学业奖 46 人、优秀学生干部奖 10 人、创作成果奖 6 人、学习飞跃奖 6 人、卓越才艺奖 5 人、道德风范奖 4 人、文体活动奖 6 人，分别获得 1 000 至 5 000 元不等的雅居乐奖学金。华文教育专业本科生的获奖总人数为 83 人，获奖人数占总人数的 30.74%。

从奖学金单项总金额方面来看，优秀学业奖金额总数占雅居乐奖学金金额总数的比重为 66.67%，远超其他奖项所占比例；其次为卓越才艺奖，占 8.00%；创作成果奖和优秀学生干部奖各占 6.67%；其余均为 4.00%。根据学生及教师问卷的反馈，希望能够加强对学生进步方面的奖励。调查结果显示，雅居乐奖学金中学习飞跃奖金额总数仅占 4.00%，与道德风范奖、文体活动奖的比例持平。

部分学生认为 A 班的获奖机会比 B、C 班高的原因是：从平均每个学生的获奖概率来看，A 班学生获得奖学金的概率大于 B 班与 C 班。一方面，A 班的学生在学习水平上有一定的优势，因而 A 班获得优秀学业奖的人数比较多；另一方面，优秀学业奖的奖金总额占雅居乐奖学金的名额较多，奖金总额比重较大。因此，若进行奖学金改革，为平衡每个班学生的获奖机会，可适度减少优秀学业奖的比重，并加大学习飞跃奖、创作成果奖等奖项的比重。

3 对华文教育专业奖学金管理的思考与建议

3.1 奖学金管理存在的问题

现有的奖学金管理仍然存在一些问题，尚有提升空间，主要体现在以下几个方面：

第一，海外华文教师入学选拔方式缺乏统一的规范、标准。本次调查发现，有超过62.97%的学生表示没有参加过入学选拔考试。各地入学选拔考试并没有统一的标准，这也使得选拔带有一定的随意性和主观性。

第二，就海外华文教师专项奖学金的发放方式来看，一次性发放四年的奖学金对学生来华就读有较大的吸引力，但并不能很好地起到鼓励学生完成学业的作用，尤其是对于没有通过考核便直接获得奖学金的学生，不利于提高学生学习的积极性。

第三，雅居乐奖学金的公平度有待加强。产生不公平的因素主要有：华文教育专业根据汉语水平实施分层次教学，分A、B、C三个类别实施专业培养方案，按入学汉语水平的高低将学生分为A、B、C三个班别层次。在调查中发现，水平较高班级的学生认为其他班级学生的课程比较简单，考试难度低，成绩就会比较好，从而认为水平较低班级的学生获奖学金的机会大。而水平较低班级的学生则认为水平较高班级的学生在考试时占优势。因此，无论是水平较高的班级还是水平较低的班级都存在认为奖学金评比不够公平的情况。

第四，学生对奖学金制度的了解程度不足。我们在调查中发现，学生反映新生入学时并没有了解到具体的奖学金制度，学生手册缺乏对本专业奖学金的介绍，且由于汉语水平限制，无法完全明白学生手册的相关条例。大部分学生对奖学金制度并不十分了解。

第五，海外华文教师专项奖学金中提供的生活费金额太少。在调查中，学生反映每个月500元的生活费补贴在一定程度上能够减轻经济负担，但由于中国的物价近几年不断上涨，每个月500元已经无法满足学生的需要，学生对增加生活费金额表现出了热切的期望。

第六，对奖学金申请者的调查不够全面。有学生认为在奖学金申请的过程中，主要是靠学生的书面申请材料及班主任的评语决定，缺乏对申请者的全面调查。尤其是助学金的申请，部分学生反映存在弄虚作假的现象，导致不能资助真正经济困难的学生。

第七，奖励方式比较单一。大部分奖励主要是提供奖学金和证书，只有物质奖励，缺乏精神奖励。

3.2 奖学金条例的改进对策

3.2.1 奖项设置

（1）调整获奖奖项。

一方面，应根据希望学生能达到什么培养目标而增加奖学金类别，如设置优秀毕业生奖、优秀实习生奖；另一方面，应改革或废除部分争议较大的奖项，如先进社团奖、道德风范奖、新生专业学习奖、系最佳文体班、系最佳考勤班等奖项。

（2）建立奖学金激励作用反馈机制。

应建立奖学金激励作用反馈机制，定期对奖学金的激励作用进行调查，对于激励作用非常小的奖项应考虑删除，而对于有一定激励作用但作用较小的奖项应予以改革，提高其激励作用。

3.2.2 奖学金金额设置

一方面，设置单人奖学金每年最高总额限制。为使更多的学生拥有获奖的机会，也为使奖学金最大限度地发挥其激励作用，应设置单人奖学金每年最高总额限制，具体金额根据每年奖学金单项奖最高金额而定。

另一方面，建立长效研究机制，定期增加海外华文教师专项奖学金中生活费的金额标准。对学生的伙食费和生活费、学校所在城市物价水平进行定期调查分析，从而调整生活费标准。

此外，应对雅居乐奖学金各奖项奖学金金额进行调整。在充分听取学生及教师意见的基础上，合理分配不同奖项的奖金，如使道德风范奖的金额与文体活动奖、优秀学生干部奖金额持平，缩小优秀学业奖不同等级的奖学金金额差距。

3.2.3 奖学金评选条件

首先，要规范、明确各奖项申请资格。针对各奖项分别设置不同的具体要求，包括成绩、考勤、课堂表现、宿舍表现等指标的权重，对某些奖项还应设置申请成绩底线。具体要求应定量、定性相结合，力求规范、明确。其次，应允许学生同时申请多个奖项，学生可根据自身条件，申请最有可能获得的奖项。

3.2.4 奖学金评审

第一，接收院校应全面考核奖学金留学生的学习成绩、综合表现与汉语能力，并在考核评比的基础上提出评审建议：提供全额奖学金、部分奖学金或停发奖学金。

第二，完善专项奖学金年度评审制度。年度评审是指对学习期限在一年以上的在校奖学金留学生进行评审，符合条件者方可继续享受下一学年奖学金。应严格执行专项奖学金年度评审办法的具体要求，对不符合条件者应取消其全部或部分奖学金。

第三，在申报奖项前，班主任综合任课教师意见、学生成绩表现、学生课堂表现、学生代表意见等，告知符合条件的学生可申请哪些奖项。

第四，对申请奖项的学生，可增加面试或答辩环节。为全面了解学生的思想状况、学习态度、学习表现等各方面表现，针对不同奖项可安排不同的甄选环节。

3.2.5 奖励方式

奖励的方式要多样化。奖励内容与形式要真正符合学生的需求，并富有时代性，这样才能使更多的学生受到真正的激励。我们的调查结果充分表明，学生对于物质激励与精神激励都很重视。除了常规的奖金和证书奖励方式以外，还可以视具体奖项而采取多样化的奖励方式。如提供免费参观游览机会，奖励旅游景点门票、交通费，让学生有机会接触更多的中华文化，促进学生对中国的了解。还可以奖励购书卡，提供推荐实习机会、免费学习中华才艺的机会等。

3.3 奖学金获得和评审过程的改进

3.3.1 规范入学选拔

为保证学生培养质量，可采取措施规范入学选拔。首先，应设置具体的申请条件和要求，包括学能测试及就业意向调查，选拔有志于从事华文教育相关工作的优秀人才。HSK 成绩可作为评估学生语言水平的标准，在遴选过程中推广。其次，应规范奖学金申请流程，申请者需提供高中毕业证明等相关资料；选拔方式应以考核为主、推荐为辅，调整免试入学与考核入学的比例，笔试入学的试卷可由中方统一编写，以保证选拔的公平公正。

在招生途径方面，可分为以下两种：第一，在生源地设置考点。暨南大学华文教育系可成立专门的招生委员会，前往生源较多的国家进行招生面试；对于因国与国之间教育制度差异而引起的时间差问题，使馆可组织当地的学校及华人教育机构及时将华文教育专业的信息提供给学生。第二，在暨南大学设置考点。暨南大学官方网站定期发布相关招生信息，有意就读的学生可提交电子版申请材料，经初选后符合条件的申请者来华参加海外华文奖学金生入学选拔考试，申请者需自行承担考试费用。

若在生源地设置考点，由于各国国情不同，申请奖学金者的水平也有可能存在相当大的差异，这就要求在设置学能测试标准及要求时按国别或地区进行考虑。对申请奖学金者较多的国家或地区，如印度尼西亚、泰国、菲律宾等，建议进行规范化的面试、笔试、口试。通过面试了解学生是否有当华文教师的真实意愿、是否具备当华文教师的潜质；通过笔试、口试了解其汉语水平，具体标准可参照中国汉语水平考试进行调整。而对申请奖学金者比较少的国家或地区，如蒙古、马达加斯加等，应侧重于对申请者的就业意愿、教学能力方面的考查，汉语水平则应作为补充参考的依据之一，选拔方式可以更加灵活。

3.3.2 加强奖学金评审的公平、公正

首先，要加强对评审各流程的把关。包括对申请人是否符合资格、申请材料的真实性进行调查。除了提交申请材料，还应增加班主任意见及充分听取其他学生的意见。

其次，合理分配奖学金的名额比例。奖学金可按年级人数比例分配名额，但不宜直接按班级人数比例分配名额。一是因为各班班风相差较大，班风好的班级应该获得较多名额，真正达到奖学金“优者优”的奖励原则；二是可以避免入学时成绩好的学生为得到奖学金故意转到C班。

3.4 奖学金管理方案的调整

根据调查所反馈的信息，我们建议对奖学金的管理方案进行以下调整：

（1）入学选拔。

申请条件：申请者应具有高中以上学历，HSK成绩不低于三级180分，HSKK成绩不低于中级40分。海外本土汉语教师、“汉语桥”中文比赛优胜者、HSK考试成绩优秀者择优录取。

申请材料：①申请人须填写“海外华文教师奖学金”申请表；②最终学位（高中或高中以上）毕业证或在校期间完整、正式的成绩单；③HSK考试成绩单；④推荐函；⑤详细的个人履历（含个人简介、联系方式、学习经历、工作经历或科研成果、对从事华文教育相关工作的意愿）；⑥身份证明。

评审程序：第一轮选拔：当地机构收集申请材料后，由华文教育基金会及暨南大学派代表组成招生委员会，对符合申请条件的申请者组织面试，按一定比例选出考生作为推荐人选参加项目复试。第二轮选拔：对考生进行项目复试。复试内容包括笔试、听力、口试、心理测试。

协议要求：经考核，符合要求者需与当地选派机构签订就业协议，奖学金生完成4年学业后，需回国从事至少3年（具体年限由不同地区根据实际情况决定）的华文教育相关工作。协议中应明确规定奖学金生的权利及义务，清楚告知签约者若违反协议应承担的责任。

（2）年度评审。

年度评审是指对学习期限在一年以上的在校奖学金留学生进行评审，符合条件者方可继续享受下一学年奖学金。评审时间为每学年度第二学期第十七周。

评审程序：①由暨南大学华文学院负责向参加学期评审的奖学金生发放《海外华文教师奖学金学年评审表》，做好说明、解释工作。②奖学金生按要求认真填写评审表中的相关内容，并按规定期限提交至华文学院。③华文学院教务科出具成绩单和教师评语。④学生公寓管理人员根据奖学金生的住宿情况和遵守公寓管理规定情况填写意见。⑤由华文学院汇总上述情况进行综合评定，提出初审意见，并将评审结果和评审报告报送华文教育基金会。⑥由华文学院作为具体执行部门，负责向奖学金生传达华文教育基金会的最终评审结果。华文学院将停发奖学金者的情况通报原推荐机构。

评审内容：①学习成绩：考核范围包括本学年的各科考试、考核情况。享受全额奖学金资格者，该评审年度内，秋季学期学分不少于 20 学分，且春季学期缺课不得超过 20 学时（截止时间为第十六周）；享受部分奖学金资格者，该评审年度内，秋季学期学分不得少于 15 学分，且春季学期缺课不得超过 20 学时（截止时间为第十六周）。②综合表现：继续享受奖学金资格者须按时上课，出勤率在 90% 以上，事假、病假履行请假手续。勤奋好学，任课教师的评语在合格以上，遵守中国法律法规和暨南大学校纪校规，尊敬师长，团结同学，积极参加校内外活动。③汉语能力：努力提高汉语水平，参加或积极备考 HSK 考试。

华文教育专业奖学金是华文教育专业建设的重要支撑，对于如何更好地发挥各项奖学金的激励作用，促进华文教育事业的可持续发展，本文仅仅是一个初步的尝试。笔者希望今后有更多的同人关注这方面的问题，并进行更深入的研究。

参考文献

蔡丽．论华文教育专业学生教学技能的培养［J］．暨南大学华文学院学报，2008（1）．

蔡贤榜．印尼华文教师队伍现状及培养对策［J］．海外华文教育，2005（4）．

陈晓霞．基于教育服务贸易的东南亚汉语教师培养研究［D］．暨南大学硕士学位论文，2011.

郭熙．海外华语教学研究的现状与展望［J］．世界汉语教学，2006（1）．

郭熙．华文教育专业建设之我见［J］．暨南大学华文学院学报，2009（1）．

胡建刚．我国第一个华文教育本科专业在暨南大学设立［J］．暨南大学华文学院学报，2005（3）．

贾益民．华文教育学学科建设刍议［J］．暨南学报，1998（4）．

李嘉郁．海外华文教师培训问题研究［J］．世界汉语教学，2008（2）．

马跃．教学研究素养：建设可持续发展的华文师资队伍的重要因素［J］．暨南大学华文学院学报，2005（4）．

[作者简介]

龙燕玲，暨南大学2011级汉语国际教育专业硕士研究生，曾赴泰国任汉语教师志愿者一年，现为广东佛山市南海区桂城街道文翰二小语文教师。张军，博士，教授。暨南大学华文教育系原系主任，曾任南非罗德斯大学孔子学院中方院长兼罗德斯大学语言学院中文部主任，现为暨南大学汉语国际推广中心副主任，研究方向为汉藏语言学、汉语方言学、对外汉语与华文教育。

海外华文教学课堂管理的五大原则

周　静

1　引言

随着改革开放的逐步深入，中国在国际上的影响力越来越大，人们对汉语的学习需求也越来越大，中国对国际汉语教学推动的力度也越来越大，每年以多种形式派出越来越多的中国教师奔赴世界各地进行汉语教学。教学媒介语的不同、教学地点的变化以及学生学习背景的多元化，均给汉语教师进行汉语教学的课堂管理带来了新的难题。本文根据我们多年海外华文教学的经验讨论“五大原则”在课堂管理与教学中的重要性。

2　管理目标明确原则

就海外华语课堂教学管理来看，有些华语课堂缺乏有效的管理，有些华语课堂则存在着很大的管理缺陷，突出地表现为组织教学松懈，学生随意走动、随意说话，课堂呈现一片乱哄哄的状态，无法形成正常的课堂秩序，更不用说形成教与学的默契氛围。这种情况要求作为管理主体的教师通过计划、组织、激励、控制等手段来对课堂进行管理。

2.1　明确管理目标

课堂管理有四个基本构成要素：管理主体（由谁管）、管理客体（管什么）、管理目的（为何而管）、管理环境（在什么环境下而管）。

课堂管理过程：按照教学大纲和计划，针对学生具体情况和课堂实际，利用资源配置，通过组织、控制、激励等手段实现教学目标的过程。

课堂管理目标：将课堂管理知识应用于华文课堂教学，通过复习旧知识、预习新知识，在课堂上实现知识与能力的转化，这一过程的最终目标是要提高学生有效语言输出的能力。

2.2　教学观念的现代化

语言教学在20世纪50年代主要是传授规范的语言知识，60年代是培养应用语言知识能力，70年代是培养交际能力，80年代是培养语言应用能力，90年代则注重语言功能的作用，培养沟通能力。自21世纪始，提出全方位沟通能力的培养，特别是提倡任务学习方法（Doughty & Long，2003）。

因此，跟进语言教学理念，不再将知识作为教学的唯一目标，而是将全方位的沟通能力作为课堂教学的最终目标。因此课堂教学的一切活动都要围绕这一中心目标进行。

2.3　掌握管理手段

课堂教学管理最基本的目标是"效益最大化"：以最少的教学资源投入取得最大的教学效益。实现课堂教学目标就是要调动学生的积极性，使其高效地学习知识、培养能力、形成习惯。这是基于人性和人群差异性的民主化、科学化操作，以达到预期目标的活动过程。

课堂教学管理是以学生为主体、以教师为主导，管理课堂上学生的言行举止，组织目的是提高教学效率，组织环境则是海外华文教育这个大的背景环境。

3　教学环节清晰原则

清晰指教学环节要清晰。教学环节由"导入、定向、新授、质疑、总结"五个部分构成，而每一次课大体分为"复习、新课、练习"三部分。但教学环节只是一个大体的模式，对这个模式的应用是教师要掌握的。因此教学的五个环节要灵活安排与应用，所谓"教无定法，贵在得法"。

3.1　教学环节要清晰

教学环节的安排要科学合理。首先，要有清晰的课堂板块；其次，各个板块之间的衔接和转换要自然，不生硬、不勉强、不做作。课堂教学环节几个板块的转换一定要清晰，让学生觉得是在一步一步地完成任务，到了某个环节要知道该做什么事情，心里清楚，做事胸有成竹，这样他们才会早做准备，不迷茫、不急躁。

3.2 抽象知识与具体化清晰

教学就是要给学生创造一个快速接受知识的环境，间接教授知识是课堂教学的主要方式。但不能忽视学生在学习知识过程中的“亲身体验”，教师要充分发挥学生的主观能动性去获取认识，而不是一味地灌输知识。

“亲身体验”式教学的核心是设置语境，让学生进入语境中去，并在其中“亲历”整个过程，使语言知识自然而然地转化为交际过程，并不断复现，最终成为语言能力。即“浸入式”教学，让学生“泡”在语境中，教师把静态的知识传授变成动态的交际过程，把学生由旁观者变为“事件中人”，教师不仅仅是导演，学生也不仅仅是演员，二者同时在具体的生活中用华语交流、互动。如要讲授“打电话”的知识，可录制一段视频，亲身体验用华语向中国的航空公司电话订票、担任广州商品交易会的翻译、在中国旅行遇到困难向中国警方求救、带队参加在中国举办的夏令营……这些都是亲身经历，需要自己用华语思考、筹划和交流。

3.3 师生互动原则清晰

过分强调教师的作用会使学生陷入被动的局面，产生消极作用；而过分强调学生的作用，又会使教学无序、低效。要解决这个问题，必须坚持“三为主”原则，即教师是主导，学生是主体，训练是主线。在课堂上，围绕教学大纲、教学计划、教案和教材，教师组织学生，即“教”要考虑符合学生身心发展的年龄特征，“学”要考虑怎样才管用、易学和精当。既要完成教学任务，又要激发学生的学习兴趣，还要提高学生的能力。师生互动是最好的诠释：教师的“教”是为学生的“学”服务的。

4 教学管理一体化原则

教学管理一体化指课前的准备、课中的教学、课后的复习三位一体。

4.1 一体化的指导思考

明确一体化就能达到效益最大化。管理的本质就是追求效率，这就要抓住影响效率的四大关键因素进行一体化管理，以提高效率。影响效率的四大因素是纪律、教师的主观性、学生的能动性、教学的艺术性。因此，规范的纪律、公平公正的态度、能激发学生的学习兴趣和能立竿见影的课堂教学，以及适合师生双方的授课艺术，四者是效益最大化的保障。而一体化又是效益最大化的基础。

4.2 课前注重准备

课前的准备包括教学设计、教学目标、知识储备、品格修养、课堂管理。在海外华语课堂管理中，课前几分钟的准备必不可少：要学生做好充分准备，准备好课本、学习用具，按座位入座。防止个别学生以没有课本、学习用具为借口不学习或打闹。

4.3 课中注重高效

海外课堂妨碍高效学习的最大障碍是课堂管理，特别是课堂出现意外，因此教师在教学中应具备相应的应变能力。当有学生不守纪律，妨碍他人学习，甚至破坏课堂纪律时，教师要有预见性和化解能力。首先，将不同程度和性格、遵守纪律和好动的学生分座；其次，用目光阻止课堂纪律松懈的苗头；再次，当课堂纪律被破坏影响到教学时，要及时处理，“去小救大”，维护整体利益；最后，当出现意外时，要通过集体动作、背书、念口诀甚至唱歌等方式稳定学生情绪，化解矛盾，维护正常的课堂秩序。

4.4 课后注重巩固

学习中最重要的一条就是与遗忘作斗争。一般来讲，所记忆的知识如果不复习，一天后就会遗忘63%，两天后遗忘77%，三天后遗忘80%，六天后只剩下9%。而课后的作业正是督促学生复习巩固所学知识的有效手段，因此注重课后作业十分有必要。具体做法是：要求学生准备三本作业本，一本用作笔记本，另外两本用作课后作业本。两本课后作业本交叉使用，避免学生把课后作业写在一张纸上，教师批改完学生就丢掉了，同时也提高了课后作业在学生心中的地位。如果有条件最好定制作业记录本，教师把所布置的作业写在黑板上，让学生抄在作业记录本上并签字。这样可以督促学生完成课后作业，同时可通过作业记录本发挥家长的作用，让家长监督学生完成作业。至于教师认真批改课后作业、评分、计入考评成绩等更是必需的。在这一过程中，赏罚分明、持之以恒非常重要。

5 严格纪律与充满活力互动原则

5.1 课堂纪律要严明

课堂要有严明和充满活力的作风。严明，是指课堂纪律要严明。在公平、公正的基础上，对违反课堂纪律的行为要坚决地制止，让学生明白在课堂上哪些行为是允许的，哪些行为是不允许的。即使再小的违反纪律行为也要予以纠正，小事不管、秋后算总账的做法，不利于孩子从中吸取教训，完成自我调控与约束。要培养学生良好的学习习惯，增强纪律的自控性。首先，要培养学生全神贯注的学习习惯，只有全身心地投入才能发挥最大的学习效率；其次，培养学生的责任感和集体荣誉感，巩固自觉守纪的好习惯；最后，对于屡教不改的学生，要个别谈话，严慈相济。

5.2 课堂要充满活力

充满活力是指课堂氛围活跃，课堂组织教学的方式要多种多样，避免单调乏味，要能吸引学生的注意力，引起学生的学习兴趣。虽然课堂组织教学的方式依照班级情况和教师特点而异，但大方面如下：首先，深入浅出。所讲授的内容要避免过于艰涩，同时也要避免过于简单，否则无法激起学生挑战与探索的兴趣，要以学生不太吃力就能接受所学内容为准。其次，擅于表演。在课堂教学过程中，最为理想的状态就是能把学生带入语境。学生是演员，教师是导演，教师不仅要懂得表演而且要会表演，或运用表情、动作，或运用语音、语调，或假设情境等手段，让学生进入“华语课堂”这部戏。最后，把握好“度”。过犹不及，任何事情超过度的范围，就会向相反的方向发展。在调动积极性的同时，不能让学生过于兴奋；严明纪律时，要要求得当，忌滥用奖励或惩罚等。

5.3 纪律与活力的互动

吸引学生注意力与加强课堂纪律符合心理学理论：“注意”是心理活动对一定事物的指向和集中。课堂纪律松散的原因，除了学生学习兴趣不高外，还表现为学生的注意力很容易分散，容易被别的事物吸引。因此，吸引或转移学生的注意力，也是加强课堂纪律的一个方面。注意力的集中时间：7 ~ 10 岁儿童平均为 20 分钟，10 ~ 12 岁儿童平均为 25 分钟，12 ~ 15 岁儿童平均为 35 分钟。所以，一堂课 50 分钟中，课堂讲授的东西最好在 20 分钟内完成，接下来则通过各种渠道加强练习训练来加深讲授内容。

（1）物质奖励法。在课堂上如用小贴纸、食物、糖果等物质来奖励，可以起到一定的作用。但是这种方法不宜过多使用，因为这容易使学生养成一种和利益挂钩的习惯，不利于学生品德和行为规范的培养。

（2）讲解与体态语相结合法。根据教学实际，主要有以下一些基本做法可供参考：

①学生注意力分散时，可说“我们一起——拍拍手！”“我们一起——拍拍肩！”“我们一起——跺跺脚！”“我们一起问声好：你好你好！老师好！”“眼睛——看老师！”“请大家跟我读！”等。

②学生答对了，老师则可说：“×××——你真棒！”辅助以拍手动作：“×××！你真棒！”

③学生答不出，老师则可说：“×××——加油！”“×××——加油！”再答不出则可适当给予帮助。

④学生情绪过于高涨时，老师要说：“请安静！”（辅助以不要说话的动作：嘘！）

当然这些还可以根据学生的具体情况进行多样化训练，丰富讲课形式。如低年级的学生可以通过歌曲、游戏、儿歌、动手操作等方法进行；高年级的学生则可以通过临时换位，即让学生当老师，老师当学生，达到调动学生学习的积极性、集中学生注意力的目的。

总之，从课前准备到课后作业，中间要完成整个课堂的各个环节，并且要分明有序，有张有弛，缓急有致。维护课堂纪律，保证教学秩序正常进行，学校要建立健全各种规章制度，若违反了纪律，就要有相应的惩罚措施。要加强学生的行为习惯教育，提高学生学习的意识，激发学生学习的积极性。同时，也要靠教师的课堂教学管理艺术、教师本身的人格魅力以及教师与学生建立起的亲密和谐关系来维系。

6. 评估与监控结合原则

评估与监控结合原则主要指监控与评估机制相结合原则。

6.1 评估机制要科学

评分是教育管理的重要环节，评分不仅涉及对学生的评价，而且对学生的学习起到不可估量的作用。当个体面对成就情境时，有两种动机系统在起作用：一种是追求成功的动机，另一种是回避失败的动机。这两种动机方向相反，发生强烈的冲突。当成功的希望小于失败的恐惧时，个体就会趋向成就情境（积极参与学习活动）；当失败的恐惧大于成功的希望时，个体就会回避成就情境（逃避学习活动）。要使学生始终保持追求成功的动机大于回避失败的动机，最终培养和提高学生的成就动机。

6.2 评估方法要合理

为了使学生平时成绩的评定量化和标准化，首先要制定学生平时成绩评定细则。

最常用的主要包含以下几方面：

（1）出勤分：全勤，100 分；缺勤一：10% 以下，90～99 分；缺勤二：10% 以上，70～89 分。若学生缺勤过多，授课老师应及时反映和上报，交由管理老师视具体情况处理。

（2）课堂表现分：遵守课堂纪律 10 分、认真听讲 10 分、课前预习 10 分、课后复习 10 分、主动提问每次 10 分、主动回答问题每次 10 分、反馈并执行教师指令 10 分。每次授课结束要打分并记录在案。

（3）作业完成情况：从认真完成并正确的 100 分到没有完成作业的 0 分定出等级，正确评定。如遇到不完成作业的学生要督促其完成，三次作业不完成者，通报管理老师，联系家长。布置的作业，授课老师应认真批改，并给出具体分数，且记录在案。

（4）小测验（含听写）：每个星期至少要进行一次小测验，可以采用出试卷的形式，也可以采用听写的形式，每次测验的分数都要记录在案。口语小测验的形式要更加灵活多变，时间允许的情况下，采用一对一的方式进行，若时间不允许也可以采用分组的形式进行，高年级的同学可以 role－play 的形式，限制时间，分组进行。

（5）平时成绩的计算：平时成绩＝各次小测验/听写的平均分×30%＋各次作业的平均分×30%＋课堂表现×30%＋考勤×10%。如一个学生各次小测试与听写成绩是 90 分，各次作业的平均分是 95 分，课堂表现 95 分，考勤 100 分，最后得分为：90×30%＋95×30%＋95×30%＋100×10%＝27＋28.5＋28.5＋10＝94 分。

6.3 评估与监控

监控机制就是监督和控制机制，严格的评分体制是教学监控机制最重要的组成部分。监控机制和教学环节要配套完善，即每一个教学目的都要有一个严密的后续监控机制来进行保障，这样学生才会有动力或者能够保障其学到的东西得以巩固和提高。比如要达到记生词的目的，就要布置作业进行抄写，然后采取课堂听写来督促和检验学生是否记住了。课前、课中、课后的训练要连为一体，发挥整体效力。

7 结语

海外华语课堂教学管理是为了实现华语课堂教学目标，按照教学规律和特点，对教学过程进行的全面管理。管理的过程是基于人性和人群差异性的民主化、科学化操作。在这一过程中，教师要充分发挥管理主体的作用，利用多样化和人性化的方式或方法，通过计划、组织、激励、领导、控制等手段来对课堂进行管理，最终达到让学生能够高效率学习华语的管理目的。管理的过程不仅仅是对教师管理能力和管理艺术的考验，同时也是对教师道德水平的考验，只有始终把学生放在心上，始终以华文教育事业为己任的教师，才会在课堂教学管理中耗费如此多的心力与心血。但由于管理环境往往不尽如人意，因此在课堂教学管理中想要达到预期的效果，往往困难重重，这就要求教师能经受困难与压力，不折不挠，尽到作为一名教师的责任与本分。

参考文献

陈真．东南亚华文教育的发展趋势、问题及对策研究［J］．云南师范大学学报（对外汉语教学与研究版），2007（4）．

顾圣皓，金宁．华文教育教学法研究［M］．广州：暨南大学出版社，2000.

郭金鼓．华语教学——门外集［M］．马尼拉：菲律宾华教中心，1996.

何懿．如何操练［C］//华语督导看华校华语教学．马尼拉：菲律宾华教中心，2005.

靳洪刚．现代语言教学的十大原则［J］．世界汉语教学，2011（1）．

蓝小玲．菲律宾华文教育的现状与改革［J］．世界汉语教学，1996（2）．

蓝小玲．菲律宾华校的汉语教学［J］．厦门教育学院学报，2000（2）．

李军，刘峰．东南亚地区华文教育的模式与性质分析［J］．东南亚研究，2006（3）．

马臣东．培养华语思维能力提高华语交际水平［C］//晋总督导看华校华语教育．马尼拉：菲律宾华教中心，2006.

马臣东．思考与建议——浅谈华文教学中的几个基本问题［C］//晋总督导看华校华语教育．马尼拉：菲律宾华教中心，2006.

邱鸿谊．浅谈组织教学的方法［C］//晋总督导看华校华语教育．马尼拉：菲律宾华教中心，2006.

邵建寅．华文教育工作者的责任［C］//华文教育言论集．马尼拉：菲律宾各宗亲会联合会，2006.

孙香琳．华教改革任重道远［C］//华语督导看华校华语教学．马尼拉：菲律宾华教中心，2005.

孙香琳．华语教学与多媒体教学的整合［C］//华语督导看华校华语教学．马尼拉：菲律宾华教中心，2005.

王宝奎．华语课堂教学评价方案［C］//晋总督导看华校华语教育．马尼拉：菲律宾华教中心，2006.

王燕燕．菲律宾华语教学探讨［J］．八桂侨刊，1996（2）．

吴枚．华语课堂教学的实践经验［C］//华文教育言论集．马尼拉：菲律宾各宗亲会联合会．

颜彩云．华语教学要加强听说能力的训练［C］//晋总督导看华校华语教育．马尼拉：菲律宾华教中心，2006.

颜彩云．走出华语课堂操练的困惑［C］//晋总督导看华校华语教育．马尼拉：菲律宾华教中心，2006.

杨枫．谈中学华语课文教学的有效性［R］．棉兰老华教协会年会，2009—2010.

余文森，王晞．教育学［M］．北京：北京大学出版社，2009.

A L WRIGHT. 第二语言教学的初步技巧［C］//华语课怎么上?．马尼拉：菲律宾华教中心，2004.

（本文曾刊载于《海峡华文教学论丛》2013 年第 1 辑）

［作者简介］

周静，河南内乡人，博士，教授，现任暨南大学华文教育系主任，主要从事现代汉语语法、对外汉语及华文教育教学与研究。

语际语用学与华文教育

李　军　薛秋宁

20 世纪 80 年代兴起的语际语用学（Interlanguage Pragmatics）是从语用学角度研究二语学习者的语际语系统（interlanguage）的一门交叉学科，既属于语用学领域，又是第二语言习得研究的一个分支。它探讨的领域包括第二语言学习者语际语的语用特征、语用能力的发展、教学对语用能力的影响以及语际语用学研究的方法等。二十多年来，语际语用学迅速发展，取得了丰硕的研究成果。1993 年第一部论文集《语际语用学》（*Interlanguage Pragmatics*）正式出版。2001 年剑桥大学出版了 Kasper & Rose 编著的论文集《语言教学中的语用问题》（*Pragmatics in Language Teaching*），该书强调了外语教学中语用教学的重要性，并通过不同的论文全面展示了外语教学中语用教学的各个方面及研究方向。2002 年 Kasper & Rose 又出版了研究语用能力发展的新著《第二语言中的语用发展》（*Pragmatic Development in a Second Language*），该书是从理论、方法、研究实例等方面就第二语言语用习得或语用能力的发展问题进行系统研究的成果。

从语际语用学的发展历程可以看到，语际语用学越来越受到第二语言习得与外语教学界的重视，越来越多语言教学研究者参与到第二语言语用能力培养的探索中去。语际语用学的研究成果与方法对华文教育同样具有重要的理论意义和实用价值。华文教育的目标是培养学生的语言交际能力，而语用能力是语言交际能力的重要组成部分。学生只有掌握了汉语的各种语用知识，形成了较好的汉语语用能力才有可能得体而有效地进行交际，避免语用失误。教师也只有深入了解了学生习得汉语语用规则的特点和汉语语用能力的发展规律，才可能有针对性地进行教学，取得良好的教学效果。对大纲制定者和教材编写者来说，了解了这些知识与规律，制定的大纲、编写的教材才更有实用价值。总之，从理论到实践，语际语用学对华文教育有很多可借鉴之处。但根据笔者对 1994 年以来期刊网文献的查阅，相关研究文章较少。本文拟从语用理解、语用表达、语用能力发展的理论探讨和教学模式研究等方面总结华文教育应从中借鉴的方面、需要深入研究的课题和开拓发展的路向，以期对语际语用学在华文教育学界的发展有所助益。

1 语际语用学的研究内容及其应用

语际语用学的研究范围及其在华文教育中的应用大致可以概括为以下几个方面：

1.1 对语用理解的研究

探讨第二语言学习者对目的语的言语意图，尤其是间接言语行为的言外之意的理解和对礼貌手段的识别是语际语用学重要的研究课题，也取得了较好的研究成果。其研究表明，语言表达形式、语境信息和文化背景都会对第二语言操作者对目的语的语用理解产生影响。

语用理解的研究在华文教育中具有非常积极的意义，也是研究的薄弱环节和需要深入开掘的领域，它可以让我们从另一扇窗口了解外国学生学习汉语的难点及规律，开拓出汉语习得研究的新途径。华文教育中语用理解的研究可以在以下一些方面进行开拓：

1.1.1 对汉语语言表达形式的含义和文化意义的理解

汉语中有很多语言表达形式能够表达复杂的内涵，传达作者不同的语用意图，语言表达中也包括了丰富的文化信息，对这些话语意义尤其是说话者的话语意图，外国学生能否有效地理解，他们理解的难点和倾向是什么，不同汉语水平层次之间理解的差异性何在，有无理解能力发展的轨迹，都是华文教育界所迫切需要了解的问题，值得系统研究。

（1）对间接言语行为的理解。

对间接言语行为的理解是国外语际语用学界最为关心的问题，也是研究较为深入的领域。以间接言语行为来表达语用意图是日常言语交际常用的技巧。汉语表达倾向于简洁和含蓄，应境生成的话语极多，间接的言语行为表达形式也非常丰富。比如道歉，可以使用补救、承认错误等间接表达方式而不一定非用“对不起”等直接方式。同事聚会，甲对乙说“你迟到了”，乙回应“我下次不了”，就是用补救措施来表达歉意，外国学生常因汉语本族人未使用直接道歉词语而误会其不道歉，就是语用理解不好所造成的。再如请求，汉语也大量使用间接方式。“小王，有空吗?”就是通过询问可能性条件来表达帮忙的要求。“你昨天用打印机了吧。”借助提示来表达要受话人清理打印过的废纸等。外国学生理解它们时也会产生障碍。汉语的招呼形式“去哪里啊”“刚回来吧”，外国学生也会因不理解其语用含义而产生误解。汉语中这种间接表达语用意图的言语行为方式很多，需要我们深入去探索汉语学习者对这些间接表达形式的理解方式、理解特点、容易出现的问题及由此带来的对教学重点、习得顺序和教学对策的影响。

（2）对礼貌手段及程度级别的识别。

第二语言学习者对礼貌手段和礼貌程度的识别，也是国际语际语用学界热门的话题。研究发现影响学习者判别礼貌程度的因素很多。在目的语环境中生活时间的长短、与目的语接触的程度也影响到礼貌等级的识别。如 Olshtain & Blum - Kulka（1985）发现，在以色列居住达 10 年以上的二语学习者，对希伯来语直接表达方式和积极礼貌策略的容忍度与本族人一样高。Carrel & Konneker（1981）的研究还表明，目的语水平高的学生会按照本族语者的标准来判断不同的“请求”礼貌级别，但是，他们对话语形式的礼貌级别过于敏感。

汉语的礼貌手段较多，且比较隐晦和复杂，理解有一定的难度。比如汉语中很多的礼貌表示出现在特定的礼貌词语、称呼语的选择以及表示关心、体谅、褒扬等丰富多样的辅助语的运用上。句子“特傻了你”在很多时候并非责备而是关心。“坐/请坐/您请坐/您请上坐”“让让/大爷，让让”，由于礼貌词语和尊敬的称呼形式的运用，排在后面的句子的礼貌程度要比前面的高。“请坐，真是辛苦您了”，加上了一句褒扬功劳的话，礼貌程度就相对要深一些。再如，汉语的礼貌表达方式许多都带有因境生成的特点，“洗手呀”等招呼形式，“要用功啊”“找对象了吧”等关切表达形式就有礼貌的功能，而不是啰唆、指使、干涉隐私的意思。

可见，汉语中的礼貌手段和礼貌程度表达方式灵活多样，很多礼貌表达策略与英语不一样，也缺乏像英语那样使用过去时态、虚拟语气等来表达礼貌程度等级的方式。因此，在引导外国学生理解时需要有不同的教学策略，也会出现不同的理解难点和理解倾向，这些都需要深入地进行调查研究。

（3）对某些特殊语言结构的理解。

由于汉语意合的特点，汉语中形成了很多特殊的语言结构，对这些语言结构所表达的话语含义的理解也是语用理解研究的重要内容，构成了对外汉语教学的特殊方面。如汉语的紧缩复句能表达丰富而复杂的语义与情感内容，外国学生理解起来就有问题，如“不甜不要钱”是表示“甜”的意思，“学几个忘几个”则带有贬义的情感色彩。外国学生理解偏正类紧缩复句和紧缩形式的语用色彩存在困难。汉语有很多没有关联词语的铺排性结构，如“你的女儿你去吧”“一个电话就来了”“做一天和尚撞一天钟”“老鼠过街，人人喊打”“留得青山在，不怕没柴烧”等，其逻辑语义关系、话语含义及语用色彩等都是外国学生不容易理解的。还有汉语偏正复句的逻辑语义关系也是理解的难点，如外国学生理解汉语各类转折关系复句时就出现了差别，即理解虚拟情况难以理解真实情况，理解未然难以理解已然，理解逆序转折难以理解顺序转折，没有交际环境的理解错误率高于有交际环境的（孙丹，2006）。

此外，对其他一些依靠语境来表达的语用含义、对特殊的文化词语与文化意义的理解也是语用理解研究的重要领域。

1.1.2 不同文化背景学生理解的差异及倾向

对不同文化背景学生理解特点、难点、倾向和规律的研究也是非常重要的语际语用学研究领域。Bouton（1988）对六组来自不同文化背景的英语学习者和说英语的本族人对间接答语的理解进行了比较，结果发现文化背景的影响十分显著，来自德国、西班牙、葡萄牙和中国台湾的学生的理解相似，而来自日本、韩国和中国大陆的学生则与他们不同。

文化背景对学习者理解汉语中的语用意义也存在影响。在华文教育中，我们也要了解汉语中的哪些语言表达方式、哪些方面的内容容易引起不同文化背景学习者的误解，误解表现的特点与规律是什么。同时还要了解不同文化背景会导致怎样的理解情况出现，不同文化背景的学生理解汉语话语含义会表现出怎样的倾向和规律。由此去分析针对不同文化背景学生的教学重点、教学引导方式和教材编写等。例如“去哪儿”“吃了吗”等热情礼貌的招呼方式日韩学生能较好理解，欧美等学生则会出现理解上的问题。华裔学生与非华裔学生在理解上的表现也相当不同。目前华文教育界需要加强针对不同文化背景学生理解规律的研究。

1.2 对语用表达的研究

语际语用学的语用表达研究大量集中在第二语言学习者如何实施目的语的言语行为以及他们的语用表现与本族人的差异上。研究表明第二语言学习者使用第二语言的语用策略和语言形式与本族人有所差别。如有的研究发现二语学习者更倾向于采用直接而简单的方式传达语用意图，另一些研究则发现中国等学习英语的学生行使请求时比英国学生啰唆。在礼貌策略的运用上，Carrel & Konneker（1981）发现本族人多以语境为依据，而非本族人大都不考虑语境。导致这些差别的原因是第二语言学习者目的语语用知识和目的语使用技巧的缺乏，包括语言语用知识和社交语用知识，以及有意无意地按照母语语言和文化模式来使用第二语言等。落实到华文教育中，语用表达研究可以集中在如下一些问题上。

1.2.1 外国学生实施汉语言语行为的特点与模式

汉语的语用表达手段非常丰富，汉语言语行为的实施常常需要使用众多的辅助手段，汉文化还有特定的语用习惯，这些都为外国学生正确掌握汉语的语用表达方式，灵活、得体地实施汉语言语行为增加了难度。因此，他们实施汉语言语行为的表现也就成了非常值得关注的内容。如拒绝行为，中国人通常会根据不同的社会情景综合运用各种辅助策略及词汇手段来使拒绝更为得体，也较多采用“解决问题的建议”来使拒绝充满人情关怀，但外国学生却较少使用这些策略手段。试比较：

(1) 啊，老师，真不巧，我的刚被同学借走了，我帮您问问其他人吧。(中国人)

(2) 不好意思，我的录音机坏了。(东南亚，中级)

中国人运用了表吃惊的语气词“啊”、称呼语“老师”、表遗憾的引发语“真不巧”以及解释原因和表建议的辅助语，东南亚留学生只用了道歉语和原因解释。再如：

(3) 哦，生日快乐！不过真遗憾，我要回家处理点事，祝你玩得开心。(中国人)

(4) 对不起，今天晚上我没空。(日韩，初级)

(5) 谢谢你，我很累，我要休息。(日韩，中级)

中国人的拒绝行为是“语气词 + 祝福 + 遗憾 + 原因 + 祝福”，日韩学生则比较简单和生硬。一般来说，在拒绝别人邀请的话语中，前面部分往往会有一些语气词、引发语、称呼语和情感同意、赞扬等辅助策略，后面部分则会运用建议、许诺、祝福等辅助策略。外国学生的拒绝行为没有这么丰富和得体，尤其是初、中级水平的留学生，除了较多运用礼貌词语、原因解释以及情感同意外，其他策略的运用频率都比较低（蔡晓丽，2006）。

再如汉语的道歉行为有必有手段和辅助手段组合的多种形式（李军，2005），但根据调查，日韩学生较少会使用“承担责任”的策略，而更多使用显性道歉词语。汉语的招呼行为如前面所说有应景生成的各种灵活形式，外国学生则习惯于多用问候形式，如“你好”等。

可见，外国学生在实施汉语言语行为时有策略模式狭窄化、简单化的倾向，语用策略的选择对社会距离、社会权势等情景因素反应不敏感，在具体的话语形式上会出现表意重复、欠缺礼貌、不合语法等倾向。

华文教育需要探讨不同类型、不同水平层次的外国学生实施汉语言语行为的普遍特点、倾向以及他们之间的差异，分析他们产生语用偏误的原因和引导纠正的有效方法。同时，汉语中每一种语用用意、每一类具体的言语行为都有多种可供选择的表达模式，它们对应于不同的社会情景环境，这些表达模式哪些需要外国学生掌握、哪些先教、哪些后教，如何适应社会情景的要求来得体地使用等，都必须有比较科学的认识。

1.2.2 语用模式的正负迁移

第二语言学习者出现的语用差别与语用的迁移关系密切。目前语用迁移的研究较多集中在母语语用规则的负迁移上，包括套用母语的语言形式和母语文化模式，即语言语用迁移和社交语用迁移。Olshtain & Cohen（1983）在研究“道歉”言语行为时说，希伯来语背景的英语学习者在表达歉意时不太主动承担责任或提出补偿，这在英语本族人看来有点粗鲁，而汉语背景的学生则显得过于礼貌，甚至有点卑躬或逢迎。这就是社交语用迁移。语际语用学者总结了英语学习者不少方面的语用负迁移现象，但对正迁移却较少注意，而它们在语言交际中同样会产生作用。

汉语二语学习者同样会出现语用的迁移现象。如王建琦在2004年武汉大学汉语教学国际研讨会上曾提到他学汉语的美国学生来中国，中国主人劝酒，美国学生回应说：“我已经说不喝了，你为什么还要我喝?”因为美国学生不了解汉文化的客气习惯，套用母语文化习惯，出现了语用失误。同样，如果外国学生说：“你们的啤酒真好喝，请再给我一杯可以吗?”也不是中国式的客气语用方式。根据我们的观察，外国学生在表达请求、拒绝时习惯使用“道歉”策略，如：“不好意思，你能帮我捡起来我的笔吗?”而本族更多是用感谢来辅助请求，如：“麻烦你帮我捡下笔，……谢谢。”这是受英语习惯使用“sorry”“excuse me”等道歉习语的影响而形成的。可见汉语二语学习者的语用迁移现象随时存在，但不同文化类型、不同水平的学生语用迁移的表现情况怎样则缺乏系统而明确的归纳。对外汉语教学中如何减少语用负迁移，如何积极利用语用正迁移非常值得深入探讨。尤其是华裔留学生，他们在许多方面具有语用正迁移的优势，如何更好地发挥这种优势，提高语用习得的效果，也是华文教育界亟须解决的问题。

1.3 语用能力发展的理论探讨和教学模式研究

第二语言学习者语用能力的形成与发展是个十分吸引人的课题，也是当前最需要深入研究的课题。2002年Kasper & Rose推出了新著《第二语言中的语用发展》。根据冉永平（2004）的概括，该书总结了语用能力习得研究方面的一些重要课题，如语际语与目的语的近似性如何测定，第二语言的语用习得与母语习得是否近似，语用习得是否有自然的发展道路、习得顺序与具体阶段，不同的语言输入对第二语言的习得是否有影响，课堂教学对第二语言的语用习得的作用如何，学习动机、学习态度以及个性特征对第二语言的语用习得有何影响，语用能力从一个阶段发展到另一个阶段的驱动力是什么等。同时也讨论了二语中语用能力发展的五种理论模式：文化适应模式、认知处理模式、社会文化理论、语言社会化和互动交际能力模式，探讨了环境因素对语用能力发展的影响，提出应增加二语学习者参与并获取语用信息的机会，增加语用输入，同时认为课堂教学中直接的目的语语用引导加上大量的语言实践能对语用知识的获取和语用能力的培养产生最佳效果，提出要探讨个体差异在二语语用能力发展中的作用。

二语学习者语用能力的发展研究对对外汉语教学具有重要的指导意义，能够帮助我们了解外国学生汉语语用能力的发展过程和规律，帮助提高课堂教学和教材编写的针对性以及语言实践训练的科学性。华文教育中语用能力发展的研究，需要对以下方面作认真探讨：

1.3.1 影响语用能力习得的因素及各自的作用

我们要探讨影响汉语学习者语用能力习得的因素有哪些，它们在学习者语用能力发展中起何种作用，应该如何发挥这些因素的积极作用和避免其消极影响。通过对国际语际语用学的研究成果和教学实际的总结，我们认为下列因素的作用值得重视：

一是学习者对目的语的语言、语用和社交文化知识的掌握与运用。我们需要探讨这些知识与语用能力发展的关系，尤其是语言结构知识与语用能力发展的关系。国外对语言能力与语用能力的培养孰先孰后，或是二者是否应同时培养有不同的争论。语际语用学大师 Kasper & Rose（2002）就提出二语学习中语用能力的发展先于语法能力，如果是这样，我们就需要确立二语教与学的重点，修正我们的二语教学思想。在实际的第二语言使用中，学习者具备了一定的语法结构、语用与文化知识，但不知道如何去恰当表达其社交语用用意。因此，语言、语用、文化知识的教学如何与语用能力的培养结合起来需要认真研究。

二是学习者的母语背景对语用能力习得的影响，包括正面影响和负面影响。我们要探讨不同文化背景类别的学生特殊的习得特点、习得倾向和习得要求，找出母语文化影响的方面和影响的模式，以此确定语用能力培养的重点和难点。母语的语用迁移，除了母语和文化因素外，还受到诸如学习者的语言水平等因素的制约。学习者只有在掌握了一定的目的语之后，迁移才有可能发生。因此我们还需要调查语用迁移发生的条件和迁移的可能性问题，充分发挥语用迁移的积极作用，避免负面的迁移影响。

三是不同的语用输入、不同的教学渠道对语用习得的影响。不同的语用输入和语用接触机会对汉语学习者语用能力发展的影响巨大。国际语际语用学研究的成果给了我们深刻的启示。如 Ellis（1994）提出了学习者交际时地位的影响，认为第二语言学习者在交际时并不总是处于和对方平等的地位，至少在和本族语者交际时是这样的。这使他们有较少的机会说话和选择话题，在真实社会情景中实施言语行为的机会少，从而限制了其言语行为的使用范围和实施的言语行为类型。大量证据表明，平等的交际地位更有利于学习者语用水平的提高。这对我们的对外汉语教学很有指导意义，汉语二语学习者使用的汉语言语行为策略模式普遍较本族语者简单也可以从中找到一些解释。

还有华文教育中直接的语用引入、增加语用的输入量等对外国学生语用能力发展的作用如何，大量的互动交际与文化适应语言实践等对语用知识的获取和语用能力的培养影响怎样，都需要进行深入的探讨。

四是学习者认知因素的影响。将认知处理与二语习得中的语用能力发展结合起来，探讨学习者的认知方式、认知态度、学习动机、个性差异与汉语语用习得的关系，具有广阔的发展空间，也能给汉语语用习得提供更为深层的解释。过去对学生语言能力发展的研究往往忽略了学习者个体认知因素的影响，真正科学的语用能力发展模式需要建立在对学习者认知处理特点的深刻把握之上。

1.3.2 语用能力发展过程研究

华文教育研究要借助语际语用学理论来探讨语用学习的过程，找出语用习得的顺序和语用能力发展的阶段，而不只是将语用知识的学习目标化。

Blum－Kulka（1991）曾提出第二语言学习者语用能力发展大致经历的三个阶段。第一阶段，二语学习者依赖情景线索理解各种言语行为的意图，采取简化的策略来表达，比如过度使用简单礼貌标记等。第二阶段，二语学习者能够识别并运用不同的策略实施各种言语行为，但是表现得冗长且带有母语迁移的痕迹。其言语行为在语用和社会层面上部分可接受，部分不可接受。第三阶段，二语学习者的目的语水平接近本族语者，能够和本族语者一样运用同样的礼貌策略，但是继续表现出深层文化因素的迁移和冗长现象，在理解和实施某些威胁行为时表现得过于敏感，使用某些策略时显得犹豫。汉语二语学习者语用能力的发展阶段是否遵循这种规律，有无汉语语用发展的特点和阶段，值得深入调查。

语用习得顺序是汉语语用能力发展过程研究的又一重要方面。汉语中的语用知识项目，语用能力培养要求遵循怎样的教学顺序，语言实践按照怎样的方式进行，教材语用处理的先后顺序怎样确定，目前都缺乏最基本的探讨。

1.3.3 语用的教学对策与模式

语际语用学在探讨语用的可教性和可学性问题上对华文教育具有启示意义。华文教育需要深入探讨语用的教学处理，包括语用教学内容的确定、语用的教学目标、语用教学的顺序、课堂语用教学的引导和对策、语用实践教学环节的安排、不同类型学生的教学对策等，同时还要探讨教材编写中语用处理的方法与原则。

在教学对策与模式的探讨中要特别重视如下一些问题：引导学生有效地利用语境因素，在真实的社交文化环境中培养自己的语用能力；重视文化迁移教学，充分利用迁移的积极影响来快速发展学生的语用能力，同时有效地排除母语文化的负面干扰；重视课堂语用知识的输入与真实社会情景中语用实践的有机结合，语际语用学的调查证明，这种结合方式对语用能力的发展最为有效；重视语用实践训练的应对性和科学性。在这些基础上探索出能体现汉语语用能力培养特点的行之有效的语用教学模式和对外汉语教材。根据目前的情况，我们认为以语用能力发展为目标的汉语教材的探索应该提到华文教育研究的议事日程上来。

2 语际语用学的研究方法

研究方法对于任何一门学科来说都是非常重要的。语际语用学的研究方法，尤其是语料收集方法，是语际语用学者们非常重视的问题，其中有很多研究方法对我们从事华文教育中语用习得的研究也有帮助。

2.1 语料收集方法

语料收集方法之所以受到研究人员的重视，是因为语料的质量对最终的研究结果起着决定性作用。语料收集先于语料分析，若语料分析过程中出现了问题，发现后还可以弥补，但若因语料收集方法不当而出现问题影响了研究结果，那么这种影响是致命的，是无法补救的。Kasper & Dahl（1991）对20世纪70年代末和80年代的39种语际语用学研究的语料收集方法进行了比较系统的评述，重点讨论了不同语料收集方法的有效性问题。根据收集到的语料类型，他们提出了语料的三种来源：①口语语料，包括真实性话语，通过面谈与会话、角色扮演收集到的语料；②运用不同类型的问卷调查获得的语料，如语篇填充问卷、多项选择式问卷以及程度性问卷；③口头与书面等不同形式的自我汇报材料。其中，多项选择式问卷适用于收集学习者理解目的语言语行为时的语料。话语完形、角色扮演、观察自然情景中的言语用于收集学生输出目的语时的语料。这几种方法各有优缺点，使用控制性手段如话语完形、角色扮演等快捷高效，可以在短时间内收集到大量资料，但是，所得的数据可能不能反映学习者实际的目的语语用水平。采用实录法收集到的学习者在真实情景下的语言是最自然、最能反映其语用能力的语料，但是，这种方法费力费时，不易操作，而且收集的语料可能不具有整体代表性。当然，语料收集方法本身并无优劣之分，只要适合具体的研究目的就有价值。另外，并非不同的收集方法同时运用就能避免各自的不足。选择什么样的语料收集方法，最关键的要取决于具体的研究目的。

2.2 对比研究方法

对比研究方法在语际语用学研究中具有特殊的地位，它能通过对比将第二语言学习者各方面的特点和语用能力发展的轨迹揭示出来。行之有效的对比方法有：

第一种，横向对比（cross-secontional study）。可以将学习者使用目的语的语用表现与本族语者在同样语境下的行为、使用的语言形式和策略进行对比，以发现差异，了解学习者对目的语的掌握情况，并提供解释。也可以将来自不同文化背景的学习者使用某种目的语的情况进行比较，以发现母语语言、文化对习得二语语用能力的影响。这种方法纯属描写性的，无法预见学习者在使用目的语时可能出现的问题，但有利于帮助人们了解非本族语使用者在语言语用和社会语用方面的特征，可以作为考察其目的语语用知识掌握情况的一个依据。

第二种，假纵向对比（pseudo-longitudinal study）。即将不同目的语水平的第二语言学习者的语用表现进行对比，以发现其共同的习得倾向和规律。

第三种，纵向对比。主要指跟踪调查，通过对相同对象进行长期的观察记录，研究其语用能力的发展变化情况。这种方法可以给第二语言教学和评估提供更多学习者语用能力习得方面的信息。

目前的语际语用学迫切需要研究第二语言学习者语用能力的发展，其最理想的研究方法应该是第二种和第三种的结合。遗憾的是，到目前为止，仅有极少一些研究用这种方法讨论了第二语言学习者语用能力的发展。如 Schmidt（1993）用三年时间对一名成年日本人 Wes 表达英语指令性言语行为的情况进行了追踪观察；Ellis（1994）对两名儿童在课堂环境里习得英语请求言语行为的过程进行了两年的观察研究。对外汉语教学界在此方面需要大力拓展。

2.3 假设检测方法或实验法

研究者先就学习者目的语语用能力的习得提出假设，如 Schmidt（1993）认为有意识地在教学中讲授目的语的语用知识能够促进学生目的语语用能力的提高，然后通过实证研究来检测这些假设。假设检测方法在研究汉语学习者语用能力的发展、语用习得顺序、教学方法与模式的比较方面具有很多的优势，应该提倡。

现阶段，华文教育中语用能力习得与教学的研究可以从两个方面进行。一是基础性的引介工作，了解目前国际上语际语用学的研究动态、理论发展、研究方法、各种研究课题和探讨方面，以便在对外汉语教学研究中借鉴参考，扬长避短。二是开展与汉语有关的语际语用学的独立研究，与国际上的语际语用学及二语教学研究形成呼应，形成自己的特色，丰富二语习得领域的研究成果。这两方面都是华文教育界目前亟须加强的。

参考文献

蔡晓丽．日韩和东南亚留学生习得汉语拒绝言语行为的调查研究［D］．暨南大学硕士学位论文，2006.

何自然．什么是语际语用学［J］．国外语言学，1996（1）．

洪岗．语际语用学研究［J］．杭州教育学院学报，2000（5）．

李军．汉语道歉行为的话语模式与语用特点分析［R］．上海：中国修辞学会成立25周年国际学术研讨会，2005.

刘绍忠．国外语际语用学研究现状与我国语际语用学研究的思考［J］．现代外语，1997（3）．

冉永平．语用学与二语习得交叉研究的新成果——《第二语言中的语用发展》评价［J］．外语教学与研究，2004（2）．

孙丹．留学生转折关系复句理解与使用情况的调查分析［D］．暨南大学硕士学位论文，2006.

王琼．语际语用学研究及其对外语教学的启迪［J］．福建外语，2001（1）．

吴亚欣，于国栋．《语言教学中的语用问题》评介［J］．现代外语，2003（3）．

BLUM-KULKA S. Interlanguage pragmatics：the case of requests［C］//In R PHILLIPSON，E KELLERMAN，L SELINKER，M SHARWOOD SMITH & M SWAIN（eds.）. Foreign /second language pedagogy research. Clevedon and Philadelphia：Multilingual Matters，1991.

BOUTON L. A cross – cultural study of ability to interpret implicatures in English［J］. Word English，1988（17）.

CARREL P L & B H KONNEKER. Politeness：comparing native and nonnative judgments［J］. Language learning，1981（31）.

ELLIS R. The study of second language acquisition［M］. Oxford：Oxford University Press，1994.

ERVIN – TRIPP S，A STRAGE，M LAMPERT & N BELL. Understanding request［J］. Linguistics，1987（25）.

GIBBS R W. Do people always process the literal meaning of indirect requests?［J］. Journal of experimental psychology：learning，memory，and cognition，1983（9）.

KASPER G. Four perspectives on L2 pragmatic development［EB/OL］. http：//nflrc. hawaⅡ. edu/NetWorks/NW19/NW19. pdf，2000.

KASPER G & S BLUM – KULKA（eds.）. Interlanguage pragmatics［M］. Oxford：Oxford University Press，1993.

KASPER G & S BLUM－KULKA. Interlanguage pragmatics：an Introduction［C］//In Interlanguage pragmatics. Oxford：Oxford University Press，1993.

KASPER G & M DAHL. Research methods in interlanguage pragmatics［J］. Studies in second language acquisition，1991，13（1）.

KASPER G & K ROSE. Pragmatics in language teaching［M］. Cambridge：Cambridge University Press，2001.

KASPER G & K ROSE. Pragmatic development in a second language［EB/OL］. http：//www. blackwellpublishing. com/book. asp？ ref＝0631234306&site＝1，2002.

OLSHTAIN E & S BLUM－KULKA. Degree of approximation：nonnative reactions to native speech act behavior［C］//In S GASS & C MADDEN（eds.）. Input in second language acquisition. Rowley，MA：Newbury House，1985.

OLSHTAIN E & COHEN D. Apology：a speech act set［C］//In NWOLFSON & EJUDD（eds.）. Socia linguistics and language acquisition（issues in second language research）. Rowley，MA：Newbury House，1983.

SCHMIDT R. Consciousness，learning，and interlanguage pragmatics［C］//In G KASPER & S BLUM－KULKA（eds.）. Interlanguage pragmatics. Oxford：Oxford University Press，1993.

（本文曾刊载于《第四届全国语言文字应用学术研讨会论文集》，2007 年）

［作者简介］

李军，湖南岳阳人，暨南大学华文学院应用语言学系教授，博士，主要从事语用学、对外汉语教学研究。薛秋宁，语言学及应用语言学硕士，曾任教于中山大学、广州誉德莱国际学校（Utaholy International School Guangzhou）。

简论海外华文教学的质量及其控制[①]

——以美国和东南亚为例

宗世海

1 引言

控制，就其一般的含义而言，是指制定标准并采取措施达到标准的过程。教育质量控制，是指依据教育质量标准，对影响质量的有关因素进行控制，使教育工作处于最佳状态的过程（王东，2008）。海外华文教学中的质量控制在宏观上指质量标准的制定，以及为达此质量标准而制订各种计划和措施，并付诸实施；在微观上则包括很多细节。由于缺乏足够的研究条件，本文主要就宏观意义的质量控制发表管见。

本文所说的海外华文教学，既包括在中国以外的国家、地区所开展的面向华裔的华语语言文化教学（一般由华人华侨主导，以华裔为教学对象），也包括各所在国对原住民（该国非华裔国民）的汉语教学（郭熙，2009）。但是为了行文方便，一般简称华文教学，除非有必要时才作区分。

考察当前的海外华文教学，我们深感其在规模逐步扩大、层次逐步提升和质量逐步提高的同时，也存在着局部质量不高、质量控制亟须加强的问题。

2003 年以来，本人开始关注美国等国家的英语二语教学经验，并特别注意到其中关于质量控制的问题（宗世海、刘晓露，2004）。2005 年，本人又宣读了题为“现阶段印尼华文教育的发展态势和效益评估”的论文（宗世海，2005）。此后不断进行实地调查、文献研究，以及对多国华文教学人员进行面访（包括本人出访和接待来华者），并利用电子邮件采访的方式了解了一些最新数据，撰成此文。关于这个论题，本人并未查到专题成果，只有个别间接成果可供参考，比如赵守辉（2008）、李宇明（2009）等。

---

① 储诚志、周明朗、胡月宝、赵守辉、陈之权、关楠、鞠玉华、崔显军、王汉卫、韩小萍、何逸恒、郝琳琳、赵德琳诸位，以及暨南大学华文教育研究院胡建刚、匡小荣、蔡丽、刘文辉等同人审阅了本文初稿和修改稿，提出了非常中肯的修改意见，谨致由衷谢意。

本文以美国和东南亚五个代表性国家——新加坡、菲律宾、马来西亚、印度尼西亚、泰国为例。接受采访和咨询的都是海外和国内华文教学工作者和在华留学生。主要如：美国学者储诚志、周明朗、黄伟嘉、陈彤；新加坡学者胡月宝、赵守辉、陈之权、吴福焕；菲律宾留学生许尚玉、周保宾；马来西亚留学生韩小萍、何逸恒、陈淑婷、陈蓉蓉；印尼华文教育工作者陈慧珍、关楠、梁荣升、陈友明、丘瑜、萧频、陈玉兰、陈忆丰、梁瑞娇，留学生陈娜丽；泰国留学生李小凤；中国学者刘元满、方颖、崔显军、李昊、周静，研究生郝琳琳、王海涛、刘丰来、刘金凤等。

2　海外华文教学的几种存在形式

不同性质、层次的教学实体其教学质量目标并不一样，不能简单类比。因此，在讨论海外华文教学的质量和质量控制问题时，有必要先分析其多样的存在形式。划分海外华文教学的形式，除了教学目的、对象的考量外（分为华文和汉语），更重要的一个考虑是教学层次。结合这两个标准，我们粗略把海外华文教学区分为两种类型、四个层次，列成下表。为了便于理解，表中用楷体字给出了一个印尼教学机构实例。①

表 1　海外华文教学形式分析

<table>
<tr><th></th><th>A 华文教学</th><th colspan="3">B 汉语教学</th><th>华文/汉语教学</th></tr>
<tr><td>Ⅰ家教</td><td>个体</td><td colspan="3">个体</td><td rowspan="2">—</td></tr>
<tr><td>Ⅱ补习班或补习学校</td><td>A 补习班（华校）
新中补习班</td><td colspan="3">B 补习班
雅加达汉语教学中心</td></tr>
<tr><td rowspan="2">Ⅲ幼儿园、小学、中学</td><td rowspan="2">A 私立（华校）
新中三语学校</td><td colspan="2">B 私立</td><td rowspan="2">B 公立
国立第九中学</td><td rowspan="2">孔子课堂</td></tr>
<tr><td>圣道基督教学校</td><td>万隆巴巽旦私立学校</td></tr>
<tr><td rowspan="2">Ⅳ大学</td><td rowspan="2">A 私立（华文大学）
新雅学院</td><td colspan="2">B 私立</td><td rowspan="2">B 公立
国立印度尼西亚大学</td><td rowspan="2">孔子学院</td></tr>
<tr><td>智星大学</td><td>彼得拉天主教大学</td></tr>
</table>

注：大体来说，有浅色背景的为华文教学，否则为汉语教学。

① 李宇明（2009）把汉语教学分为五种基本类型，其中外国的三种是：①作为第二语言的母语教学；②东亚型的第二语言教学；③纯粹的第二语言教学。赵守辉（2008）从教学目的角度，将非主流语言教学进行了类型学划分，分为社区服务型、国际推广型和商业营利型三类。宗世海（2010）尝试性地把印尼的华文教学和汉语教学划分为六种形式。均可参看。

2.1 家教（Ⅰ）

这种形式大量存在于东南亚国家，日本、韩国和美国相对较少。家教和家庭补习一般在教师家里进行，也有人提供上门服务。一般以个人为单位，基本上不注册、不挂牌，所有的教学管理和实施都以个体形式进行。在菲律宾，华文家教和家庭补习是最常见的，而且教学对象大多数是在中英学校念书的学生。

2.2 补习班或补习学校（Ⅱ）

这是一种有组织的社会办学形式，一般由华社创办，有相对专门的场所，多利用周末或者全日制学校放学的时间授课，在庙堂、会所举办，或者租借正规学校的校舍上课，聘请一位以上的华文教师执教，在有的国家、地区也叫作补习所或者中文学校。

海外华文补习的形式可细分为两种：一种是近似于正规教育的华文补习班，目的是教授华文（ⅡA）。这种形式最接近赵守辉（2008）所说的“社区服务型非主流语言教学”，即机构团体或政府部门参与或主办的语言教学活动，其特点是非功利目的和社会公益属性。美国的中文学校主要是这种形式。印尼也有不少，如泗水的新中补习班有两所分校，2004 年 7 月学生已突破 2 000 人大关。另一种是为帮助国民公私立学校学生应付考试而做的辅导（Ⅱ B），例如新加坡、菲律宾、马来西亚的一些补习班即是如此。

以上Ⅰ、Ⅱ两种形式属于校外教育，是比较典型的海外华文教学形式。美国各州对其管理情况不一。加州已于 2009 年立法，统一将其纳入“教育局”管辖。在印尼，这种教学活动受国民教育部校外教育司监控。

2.3 幼儿园、小学、中学（Ⅲ）

2.3.1 全日制双语或三语学校（Ⅲ A）

美国各地都有这种全日制华校，仅旧金山就不止一家，如 CAIS，但是数量不多。

新加坡的正规幼儿园、小学、中学不好区分为 A 私立、B 私立和 B 公立三类，而是区分为特选华校、邻里学校和传统英校三类。

菲律宾目前有 170 多所全日制三语私立国民学校，没有国家投资，都是靠校董、校友捐助以及学费收入来支撑的；其汉语课大部分安排在下午 1—3 点。除汉语课外，其他课程都受政府管制。例如密三密斯光华中学正是这种国家承认的三语（菲语、英语、汉语）学校，有幼儿园、小学和中学。

在马来西亚，有华人社会主办的60所华文独立中学（初高中）。这些中学不享受政府的任何补贴，一切管理、经费设定、招生、教学、毕业考试等事项均由华人社会处理。在教学方面三语（巫语、华语、英语）并重，到高中进行适当分流。

最近七八年来，印尼另外新建了不少于28所三语（印尼语、华语、英语）国民学校。比较著名的如泗水的新中、万登省的八华、峇厘的文桥、普和格多的普华等。其办学层次以中小学为主，也常常下探到幼儿园。

在泰国也有这样的正规学校，但是不多。

2.3.2　国民私立、公立小学和中学（ⅢB私立或ⅢB公立：汉语选修课）

（1）ⅢB私立。

据了解，近几年，北美华人聚集地区开展了汉语“沉浸式”幼儿园甚至小学项目。在这些幼儿园或小学里，有超过50%的内容是用汉语授课的，“沉浸式”教学效果令人满意。美国有一些私立中小学开了英汉双语强化班，一些课程完全用汉语讲授。

马来西亚还有1 289所国民型华文小学和78所国民型中学，享受部分政府津贴，学生的华文课程课时量也不少（莫泰熙，2003。数据已更新）。

在印尼有一种以华人子弟为主体（常占学生总数的90%以上甚至更多）的国民学校，这是历史上形成的既重视华文又符合国民学校要求的正规学校，主要由印尼华人教会、基金会主办，例如雅加达的圣道基督教学校（全国连锁学校）、圣光、纯洁，棉兰的卫理、苏东牧等。

（2）ⅢB公立。

美国国民教育体系内的学校的中文教学受到政府的重视，具有比较重要的地位。1994年美国在高中生报考大学学术性检测SAT中将中文列为考试语种之一；美国西部的犹他州颁布法令，要求全州的公立中学把中文作为必修课。2003年底美国启动汉语和中国文化进阶先修课程和考试，简称AP课程和考试。据罗春英（2010）的报告，美国有200多所中小学开设了汉语课程，这个数字还在不断增长。

泰国的中学是初中、高中在一个学校，所有年级上汉语课的班级平均每周有2～3节课。虽然开设汉语课程好多年了，但是汉语教学始终停留在低水平层次上。

2.4　大学（Ⅳ）

2.4.1　华文大学（ⅣA）

华文大学指海外华人在所在国主办的，主要以华裔为学习主体，目的为传承华语和中华文化的正规高等学校。

历史上海外华人兴办的第一所华文大学是南洋大学，建于 1956 年，可惜在 1980 年被新加坡政府关闭。

菲律宾只有两所华文大学——侨中学院和中正学院，均位于其首都。

近年，马来西亚华人兴办了三所华文大专——南方学院、新纪元学院、韩江学院，都设有中文系。

最近十来年，印尼华人兴办了五所华文大学或大专——雅加达新雅学院、万隆国际外语学院、棉兰亚洲友好学院、玛琅玛中大学、三宝垄新亚学院。这些高等教育机构都有汉语/华文系或者专业，多数是本科，少数是大专。有的开设了师范汉语或商贸汉语、旅游汉语专业。

1991 年底，泰国华人创办华侨崇圣大学。这是一所综合性大学，设有华文系，以华文为重点专业之一。另外，泰国华文师范学院也是华人创办的高等学府（岳蓉，2005）。

2.4.2 国民私立、公立大学（“IV B”：汉语选修课或者汉语专业）

（1）汉语选修课。

国外大学开设汉语选修课比较普遍。据报道，2005 年全美近 3 000 所公私立高校中有约 1/3 设有中文科目。目前日本的 700 余所大学几乎全部开设了汉语课程，在 95% 以上的大学中汉语成为第二外语。

（2）汉语专业。

国外大学开设汉语专业或者与汉语密切相关的专业者为数也不少。据估计，美国目前有 200 来所大学开设了汉语专业，其中有的大学还有硕士、博士层次。在有汉语专业的学校，公共汉语和专业汉语的一些基础部分开的是同样的课程。据印尼教育部透露，2004 年在教育部申请开设汉语专业的大学有 130 所（宗世海、李静，2004）。但是因为师资的匮乏，实际开设了汉语专业的有 20 余所。比如早先开办的国立印度尼西亚大学、私立达尔玛·贝萨塔大学、建国大学等，近年开办的棉兰苏北大学、普和格多苏迪曼大学等。目前，泰国教育部高教委所属的公立、私立高等教育机构共 164 所，其中开设有汉语专业的高校近 30 所（李昊，2010）。泰国法政大学、博仁大学都创办了中文系（岳蓉，2005）。

以上Ⅲ和 IV 项是各国国民教育系统内的汉语教学。其中Ⅲ B 公立和 IV B 公立不再是由华人主导、以华人子弟为主的华文教育，而是真正的本国政府对（主要是）非华族的原住民开办的汉语选修课或汉语专业。

2.5 孔子课堂、孔子学院

孔子课堂、孔子学院是以教授汉语和传播中国文化为宗旨的非营利性公益机构，其主要职能是面向社会各界人士开展汉语教学，培训汉语教师等。截至 2009 年底，我国已在 88 个国家和地区建立了 272 个孔子课堂、282 所孔子学院。海外孔子课堂和孔子学院一般不单独运行，而是依附于所在国的中学或者大学，具有特殊性，需要专门研究，故下文不再涉及。

以上四个层次、两种类型构成了当前海外华文教学的基本态势。

3 对海外华文教学办学质量的粗略估计

对上述机构的教学质量进行评估是很专业的工作，比较表面的观察项目至少有以下各端：修读人数的增加或减少，学历教育的毕业率，学生的汉语听说读写能力——其中有条件的可以观察学生的 HSK 成绩，或者将其统考成绩和中国有关统考成绩对比，若是攻读学位的学生可以观察其用中文写作课程论文、学位论文的能力和水平，学生参加中国“汉语桥”作文比赛的参赛人数和成绩，以及参与中国、所在国其他比赛的成绩等。当然，师资是质量控制的关键因素之一，师资太差，教学质量也不可能好。本节在客观性数据缺乏的情况下仅简单叙述一些研究者和一线工作人员、学生的调查、观察结果和印象。

3.1 家教（Ⅰ）

海外华文家教的教学质量参差不一。其中东南亚一些大中城市由于补习需求比较旺盛，而家教本身又缺乏资质约束，导致教师水平参差不齐，教学随意，质量不高。

3.2 补习班或补习学校（Ⅱ）

（1）Ⅱ A 补习班（华校）。

海外各国的校外华文、汉语补习班或华校是华人社团兴办华文教学的主要形式。这种机构的管理相对规范，教学质量总体而言不错，优于华文家教和正规国民学校的汉语选修课（Ⅲ B 公立）。

据了解，美国校外中文课程的很多任课教师不具有专业素质，但有热情，不少华校教师是来自家长中的志愿者，这些课程也有办得不错的。

印尼的华文补习班教学质量总体不错。最近十来年，印尼西加地区利用补习班加助学贷款的形式培养了大量华文人才，其中不少学生在享受奖学金来华攻读华文教育本科、幼师专业，学成回国后都愿意履行合约，进入华文教师行列。2004—2010 年，该地区共保送 32 名学员到中国读本科，保送 10 名学员到中国攻读硕士学位。印尼泗水新中补习班校长说，许多人瞧不起补习学校，但是我们的补校却培养出好几个教师，现在已经成为国民学校的华文教师或家教，其中一名是非华族（薛方强，2010）。

（2）Ⅱ B（补习班）。

一些非华人社团主办的补习班，常常以赚钱为主要目的，且缺乏监管，教学质量存在问题。新加坡的华文补习中心教学质量参差不齐，部分请中国移民充当教师，而他们多非语言教育专业，所补习的内容多围绕补习生在正规学校学习的课本和考试要求操练。其他如菲律宾、马来西亚等情况也类似。

3.3 幼儿园、小学、中学（Ⅲ）

3.3.1 全日制双语或三语学校（Ⅲ A）

全日制华文学校的质量总体较好。

新加坡中小学的华文教学质量参差不齐，且不容易说清楚。传统华校和部分邻里学校的华文水平较好；传统英校的华文较弱，但在一般国家统一考试中的成绩达到甚至高于全国标准。学生在口语表达上明显存在问题。部分华文老师（尤其是年轻老师）语言功底较薄，教学语言中会出现不规范的句子。若从学生在国家各个统筹统办的考试中所取得的成绩看，则是非常成功的，不仅每年的及格率超过 90%，考获特优的比率也相当高。但若从真正的语言水平看，则不能说每一名学生都达到了自如应用华语的水平。有相当一部分学生（多数来自讲英语的家庭），尽管学习了至少 10 年的华文，但依然不能掌握这一语言。当然新加坡也有不少中学生直接考入中国大陆和港台大学而不必补修中文，甚至可以直接进入北大、复旦中文系。

种种迹象表明，马来西亚华文独中的教学质量非常高。他们的毕业生可以直接进入中国大陆、香港、台湾的高校或者新加坡的高校修读各种专业而不需要补修中文。

印尼新兴三语国民学校因为兴办不久，尚无小学、初中、高中毕业生，所以其办学质量有待观察。其中规模较大的如泗水新中三语学校有幼儿园学生和小学生 600 名左右，老师大约有 60 名。学校聘请原广州幼师特级教师彭则翔任华语教学督导。万登省的八华三语学校有学生 2 000 多名，仅中国教师就有 50 多名。2009—2010 学年八华学校共有贝贝班、唱游班、幼稚园、小学、初中和高中 52 个班，共 1 298 名学生，159 名专职教师，其中华文教师 26 名，大多数来自中国（蔡佩芸，2010）。

3.3.2 国民私立、公立小学和中学（Ⅲ B 私立或Ⅲ B 公立：汉语选修课）

由于汉语课时太少等原因，国民私立、公立小学和中学汉语教学的质量存在很大问题。除一些管理较好、以汉语为考试科目的学校外，教学质量普遍不高，令人惋惜。

（1）ⅢB私立。

ⅢB私立中少数是华裔集中的私立学校，多数是本国人学校。菲律宾华校基本上属于前一种情况。一般而言，马尼拉地区的华校质量较高，其他地区的则较差。据毕业生反映，怡朗华商中学（建立于1912年）是菲律宾最著名、质量最好的华校之一（何诚忠，2008）。但是，目前菲律宾的华文教育总体上存在不少问题，华校招生人数逐年减少，华语教学质量严重下滑。10年前怡朗中山中学的学生有1 700多人，现在已不到400人；棉兰老岛密三密斯光华中学高峰时期曾有600名学生，而现在却仅有180名，学生流失现象极为严重。在质量方面，不少华校的学生在学习了13年的华语之后，实际运用华语的能力依然非常低下，用华语进行日常交流时颇为艰难，更有甚者连一句流利的华语都不会说（刘文辉，2009）。

马来西亚国民型中学的华文课质量较好，国民中学的华文课则质量欠佳。

印尼以华人学生为主体的圣道连锁学校、卫理学校、苏东牧中学等老牌国民学校的华文教学质量比较有保证，但是这些学校不断有外校新生考入和转入，造成同班学生汉语水平不同而形成难以施教的局面。

泰国小学与中学阶段，大部分私立学校（ⅢB私立）的教学质量比国立学校（ⅢB公立）高，因为私立学校的华文教育开展得比国立学校早，且大都偏重汉语课程，而国立学校却把汉语课程作为学生的选修课。虽然现在国立学校已把汉语课作为学生的必修课，可是教学内容与教学质量还是低于私立学校。另一个原因是，私立学校的学生大多数是华侨华人的子孙，而国立学校的学生大都是泰国本地人。

（2）ⅢB公立。

美国开设AP中文课程的学校都得参加AP中文考试，这在很大程度上保证了这种先修课程的质量。据了解，美国中学的中文教学虽也有基础薄弱的，但发展速度不慢。其教师大都有热情，但资历和水平不太够。美国也有一些私立中小学开了英汉双语强化班，一些课程完全用汉语讲授。

印尼开设汉语课的普通国民高中（ⅢB公立）数量很少，估计不到50所，其汉语选修课基本由中国志愿者教师执教。由于学生是非华族，课时又少（每周只有两节，且常常是一次上完），因此教学质量无法保证。

3.4 大学（Ⅳ）

3.4.1 华文大学（ⅣA）

海外华文大学的华文（汉语）教学质量不可一概而论。从有限的文献和调查来看，总的质量仍然不乐观。

菲律宾侨中学院和中正学院两所华人高校开设汉语本科课程，但是招生情况很不乐观。

印尼新办的多所华文大学、大专的教学质量不一。这些高校有的和中国某一家大学合作，由中方派遣教师甚至系主任输出教学管理方案，并进行“2+2”或者“3+1”式的联合培养（学生来华1~2年），因此质量较好。没有合作或者没有持续合作下去的，其质量就令人担忧了。据了解，印尼某华文大专2004—2007年共招212名学生，2007—2010年仅98人毕业，毕业率只有46%。另一所华人兴办的大学学生流失到一个班只剩下1个人听课。有人指出，由华人社团集资兴办的华文大学，或多或少都面临着资金短缺、经营理念陈旧、维持艰难的窘况，“赔钱赚吆喝”，它们极有可能在接下来更为激烈的市场竞争中败下阵来。

泰国有两所华文私立大学开设了汉语专业课程。其中开设汉语教育已久的私立华侨崇圣大学教学制度稳定，教师的素质好，使用教材的质量较有保证，总体质量不错。

3.4.2　国民私立、公立大学（Ⅳ B：汉语选修课或者汉语专业）

这里包括汉语选修课和汉语专业两个分支，有的国家这两者在基础课方面没有差别。下文叙述时除美国外，只谈汉语专业。

美国大学的公共汉语教学总体不错，但是不同大学之间，汉语教学质量差异较大。有些学校非常注重教学质量，其学生基础扎实，语音、语调都较纯正。

美国的汉语教学与以西方语言作为外语的教学相比，总体上有差距，远不如西班牙语，但已明显强于日语和韩语。

美国大学中文专业本科毕业生没有写毕业论文的要求，只要通过各门课程的考试就可以拿学士学位。优秀学生可以选择做荣誉论文。但要求学生用中文写学期论文的也有不少。

此外，据反映，美国正在兴办的对外汉语硕士班，教学质量和学生水平有待提高。

据了解，日本私立、公立大学层面的汉语专业教学质量也参差不齐，有的很差。在不少大学，学生是因喜欢汉语才选择这个专业，因此教学效果很好，多数学生还有时间长短不等的来中国留学的经历。中文专业的毕业生中研究语言的，要求用中文写论文，但研究文学及其他领域的不要求用中文写论文。

据新加坡华文教学工作者称，新加坡大学的华文教学质量还好，讲师多为中国大陆和港台母语者，学科方面以汉学为主。新加坡几所大学都设有中文系，课程质量没有太多问题，因为课程设计与海峡两岸和香港大致相同。如果说质量方面尚有问题，问题可能出在生源方面。因为新加坡华文是单科学习，学生在进入大学中文系时的素质自然无法和中国大陆、台湾等地的学生相比。新加坡有的大学沿袭英国制，大学学士一般为三年毕业，只有10%左右的荣誉学位要求第四年是论文年。中文系的学生只有上荣誉班的才写论文，其论文用华文书写，字数在10 000～15 000之间。

据了解，印尼有的大学中文专业兴办多年，可是毕业人数很少。其中有些学生是因为不能通过考核而没有资格写论文和拿到学士学位；有的大学中文专业培养四年，学生的汉语水平才达到HSK旧版3级；有的在校三年级学生用汉语对话尚很困难。印尼有一所大学每个学生毕业前都要参加HSK新版4级考试（以前的学生要参加HSK旧版基础级考试），论文是小组合作，两三个人合作一篇，完全用电脑打字，只要能懂汉语拼音，认得汉字就行，所以有些毕业论文错字连篇，有些则滥竽充数。印尼某所大学中文系的毕业生，在印尼一所中学当中文教师，她已经毕业5年了，现在才打算考HSK旧版4级。国立苏北大学中文系四年级的学生要求写论文，学生得用汉语写大纲（2 000字左右），其余的用印尼语写，大概40页。

泰国高校汉语专业毕业生质量堪忧。有的大学中文专业的学生连用中文进行基本交流都成问题。由于学校对毕业生是否参加HSK等级考试以及达到何种程度未作要求，因此其毕业生水平一般。某大学毕业的一位已在另一所高校中文系任教的教师，其HSK成绩等级仅为旧版6级。据了解，泰国北部清莱、清迈、南邦三府开设中文专业的大学均需要用中文撰写毕业论文。除毕业论文外，还要用中文撰写实习报告。

综上所述，目前海外的华文教学情况复杂，层次多样，质量参差不齐。相对而言，华文补习班（Ⅱ A，例如新中补习班）、私立华文学校（Ⅲ A，例如新中三语学校）和大学（Ⅳ）之汉语专业质量最好；私立学校（Ⅲ B私立）中以华裔为主的学校（例如圣道基督教学校）质量次之；私立学校（Ⅲ B私立）中那些以非华裔为主的学校和公立学校（Ⅲ B公立）的汉语教学多数质量一般，有的很差。

4　海外华文教学质量控制现状管窥

由于研究不够深入，这里举一些宏观质量控制方面的实例，以窥海外华文教学质量控制之全貌。

4.1　美国

美国华文教学工作者和教学机构建有中文教师学会（CLTA）、全美中小学中文教师协会（CLASS）、全美中文学校协会（CSAUS）、全美中文学校联合总会（NCACLS）

等组织，发挥了较大的专业指导和行业协调作用。同时，美国的大学理事会也参与了国内大学、中学的汉语规划和指导。

在美国，教学质量是一个很个体的问题，因为美国并没有国家的质量检查，每个学校都是自查。但是就全国而言，既有统一的外语教学标准，又有统一的中文考试，还有一些配套教材，设计中注意了各方面的衔接。

4.1.1 教学大纲的设计及其对教材编写的制约

美国对国内的外语教学出台了一些标准，重要的有外语教学标准（5C）和外语评价框架。各种二语教材在编写时都会参考这些标准，汉语教材也不例外。同时，加州教育部于2009年出台了《加州幼稚园至高中公立学校世界语言学习标准》，用来规范和指导加州的二语教学。

4.1.2 中学和大学课程的衔接

AP中文课程是衔接美国高中和大学汉语教学的一个重要桥梁，这样就部分地解决了美国汉语课程的衔接问题，还能够提高学生学习汉语的积极性（罗春英，2010）。

4.1.3 教材和考试的衔接

在美国，与中文相关的考试有两个：一个是SAT Ⅱ，这是美国高中生申请大学的考试，华裔学生可以选择考汉语；另一个是AP中文考试。美国出版的汉语教材，尤其是高中教材，往往会考虑学生参加中文SAT Ⅱ或中文AP考试的需求，使教材在难易度上能符合这两种考试的要求。比如最近几年自编、使用的《美洲华语》是专为中文学校编写的汉语教材，可以与美国高中的AP中文课程以及大学的中文教学相衔接，这样有利于中文学校学生日后到高中或大学学习汉语。

当然，教学中的衔接问题并没有全部解决。美国的中文教学没有形成完整的体系，并非所有的中小学都开设中文课。有的学校从初中开始有中文课，而有的学校从高中开始才有中文课，这样衔接就会出问题（罗春英，2010）。

4.1.4 专业的项目评估

北美教师协会，特别是一些领衔教授，正在从事一项课题：如何对汉语教学项目进行评估，包括制定评估内容、评估标准、评估方法等。比如爱荷华大学柯传仁老师进行的一项科研：学期开始与结束时，分别给学生做一次汉语水平测试，包括笔试、口试。这样经过一段时间的数据收集，就能估量出学生的汉语水平变化曲线、平均值等。

4.1.5 MIT公共汉语教学质量控制个案

美国MIT的大学公共汉语实行分类教学（华裔和非华裔分开），同时限制班级大小，华裔班18个学生，非华裔班16个学生。在2009—2010学年共有135个华裔学生、232 个非华裔学生选修中文课，其中有 6 个学生将中文作为他们的第二专业。

4.2 新加坡

4.2.1 全国性质量监控体系

据新加坡国立教育学院胡月宝博士介绍，在新加坡，华文是国家教育体系中的核心课程，是具有新加坡本土意义的“母语”课程，与其他东南亚地区或欧美地区的对外汉语教学完全不同。其华文教学的质量问题是由教育部、考评局和国立教育学院共同控制的。至少 10 年的中小学华文课程主要是教育部控制，包括课程大纲、教材编制、考试标准和形式；考评局则控制考试的难易度、出题标准、全国评改和成绩评定；国立教育学院则控制中小学的师资素质；2009 年刚成立的教研中心则进一步监控在职培训的质量。在此基础之上，国家决策人会定期讨论华文教学情况，希望能针对国家、社会对语文教育的需要作出及时的调整。因此，新加坡华文教学的质量问题是长期得到严格监控的。

4.2.2 全国统考

据新加坡华文教研中心陈之权博士介绍，华文是国家教育政策规定必修必读的考试科目，华族学生从小学到高级中学都必须修读华文并参加考试。初中升高中、高中上大学是新加坡教育体制中的两个重要关口，学生的华文必须在国家所设的统一考试中达到及格标准，否则会影响升学。

4.2.3 专业的项目评估

新加坡教育部近年对华文教学做了一些重大改革，其中最引人注目的是 2006—2007 年间小学“单元教学”课程模式的正式实施。这些工作都是在科学研究基础上进行的，而且还有持续的后续研究支持。据新加坡国立教育学院赵守辉博士介绍，以他为首的研究团队最近进行了两个大型专项评估，其一是对该“单元教学”模式四年来实施效果的全方位评估（赵守辉、吴福焕，2009），另一个是对小学华文口语交际能力的评估，成果正在发表中。

4.3 菲律宾

据学者研究，菲律宾在 20 世纪 90 年代就完成了华人与原住民的融合。为了重建华人母语，菲律宾华人于 1991 年组建了华文教育研究中心（简称“华教中心”），这是一个服务于菲律宾全国华文教育的学术研究和行政协调机构，是一个民间组织。1992 年又成立了全国性华语教师组织——菲律宾华语教师协会。菲律宾华教中心自成立以来开展了一系列的教学研究和改革活动。比较大的如下：

（1）制定教学大纲和编写教材。

（2）启动华语教师“221 工程”，包括两个计划：“输血计划”和“造血计划”；两个方案：华语教学督导方案、华语教学师资队伍专业化方案；一个行动：华校新生行动。如侨中学院就从中国聘请了督导，帮助提高学校的教学质量。

（3）规范课堂教学，开展华语教研活动。

（4）实施 HDC 统考，承办 HSK 考试。华教中心于 2005 年成立了考试部，专司此事。

（5）创办了一报一刊，编辑出版了各类书籍（颜长城，2009）。

4.4 马来西亚

马来西亚的华文教育成就非凡，有目共睹。马来西亚华人社会在华文教学的宏观质量控制方面有一系列的举措。

4.4.1 成立董教总

马来西亚华人成立了华校董事会总会和华文教师总会，简称董总和教总，统筹管理全国华文教学工作。董教总下设独中工作委员会、华小工作委员会和教育中心。其中独中工作委员会下设学务处，学务处下设课程局、师资教育局、考试局、教育研究局等。马来西亚华人社会直接领导的 60 所华文独中，不享受政府补贴；直接管理 1 所华文大专；关注性管理 1 289 所华文小学和 78 所国民型华文中学。

4.4.2 开展专项监管

董教总内部成立的专门业务管理班子，编写了统一的教学大纲和教材，坚持组织全国华文独中的统一考试，定期出版研究期刊、特刊画册、管理年报，确保了独中华文教学的质量，监控了华文小学的师资水准。

4.5 印度尼西亚

4.5.1 成立地方和全国协调机构

近年来印尼成立了一些地方性华文教育协调机构，并在此基础上成立了全国华文教育协调机构，开展了大量工作。其目前的管理重点一是推动华文教学进入国民教学系统；另一是推动兴建华文三语学校，指导其教学。

4.5.2 正规华校质量控制示例

前面说过美国中学有因学生汉语学习经历不同而衔接不上的问题，这个问题在印尼和泰国也存在。对此，印尼新建八华三语国民学校（Ⅲ A）采取的措施是：提前半年招收学生，并给华文基础不够的学生补习华文，以便正式入学时缩小学生华文水平的差距。

据八华三语国民学校中文部主任梁荣升介绍，八华对自己的教学质量有一整套控制办法。其中学生能力这一块是这样做的：首先，每一个年级的学生期末达到一定级别的 HSK 水平，全班必须有 80% 达到；达不到的学生自己到校外付费补习，也可以在校内免费补习。其次，解决同一个班级水平仍然不一的问题。比如初中生采用《跟我学汉语》教材，把学生分为三个层次、三个班：好、中、差。但是如此一来考试的时候就会出现分数不等值，对学生不公平的问题，因为 75 分的学生的实际水平可能高于 80 分的学生的实际水平。为了解决这个问题，学校研究出一种统一试题的方法：设计 100 分卷面的试题，其中 60 分的试题要求人人过关；增加 20 分的试题要求中等水平的学生过关；再增加 20 分的试题要求高水平的学生过关。这样就解决了分数不等值的问题。目前各级别的比例还在进一步研究中。

5　加强海外华文教学质量控制工作的建议

针对上述分析，目前海外华文教学存在缺乏宏观质量控制主体和相对适用的质量目标，教学形式多样而缺乏衔接、教学质量问题比较突出等现象。其中不少国家、地区或者具体教学机构积累了宝贵的经验，但更多的国家、地区和机构还有很大的进步空间。针对这种情况，特提以下建议。

5.1　建立相对统一的专业行业管理机构

面对海外华文教学形式多样、层次繁多的现状，要加强其质量控制工作，首要的是建立各国相对统一的专业行业管理机构，并强化其宏观规划和管理功能。我们建议，能做到新加坡那样由国家统筹和监控最好；做不到的，能做到马来西亚华人董教总那样也很好；最差也要成立如菲律宾华文教育研究中心、印尼全国和各地华文教育协调机构、柬埔寨柬华理事总会式的机构。其职能主要包括：

其一，争取华文教学的合法地位和更多政策空间，争取汉语教学与其他外语教学同等的政策地位和课时。

第二，对本国、本地区华文教学进行全面的规划和管理。

5.2　研制相对适用的课程大纲、考试大纲和测试方式

质量管理的首要工作是制定质量目标。这个工作专业性很强，应该争取与专业研究机构、研究人员共同进行。

第一，研制符合各国各级各类教学需要的课程大纲。

对质量控制而言，教学大纲是最为重要的，而服务于海外华文教学的大纲应该多个，而不是一个。目前中国制定了一些教学大纲，主要是为来华留学的短期培训生和长期进修生制定的；中国还编写了用于外国人的汉语水平大纲，以及与之配套的HSK系列考试。这些大纲和考试并不是直接为海外各级各类华文教学服务的。中国国家汉办还调集各国力量，主持研制了《汉语国际教育通用课程大纲》和《国际汉语能力标准》，我们认为：其一，其中的五级标准叙述比较模糊；其二，标准太低。比如写作能力描述中所举例的文体数量太少，也没有相应文章难度、作文字数、写作速度的说明，显然不适用全日制华校和大学汉语专业的教学。各国只能以此大纲和别的大纲为参照，结合本国的教学层次、国家语言教育政策实际，分门别类地研制各种课程大纲。

第二，各国要研制符合各级各类教学需要的考试大纲，并据以指导考试。

课程大纲为教学和教材编写而设计，考试大纲则直接为教学质量评估而设计，两者作用不同，但是后者应该适应前者。没有适用的考试，国家和地区层面的宏观质量控制将无法进行。可以参考已有的课程大纲和自身实际，设计和实施自己的考试。此外，各国的各级各类学员也可以积极参加中国的HSK系列考试，以便可以互相比较，检验师生的教学和学习效果。

5.3 着力建设师资队伍

人们一般把教材和教师相提并论，其实从质量控制的角度看，教材远远没有教师重要。因为，第一，有了课程大纲，教材编写或选用就会有法可依，不会太离谱；第二，教师是关键，有了好的教师，即使教材差一些也关系不大。所以本文不谈教材问题，主要提出在教师队伍建设方面应达到如下要求：

第一，要考虑节约成本，顺应各国当地培养师资的愿望（例如泰国、印度尼西亚都有强烈的当地培养的呼声和行动），在所在国就地培养。

第二，要改变志愿者的输送方向，从派往正规中小学改为首先派往华人全日制学校（华文双语学校、三语学校，以及以华裔子弟为主的国民学校）、华文补习班，以及开设汉语专业的正规大学（华文大学、普通国民大学，主要执教专业汉语），因为这些教学机构不具有强烈的提升质量需求，而且具有足够的课时保证，有比较正规的管理，其中很多学校还有良好的生源，是出成果、出人才最重要的机构。

第三，要研究解决东南亚不少国家中文人才数量已相当可观但不愿意从教的问题。正如我们曾经说过的，印尼懂华文的大有人在，问题是他们不愿意进入华文教师行列（宗世海、王妍丹，2006）。

第四，对不同国家的教师要有不同的质量要求。美国等国家大学、中学汉语教师待遇较好，马来西亚独中以外的教师和泰国的教师等同于公务员，也比较抢手；据说新加坡的中小学和初级学院（高中）的教师除少数自主学校直聘外，都是公务员，属于高薪阶层，但是教师人数仍然不足；而美国有的学校存在只要懂中文就可以教中文的错误观念，在汉语教师招聘中只看学历不看专业；马来西亚则是政府千方百计限制华人进入国民教育系统成为教师。对于华文教师比较抢手的国家和地区，要设法提高华文教师的准入门槛。印度尼西亚、菲律宾等经济落后国家原住民教师待遇太低，华文教师待遇虽然比他们高很多，可是比起经商等职业还差很远，所以对这样的国家，不能靠提高教师准入门槛来解决师资问题。

6 结语

虽然海外出现了所谓的“华文热”“汉语热”，但是华文、汉语和英语作为第二语言或者外语的地位相差甚远。海外华文教学还存在很多问题，其中质量控制应该是目前要特别重视的问题。

海外华文教学形式多样，层次繁多，在质量控制方面也存在不尽如人意的问题。我们的基本思路是，各责任方、利益方要从源头上作出考虑和安排：第一，建立专业行业管理机构；第二，研制适用于各级各类教学机构的课程大纲、考试大纲和考试，并定期进行专业评估；第三，培养和留住当地教师。

参考文献

蔡佩芸．印尼万登省八华三语学校华文教育专题研究［D］．暨南大学学士学位论文，2010.

郭熙．文化视野中的海外“汉语热”［N］．中国社会科学报，2009－12－04.

何诚忠．菲律宾怡朗华商中学［Z］．平时作文，2008.

李昊．中泰合作背景下泰国高校汉语教学的发展及问题［J］．华文教学与研究，2010（1）．

李宇明．海外华语教学漫议［J］．暨南大学华文学院学报，2009（4）．

刘文辉．为什么菲律宾部分学生现在对华语缺乏兴趣［C］//第八届东南亚华文教学研讨会论文集．马尼拉：菲律宾华教中心，2009.

罗春英．美国汉语教材现状综述［J］．江西科技师范学院学报，2010（5）．

莫泰熙．英文教育回流对马来西亚华文教育的挑战［J］．暨南大学华文学院学报，2003（4）．

王东．高等教育质量控制初探［J］．吉林工商学院学报，2008（6）．

薛方强．新中校友基金会汉语补习学校（SHHS）简介［Z］．未刊稿，2010.

颜长城．发汉中的菲律宾华文教育［C］//第八届东南亚华文教学研讨会论文集．马尼拉：菲律宾华教中心，2009.

岳蓉．法律规范与社会信任——华人族群融入泰国主流社会的启示［J］．贵州师范大学学报（社会科学版），2005（2）．

赵守辉．语言规划国际研究新进展——以非主流语言教学为例［J］．当代语言学，2008（2）．

赵守辉，吴福焕．新加坡小学华语课程改革效果的综合评估——设计、实施及意义［C］//第九届世界华语文教学研讨会论文集（第三册）．台北：世界华文出版社，2009.

宗世海．现阶段印尼华文教育的发展态势和效益评估［A］．第三届印度尼西亚华文教育研讨会，2005.

宗世海．印尼华文教育：成绩显著，任重道远［N］．千岛日报，2010－10－12.

宗世海，李静．印尼华文教育的现状、问题及对策［J］．暨南大学华文学院学报，2004（3）．

宗世海，刘晓露．他山之石，可以攻玉——美国第38届TESOL年会综述［J］．暨南大学华文学院学报，2004（4）．

宗世海，王妍丹．当前印尼华文师资瓶颈问题解决对策［J］．暨南大学华文学院学报，2006（2）．

（本文曾刊载于《华文教学与研究》2010年第4期）

［作者简介］

宗世海，暨南大学华文学院教授，博士，博士生导师。研究方向为语用学、跨文化交际、华文教学与对外汉语教学。

《华文教育专业教师技能训练方案》编制的原则与方法

蔡 丽

1 《华文教育专业教师技能训练方案》编制的缘起

近年来，随着“汉语热”的不断升温，世界范围内对华文教师的需求量日益增加，与此同时，海外华文教师的缺口也越来越大。为了解决海外华文师资的瓶颈问题，中国和海外华文教育界都采取了各种有力的积极措施，包括“请进来”“派出去”的长期或短期教师培训、派遣志愿者支援各地汉语教学、创办孔子学院、拓展海外现任华文教师的学历教育等方式。但这些举措还远远解决不了世界各地对华文教师的需求。

为了顺应海外对华文师资大量需求的形势，暨南大学率先向国家教育部提出了开设华文教育专业①的申请，希望通过正规的系统训练为海外培养一批高素质的华文师资队伍。2005 年，国家教育部正式批准暨南大学开设华文教育专业，这标志着中国首个华文教育专业正式诞生。设置华文教育专业主要是为了面向海外培养华文师资和教育、教学管理人员，要求学生掌握教育学，特别是海外华文教育的基本原理和方法；熟悉侨情，掌握海外华侨华人教育规律，系统掌握汉语和中华文化的基本知识，具备以汉语为教学语言，针对海外华侨华人开展华文教育的良好能力。因此，在学科的归属上，该专业属于教育学。与普通教育学不同的是，它虽以传统教育学为基本内涵，但以汉语言及中华文化知识为基础，是一门与中国语言文学和文化学等学科相融通、具有学科综合性特点的专业。

华文教育专业从无到有，面临大量开创性的工作。首先要做的就是制订详细的本科人才培养方案。除专业课程教学进程计划的制订外，为使学生掌握各种教师职业技能，在学习各种理论知识的同时，进行相关教师职业技能的训练也是不可或缺的内

① 创办华文教育专业的构想由时任暨南大学副校长、华文教育研究专家贾益民教授率先提出。

容。对本专业在校学生有目的、有计划地进行系统的教师职业技能训练，目的是引导学生将专业知识和教育学、心理学的理论与方法转化为具体从师任教的职业行为方式，并使之趋于规范化，这对于学生教育和教学能力的形成以及毕业后胜任教师工作都具有重要的作用。因此，需要同时制订供本专业使用的教师技能训练方案①。

2 《华文教育专业教师技能训练方案》编制的理论依据与框架

为使教师技能训练方案简明易行，在设计方案时，我们结合专业人才培养目标，重点围绕三个方面来编写：一是必须训练什么；二是怎么训练；三是如何在掌握基本技能的同时，提升学生的综合素质。最后，我们将方案分为三个板块：第一部分“华文教育专业教师技能训练的基本内容”；第二部分“华文教育专业教师技能训练的实施途径”；第三部分“华文教育专业学生才艺培养的基本内容及实施途径”。其中第一部分介绍了华文教育专业学生必须掌握的具体技能项目的内涵及外延，第二部分主要阐述各项技能如何训练以及在什么阶段实施训练。这两部分是本方案的主体部分，也是必须在每个学生身上贯彻落实的部分。而第三部分则为拓展部分，涉及的技能并非学生必须掌握的技能，而是在学生掌握基本技能的基础上，为使学生发展更加全面而设计的延伸内容。

2.1 关于第一部分“华文教育专业教师技能训练的基本内容”

我们根据中国国家教委师范司印发的《高等师范学校学生的教师职业技能训练大纲（试行）》，结合华文教育专业自身的特点，初步设定华文教育专业教师技能训练内容，包括口头表达技能训练、书面表达技能训练、教学工作技能训练、教育工作技能训练四个方面。在这一部分内容中，主要提出各种教师技能训练的训练目的和训练内容。

口头表达技能训练包括熟练使用汉语及汉语拼音的能力、朗读能力、演讲能力、恰当运用教学口语与教育口语的能力。

书面表达技能训练包括掌握规范汉字的训练、书写技能的训练、常用文体写作技能的训练。

教学工作技能训练包括教学设计技能的训练、使用教学媒体技能的训练、课堂教

① 编制本方案的设想及方案的命名均由暨南大学华文学院副院长、华文教育系主任曾毅平教授提出，由蔡丽执笔完成。方案初稿编成后征求了暨南大学华文学院华文教育系全体教师的意见，修订后，编制成《华文教育专业教师技能训练方案（草案）》，目前该方案正在暨南大学华文学院华文教育专业试行。

学技能的训练、组织和指导学科课外活动技能的训练、教学研究技能的训练。

教育工作技能训练包括集体教育技能的训练、个体教育技能的训练、与学生家长沟通技能的训练。

在具体训练项目的设置上，我们遵循以下四条原则：

第一，针对性。针对海外华文教学、教育和管理工作的特点和需要安排具体训练内容。

第二，侧重性。在四大类型的技能训练中，我们更侧重于教学工作技能训练和教育工作技能训练部分，特别是其中的课堂教学技能部分。口头表达技能训练与书面表达技能训练都要以教学和教育工作技能为核心来进行。

第三，主体性。各项训练项目的设计都始终以学生为主体，充分考虑到学生的语言特点、学习特点、年龄特点、心理特点以及他们今后所从事的教育教学工作对各种能力的需求。

第四，阶段性。在“口头表达技能训练”部分，我们将“熟练使用汉语及汉语拼音的能力”分解为许多具体的小项目，并将这些项目分散在各年级进行，每个年级各有侧重点，充分体现了语音训练的阶段性特征。

2.2　关于第二部分“华文教育专业教师技能训练的实施途径”

针对华文教育专业招收的学生在入学时汉语水平各不相同这一情况，我们设置了A、B、C三个教学层次。A层次的学生在入学时汉语水平已达到高级程度；B层次的学生在入学时为中级汉语水平；C层次则为初级汉语水平或汉语为零起点的学生。在“华文教育专业教师技能训练的实施途径”部分，我们针对三种不同层次的教学对象分别设计了具体的实施方案。在训练实施过程中，需根据各部分训练内容的特点进行合理的安排，以形成系统的、各部分之间有机联系的训练链。

在实施途径部分主要依据以下几条原则：

第一，与专业课程设置紧密结合，对各门课程在技能训练上提出明确的要求。在这一部分，我们对每门课在技能训练方面的目标进行了明确分工与定位，从宏观上指导任课教师明确教学目的，在教学中突出本专业课程的特色。这样，就使知识教学与能力训练融为一个有机的整体，同时也充分体现了本方案对专业人才培养的指导性作用。

第二，课堂教学与课外训练相结合，合理科学地利用学生的课外时间。在各门课程承担不同技能训练任务的同时，我们加强了对学生课外活动的引导。具体内容包括：

（1）对不同层次学生的早读内容安排进行了四年的全面规划，充分保证了对早读活动的指导性，增强了早读活动的效果与意义。

（2）开展定期的学生钢笔字、粉笔字和毛笔字练习与检查活动。

（3）以方案中设计的教师技能训练项目为基础，成立各种以提高技能为主旨的学生社团和兴趣小组。

（4）有规律地开展教学观摩与微型教学活动。

（5）学生的课外活动如各种比赛、知识讲座等原则上与各项技能训练挂钩。

（5）体现了对学生教育教学实习工作及毕业论文撰写的指导性思想。

（6）在学生资料的配备上也尽可能地满足学生在教师技能训练上的需求。

第三，针对学生的水平，提出适合不同层次学生的训练途径。根据学生入学时的汉语水平程度，我们将同一年入学的学生分为 A、B、C 三个层次分别进行教学。在技能训练上，也体现分层次训练原则，对不同层次的学生提出不同的训练要求，并且采用不同的训练方式，使训练确实有效，充分体现针对性、适应性、科学性原则。

第四，根据技能训练项目本身的特点，安排恰当的训练时间，各项技能按阶段分项进行。我们对每项技能的训练阶段进行了明确划分，这样有利于分散技能训练的难点，使各项技能训练能循序渐进。

2.3 第三部分“华文教育专业学生才艺培养的基本内容及实施途径”

为提高学生的综合素质，除了进行相关教育教学技能的培训外，我们还鼓励学生学习各种特长，包括音乐、体育、美术等方面。在课内外安排必要的时间辅导学生练习，培养学生的审美观和从事教育工作的多种才能。这一部分非必训项目，属于扩展的训练范围，我们将其培养的基本内容与实施途径整合在一个部分，体现鼓励学生提高自身综合素质的理念。

才艺培养的具体内容包括：音乐才艺（包括声乐、舞蹈、乐器等方面的才艺）、美术才艺（包括画画、手工等）、体育才艺（包括武术、球类、田径类等项目）。

实施途径包括开设各类培养学生才艺的选修课程；成立学生艺术团、乐团、篮球队、足球队、排球队、中国书画兴趣小组等学生文体社团，定期请指导教师进行训练；经常组织学生开展文体活动，为学生提供锻炼的机会和表现的平台；经常组织学生开展各种比赛，如卡拉 OK 比赛、舞蹈大赛、运动会等，为学生提供锻炼的机会和表现的平台。

3 《华文教育专业教师技能训练方案》的意义与实施效果

《华文教育专业教师技能训练方案》是专门为培养暨南大学华文学院华文教育专业学生教学实践能力而制订的。该方案的编制丰富了华文教育专业本科人才培养方案，充分体现了对专业技能训练的重视。该方案对华文教育专业在校学生有目的、有计划地进行系统的教师职业技能训练，将专业知识和教育学、心理学的理论与方法转化为具体从师任教的职业行为方式，对学生形成教育和教学能力以及毕业后胜任教师工作都具有重要的指导作用。

由于暨南大学是在全国率先创办华文教育专业的大学，因此，我们针对“华文教育专业”设计出的一系列教育教学管理方法及方案必定为今后同类专业所借鉴。从这个角度来说，《华文教育专业教师技能训练方案》的设计是一项具有深远意义的工作，它在为国内外更多同行提供参考的同时，也将接受更加广泛的检验。

该方案制订与实施一年来，充分发挥了在华文教育专业学生技能训练上的导向作用，目前该专业的各项教学及教育工作都在《华文教育专业教师技能训练方案》指导下一步步实行着。从学生目前在教育教学能力上已取得的进步来看，我们认为该方案的设计是科学的，是切实可行、确有成效的。

由于华文教育专业是新生专业，没有可供借鉴的成果，因此，方案在设计时难免也会存在一些不尽完善的地方，这些都将在实践中不断修正、完善。此外，与方案配套的比较系统完善的评价体系目前也正在建设中。

参考文献

中国国家教委师范司．高等师范学校学生的教师职业技能训练大纲（试行）[Z]．北京：北京师范大学出版社，1994.

（本文曾刊载于《暨南高教研究》2008 年第 1 期）

[作者简介]

蔡丽，博士，副教授，硕士生导师，现任暨南大学华文学院华文教育系副主任。长期从事华文教育研究工作，在《语言文字应用》《语言教学与研究》《华文教学与研究》《辞书研究》等各类核心期刊上发表论文 30 余篇，出版专著《程度范畴及其在补语系统中的句法实现》《华文趣味教学理论与实践》。参与《华文教育概论》《华文教材教法》《海外华文教师培训教程》等华文教育专业教材的主要编写工作。

论华文教育专业学生教学技能的培养

蔡　丽

1　前言

近年来，“汉语热”不断升温，世界各国对华文教师的需求量日益增加，海外华文教师的缺口越来越大。同时，现代教育水平的发展对现有华文教师队伍的质量提出了更高的要求。因此培养海外华文教师是现在发展华文教育的重要任务之一。为了顺应海外对华文师资大量需求的形势，暨南大学率先向教育部提出了开设华文教育专业的申请，旨在通过正规的系统训练为海外培养一批高素质的华文师资队伍。2005 年，教育部正式批准暨南大学开办华文教育专业，这标志着中国首个华文教育专业正式诞生。①

华文教育专业作为一个全新的专业，面临大量开创性的工作。首要任务之一就是制订科学、详细、严谨的本科人才培养方案。设置华文教育专业的初衷是面向海外培养华文师资和华文教育、教学管理人才，因此，需要本专业的学生熟悉侨情，了解海外华侨华人教育规律，系统掌握汉语和中华文化的基本知识；掌握教育学，特别是海外华文教育的基本原理和方法，具备以汉语为教学语言、针对海外华侨华人开展华文教育的良好能力。应该说，华文教育是一个具有很强的师范性专业（马跃，2007）。故此，除专业课程教学进程计划的制订外，为使学生掌握各种教师职业技能，在学习各种理论知识的同时，对本专业在校学生有目的、有计划地进行系统的教师职业技能训练也是不可或缺的内容，其目的是引导学生将语言学、语言教学专业知识和教育学、心理学的理论与方法转化为具体从师任教的职业技能，这对于学生教育教学能力的形成以及毕业以后胜任华文教学和华文教育管理工作都具有重要的作用。因此，我们同时制

① 关于华文教育专业的创办背景及学科定位可参见马跃《华文教育专业的定位与海外华文师资素质需求分析》（2007）一文。

订了供本专业使用的《华文教育专业教师技能训练方案（试行)》（2007）①。

根据中国国家教委师范司印发的《高等师范学校学生的教师职业技能训练大纲(试行)》（1994)，结合华文教育专业自身的特点，华文教育专业教师技能训练内容应包括表达技能训练（包括口头表达技能训练、书面表达技能训练)、教学工作技能训练、教育工作技能训练等方面。

本文主要阐述华文教育专业学生所应掌握的教学工作技能训练的基本内容，包括训练目的、训练项目、训练建议以及训练实施途径。

2　华文教育专业教学技能的基本内容及设置原则

2.1　华文教育专业教学技能的基本内容

《高等师范学校学生的教师职业技能训练大纲（试行)》对“教学技能”的内涵进行了准确定义：“教学工作技能是指教师运用相关专业知识和教学理论进行教学设计、使用教学媒体、编制教学课件、组织课内外教学活动和进行教学研究等工作所采取的一系列教学行为方式。”“教学工作技能训练包括在备课、上课、批改作业和评定成绩等教学环节所必备的技能训练。”根据大纲要求，教学技能训练的主要内容包括进行教学设计的技能、使用教学媒体和编制教学软件的技能、进行课堂教学的相关技能、设计和批改作业的技能、组织和指导学生进行课外活动的技能及开展教学研究的技能。

教学技能是中国高等师范学校学生学习的教师职业技能的重要组成部分，是师范生提高从师任教素质所必须掌握的技能。华文教育专业作为为海外培养华文师资的具有明显师范性特征的专业，也要对本专业学生进行相关教学技能训练。

《高等师范学校学生的教师职业技能训练大纲（试行)》是针对高等师范学校学生编写的通用性大纲，它适用于各个专业，体现了一种宏观的指导性，具有深远的实践意义，但它同时也存在一定的局限性——缺乏针对性。虽然各门学科的教学规律必然具有一定的共性，但受学科特点的制约，每门课程的教学都势必存在一定的个性。若能在体现教育共性的基础上，根据各个学科门类自身的特点对相关技能进行适当的调整并对相关项目予以明确定位，将对技能训练工作的实施起到更好的导向作用。为此，我们结合华文教育专业的特点，对大纲中要求的五种教学技能训练的基本内容进

① 编制本方案的设想及方案的命名均由暨南大学华文学院副院长、华文教育系时任主任曾毅平教授提出，由蔡丽执笔完成。方案初稿编成后吸取了暨南大学华文学院华文教育系全体教师及相关专家的意见，修订后，编制成《华文教育专业教师技能训练方案（试行)》，目前该方案正在暨南大学华文学院华文教育专业试行。

行了能体现学科特点的修订、细化与整合。下面的方案正是在充分考虑海外华文教育个性的基础上为其量身定做的。

2.1.1 教学设计技能训练

教学设计技能训练的基本内容包括以下七个方面：

（1）理解教学设计的含义，了解华文教学设计的常规方法：除了要求学生掌握教学设计的一般原则与方法外，重视训练学生结合华文教育的特点①进行教学设计的能力，能在教学设计中贯彻语言与文化并重的教学理念。

（2）掌握了解学生的方法：除了解学生的学习态度、学习动机、学习水平、学习能力、学习方法等与学习直接相关的因素外，还要了解学生的家庭背景（如“是否华裔”“家庭成员是否会说汉语”等）、民族情感、语言环境、其他学习任务等一些与华文学习相关的间接因素。

（3）通过实践训练学会分析和处理华文教材：根据多数学生毕业后所处的教学层次，以在各国反响良好的、有代表性的中小学优秀华文教材为主要素材进行相关训练。

（4）能根据教学对象的特点和社会的需求制订各种教学计划、确定教学目标和教学方法。

（5）能独立编写各种类型的教案：包括语言综合课和各种单项技能训练课（如口语课、听力课、阅读课、写作课等）以及各种语言要素课（如汉字课、词汇课、语法课、语音课等）的教案，侧重综合课教案撰写训练。

（6）能结合华文教学的学科特点设计和批改学生作业。

（7）课后能科学运用华文教学评价的相关指标评价自己和他人的教学。

2.1.2 教学媒体使用技能训练

教学媒体使用技能训练的基本内容包括以下两个方面：

（1）了解常用现代教学媒体的类型和作用，能根据教学内容和学生的特点恰当地选择和使用教学媒体。

（2）掌握常用现代教学媒体的使用方法及常用教学课件编制的方法，能根据教学需要设计、制作教学课件及简易教具。

2.1.3 课堂教学技能训练

课堂教学技能训练的基本内容包括以下两个方面：

（1）了解华文课堂教学中基本教学技能的概念及类型，包括组织教学技能、导入技能、讲授技能、提问技能、应变技能、结束技能、板书技能等。

① 根据华文教育的最终目标，海外华文教育并不限于语言教育，而是一种语言学习与文化传承相结合的教学过程（参见贾益民，1998；张俊，2004；马跃，2007等）。

（2）掌握各种课堂教学技能的使用方法和要求，通过训练能在华文教学实践中根据教学任务和学生的特点对各种教学技能进行合理、灵活的综合运用。

2.1.4　组织和指导学科课外活动技能训练

组织和指导学科课外活动技能训练的基本内容包括以下三个方面：

（1）了解华文课外活动的基本类型、特点、方法和组织形式。包括各种语言和文化兴趣小组，各种与中华语言和文化相关的竞赛、夏（冬）令营等。

（2）能选择适合华文学科特点的活动内容及形式，独立进行活动方案的设计。华文课外活动应该以培养学生学习华文的兴趣、营造良好的学习环境与氛围为主要目的，在主题的设计上应充分体现侧重语言能力与文化提升的原则。

（3）能组织和指导与华文教学相关的各种课外活动。

2.1.5　教学研究技能训练

教学研究技能训练的基本内容主要如下：

（1）了解华文教学研究的基本方法。包括调查研究、观察研究、实验研究、对比研究等。

（2）培养在教学中发现华文教学研究课题的能力，能初步运用语言学、第二语言习得等相关理论进行华文教学研究。

（3）了解撰写科研论文的要求，熟悉科研论文的基本结构。

2.2　教学技能训练项目的设置原则

在上述具体训练内容的设置上，我们遵循了以下四项原则：

第一，针对性。以《高等师范学校学生的教师职业技能训练大纲（试行）》（1994）中相关教学技能训练内容为范本，针对海外华文教学、教育和管理工作的特点、需要以及学生的水平安排具体训练内容。

第二，侧重性。在上述五种教学技能训练中，前四种技能为必训技能，第五项教学研究技能训练为选训技能，只作为汉语高级水平起点学生（A类学生）的必训内容，汉语中级水平起点学生（B类学生）和汉语零起点学生（C类学生）只要求了解教学研究技能的基本内容，不作强制性要求。这五种教学技能侧重于教学设计技能训练、课堂教学技能训练和教学媒体使用技能训练部分，特别是其中的课堂教学技能训练部分。

第三，主体性。各项教学技能训练项目的设计都始终以学生为主体，充分考虑到学生的语言特点、学习特点、年龄特点、心理特点以及他们今后所从事的华文教育教学工作对各种能力的需求。

第四，阶段性。在教学技能具体训练实施方案中，我们将上述各项技能分解为许多具体的小项目，并将这些项目分散在各年级进行，每个年级各有侧重点，充分体现了技能训练的阶段性特征。

3 华文教育专业教学技能训练的相关原则及实施途径

针对华文教育专业招收的学生在入学时汉语水平各不相同这一情况，本专业在人才培养方案（2006）中设置了 A、B、C 三个教学层次。A 层次的学生在入学时汉语水平已达到高级水平；B 层次的学生在入学时为中级汉语水平；C 层次则为初级汉语水平或汉语为零起点的学生。在“华文教育专业教师技能训练的实施途径”这部分中，我们分别针对三种不同层次的教学对象设计了具体的技能训练实施方案。

3.1 华文教育专业教学技能训练的相关原则

为了保障教学技能训练的效果，在实施途径部分主要突出了以下四项原则：

第一，教学技能训练与课程设置相结合。在这一部分，我们对每门课在教学技能训练方面的目标提出明确的要求，进行了明确分工与定位，从宏观上指导任课教师明确教学目的，在教学中突出华文教育专业课程的师范性特色。这样就使知识教学与能力训练融合为一个有机的整体，同时也充分体现了本方案对华文教育专业人才培养的指导性作用。

第二，课堂教学与课外训练相结合。在各门课程承担不同教学技能训练任务的同时，加强对学生课外活动的引导，合理、科学、有效地利用学生的课外时间。具体内容如下：

（1）以方案中设计的教学技能训练项目为基础，成立各种以提高教学技能为主旨的学生社团和兴趣小组。

（2）有计划、有规律地组织学生开展教学观摩与微型教学活动。

（3）学生的课外活动，如各种比赛、知识讲座等原则上与各项教学技能训练挂钩。

（4）体现了对学生教育教学实习工作及毕业论文撰写环节的指导性思想。

第三，训练途径与学生的汉语水平相结合。针对学生的汉语水平，提出适合不同层次学生的训练途径。根据学生入学时的汉语水平程度，我们将同一年入学的学生分为 A、B、C 三个层次分别进行教学。在教学技能训练上，也体现分层次训练的原则，对不同层次的学生提出不同的训练要求，并且采用不同的训练方式，使训练确实有效，充分体现针对性、适应性、科学性原则。

第四，训练时间与教学技能项目的特点相结合。根据教学技能训练项目本身的特点，安排恰当的训练时间，各项技能按阶段分项进行。我们对每项技能的训练阶段进行了明确划分，这样有利于分散教学技能训练的难点，使各项技能训练能循序渐进。

3.2 华文教育专业教学技能训练的实施途径

3.2.1 教学设计技能训练途径

第一，开设与教学设计技能训练相关的专业课程。明确要求各门课程的任课教师授课时将教学设计技能训练作为课程训练重点之一，结合所任课程的特点，从不同侧面和角度对教学设计技能训练的各项内容进行有针对性的训练，充分体现《华文教育专业教师技能训练方案》对各门课程的指导作用。

表1　与教学设计技能训练相关的专业课程设置方案

开设课程		学生类别		
		华文教育专业（A）	华文教育专业（B）	华文教育专业（C）
学科基础课	教育学原理	第四学期	第四学期	第五学期
	华文教育学	第五学期	第五学期	第六学期
专业必修课	现代教育技术	第三学期	第四学期	选修（第四学期）
	教育心理学	第五学期	第五学期	选修（第六学期）
	教育测量与评价	第六学期	第六学期	第七学期
	华文教材教法	第六学期	第六学期	第七学期
	华文教学法	第六学期	第六学期	第六学期
专业选修课	教育统计	第七学期	第七学期	无

第二，定期开展围绕教学技能训练展开的第二课堂活动。与教学技能训练相关的第二课堂活动包括以下内容：

（1）微型教学。选择某华文教材中的部分教学内容训练学生根据特定教学对象确定教学目标、分析处理教材和编写教案的能力。此项活动采用微型教学的形式进行验收，参与学生在指导教师指导下提前备课并编制教学课件。微型教学活动是在指导教师组织下分组讨论、相互交流，培养学生正确运用华文教学评价的相关指标评价自己和别人的教学活动的能力。

通过此项活动，可培养学生进行教学设计、分析和处理华文教材、根据教学对象的特点确定教学目标和教学方法、独立编写各种类型的教案，以及运用华文教学评价的相关指标评价自己和他人的教学等，与华文教学设计相关的微技能。

华文教育专业 A、B 类学生从二年级下学期开始每周定期进行此类训练，C 类学生从三年级上学期开始每周定期进行此类训练。

（2）设计和批改作业的训练。选择华文教材的某节内容让学生设计练习题，组织学生分析教材上的习题，搜集其他练习题，通过讨论和研究建立小题库，提高学生结合学科特点设计和批改作业的能力。

华文教育专业 A、B 类学生从三年级上学期开始每周定期进行此类训练，C 类学生从三年级下学期开始每周定期进行此类训练。

3.2.2　使用教学媒体技能的训练途径

第一，开设关于使用教学媒体技能方面的专业课程。明确要求各门课程的任课教师授课时将教学媒体使用技能训练作为课程训练重点之一，结合所任课程的特点，从不同侧面和角度对教学媒体使用技能训练的各项内容进行有针对性的训练，充分体现《华文教育专业教师技能训练方案》对各门课程的指导作用。

表 2　与使用教学媒体技能训练相关的专业课程设置方案

<table>
<tr><td colspan="2" rowspan="2">开设课程</td><td colspan="3">学生类别</td></tr>
<tr><td>华文教育专业（A）</td><td>华文教育专业（B）</td><td>华文教育专业（C）</td></tr>
<tr><td rowspan="2">全校公共必修课</td><td rowspan="2">计算机文化基础</td><td rowspan="2">第一学期</td><td>（Ⅰ）第一学期</td><td rowspan="2">第三学期</td></tr>
<tr><td>（Ⅱ）第二学期</td></tr>
<tr><td rowspan="4">专业必修课</td><td>现代教育技术</td><td>第三学期</td><td>第四学期</td><td>选修（第四学期）</td></tr>
<tr><td>第二语言习得理论</td><td>第五学期</td><td>第五学期</td><td>第六学期</td></tr>
<tr><td>华文教材教法</td><td>第六学期</td><td>第六学期</td><td>第七学期</td></tr>
<tr><td>华文教学法</td><td>第六学期</td><td>第六学期</td><td>第六学期</td></tr>
<tr><td rowspan="2">学院公共选修课</td><td>中国工艺</td><td>不限学期</td><td>不限学期</td><td>不限学期</td></tr>
<tr><td>中国画基础</td><td>不限学期</td><td>不限学期</td><td>不限学期</td></tr>
</table>

第二，定期开展以教学媒体设计技能训练为主题的第二课堂活动。包括以下内容：

(1) 微型教学。要求每次参加微型教学的学生除了制作电子教案，还要制作相关的 PPT 课件，并要求利用电脑作为教学媒体进行教学。

(2) 开办多媒体教学兴趣小组，指导教师指导学生灵活运用各种现代媒体手段进行华文教学。

第三，举办教学媒体设计比赛。包括网页设计比赛、PPT 制作大赛、动画制作比赛、美工比赛（包括书法、剪纸、绘画等）、插花比赛等各种单项技能的竞赛活动。根据学生活动的总体安排情况酌情安排相关比赛，至少每学年举办一次相关比赛。

3.2.3 课堂教学技能的训练途径

第一，开设讲解课堂教学技能的相关课程，让学生了解所需具备的各项技能的内涵、类型及要求。

表 3 与课堂教学技能训练相关的专业课程设置方案

开设课程		学生类别		
		华文教育专业（A）	华文教育专业（B）	华文教育专业（C）
学科基础课	教育学原理	第四学期	第四学期	第五学期
	华文教育学	第五学期	第五学期	第六学期
专业必修课	现代教育技术	第三学期	第四学期	选修（第四学期）
	教育心理学	第五学期	第五学期	选修（第六学期）
	第二语言习得理论	第五学期	第五学期	第六学期
	华文教材教法	第六学期	第六学期	第七学期
	华文教学法	第六学期	第六学期	第六学期

第二，定期开展教学技能训练第二课堂活动。训练的方法主要采用微型教学方法。分组进行，每组配辅导教师，由辅导教师组织讲评、提供必要的示范，应用现代教学手段提供声像反馈，以获得更好的训练效果。每次训练之后，都由教师对每个学生的微型教学进行书面评价并反馈给学生，同时要求学生写出每次训练的心得体会，提高学生的自我评价及思考能力。辅导教师在指导教学时，必须围绕组织教学技能、导入技能、讲授技能、提问技能、应变技能、结束技能、板书技能等几个方面进行评价。

华文教育专业 A、B 类学生从二年级下学期开始进行此类训练，C 类学生从三年级上学期开始进行此类训练。

第三，组织学生经常观摩不同层次和不同课型的课堂教学，并进行课后评课活动。

华文教育专业 A、B、C 三类学生都从三年级下学期开始进行此类训练。观摩对象包括教学经验丰富的在职教师讲授的各种类型的语言课（包括精读课和各种单项技能训练课），中国幼儿园、小学及中学语文课堂教学。观摩之后组织学生及时进行课后评课活动，评课时必须围绕组织教学技能、导入技能、讲授技能、提问技能、应变技能、结束技能、板书技能等几个方面进行评价。

第四，组织开办以提高学生课堂教学技能为主题的报告会、小型研讨会等活动。如请有经验的教师作专题讲座“如何备好一堂课”“如何上好一堂课”“如何评价一堂课”等。

第五，组织学生开展微型教学竞赛等活动。

3.2.4 组织和指导学科课外活动技能的训练途径

第一，经常组织学生开展各种学科课外活动，在负责学生工作的专任教师指导下由学生自行设计方案并执行方案，尽可能地使每个学生都有机会得到组织课外活动的实践训练。

第二，要求学生在实习阶段组织一些课外活动，并将组织情况写成总结，作为实习阶段的教学任务之一。拟将这一任务写入教学实习手册，并请学生实习阶段的指导教师针对学生在实习阶段组织和指导的学科课外活动进行相关评价。

3.2.5 教学研究技能的训练途径

第一，四年级阶段，要求 A 层次的每个学生的本科生导师指导学生结合教学提出若干教学研究课题，在教师指导下由学生自己设计研究方案、搜集资料、统计分析并写出研究报告。

第二，结合教育实习中的教育调查或毕业论文的撰写进行教学研究技能的训练。

第三，鼓励学生参加暨南大学本科生科技创新项目。对获得该项目的学生予以一定形式的奖励，并作为评优评先等综合性考核的参考指标之一，引导学生积极参与提高教学研究技能的各项活动。

4 华文教育专业技能训练的实施效果及存在的问题

《华文教育专业教师技能训练方案》制订与实施以来，充分发挥了在华文教育专业学生技能训练上的导向作用，目前该专业的各项教学及教育工作都在《华文教育专业教师技能训练方案》指导下一步步实行着。从学生目前在教育教学能力上已取得的进步来看，该方案的设计是切实可行、确有成效的。

由于华文教育专业是新生专业，没有可供借鉴的直接成果，因此方案在设计时难免也会存在一些不尽完善的地方。我们认为目前至少还有以下工作亟待完成：

第一，要制定详细的关于教师职业技能训练课程的课程标准，制定具有可操作性的训练规范和考核方式，使每门课在技能训练目标上各有侧重，形成规范、科学、系统的安排。

第二，要完善与技能训练配套的技能考核管理目标体系，涉及技能训练是否予以学分、如何制定技能考核综合标准、技能考核成绩与毕业文凭是否挂钩等问题。

第三，由于受学生入学时汉语水平参差不齐的条件限制，为体现层次性和针对性，目前方案对各层次学生的技能要求存在不一致之处，这可能导致出现本专业毕业生专业水平不一的现象，最终导致形成人才培养规格与培养目标不完全一致的格局。如何协调这一矛盾，还需要作进一步的理论思考。

参考文献

国家教委师范司．高等师范学校学生的教师职业技能训练大纲（试行）［Z］．北京：北京师范大学出版社，1994.

李海涛．高等师范学校学生的教师职业技能培训存在的问题及其对策［J］．四川师范大学学报（社会科学版），1996（1）．

马跃．华文教育专业的定位与海外华文师资素质需求分析［J］．暨南大学华文学院学报，2007（1）．

暨南大学华文学院华文教育系．华文教育专业教师技能训练方案（试行）［Z］．广州：暨南大学，2007.

暨南大学教务处．暨南大学华文学院本科人才培养方案（外招生）［Z］．广州：暨南大学，2006.

贾益民．华文教育学学科建设刍议——再论华文教育是一门学科［J］．暨南学报（哲学社会科学版），1998（4）．

徐志伟．关于高师学生的教师职业技能训练之思考［J］．高等师范教育研究，1999（5）．

张俊．华文教育不能仅限于语言［N］．东方早报，2004－12－16.

（本文曾刊载于《暨南大学华文学院学报》2008 年第 1 期）

［作者简介］

蔡丽，博士，副教授，硕士生导师，现任暨南大学华文学院华文教育系副主任。

长期从事华文教育研究工作，在《语言文字应用》《语言教学与研究》《华文教学与研究》《辞书研究》等各类核心期刊上发表论文30余篇，出版专著《程度范畴及其在补语系统中的句法实现》《华文趣味教学理论与实践》。参与《华文教育概论》《华文教材教法》《海外华文教师培训教程》等华文教育专业教材的主要编写工作。

关于华文教育专业古代文学教学的几点思考

田　蔚

暨南大学华文学院自2005年在国内首办华文教育专业以来，已培养出85名毕业生（截至2010年7月）。筚路蓝缕，以启山林，目前这一专业的办学成绩已得到海内外的肯定，被广东省评定为2010年度本科特色专业建设点。建设“华文教育”这个特色专业需要付出长期的努力，它要求以清晰的专业培养目标为引导，建设出具有科学性和创新性的课程体系。在这一大背景之下，华文教育专业每一门课程的定位就显得非常重要。目前设置的课程，主要由语言基本技能的培养、教育理论及教学法、文学文化三大板块构成。据马跃（2007）统计，在整体的课程设置比例中，初级汉语水平起点的文学文化类必修课程占8%，中级汉语水平起点的占9%。如何确定这8%～9%份额中文学文化类课程的特征，如何通过发展自身形成特色，进而体现华文教育课程设置的科学性，是很有意思并值得探讨的话题，需要教师在实践中逐渐摸索和总结。笔者平时从事中国古代文学的教学，在这里将结合以往对学生所做的调查，从教学目标、教学内容、教学方法等方面，谈谈自己的教学体会和思考。

1　古代文学课程的设置和建设与华文教育专业的人才培养

古代文学课程的设置和建设与华文教育专业的人才培养关系密切。华文教育专业的定位在专家学者的文章中都已明确提出并得到确立：“从华文教育专业的培养目标来看，它是培养在海外从事汉语作为外语或者第二语言教学人员的专业。因此，该专业主要培养的是汉语师资。”（马跃，2007）“国内的华文教育专业，实质上是一种华文师范专业，而华文教育专业的学生，实际上也应该就是我们通常所说的师范生。”（郭熙，2009）华文教育专业的培养目标即培养海外华文师资，而设置古代文学课程，就是打开一个渠道，帮助学生了解和熟悉中国传统历史文化，“传统的最精致的部分体现在语言和文学中”（罗钢、刘向愚，2000）。同时，课程要求学生掌握必要的古代文学基础知识，具备一定的阅读理解古代诗文篇章的能力，以适应将来华文教师职业上的要求。实际上，有的学生已经将课程的学习与毕业以后要从事的华文教师工作联系起来，比如："我对中国古代文学相当感兴趣，并觉得要当一个华文教师必定要了解中国的历史和文化。"（2005 级 B 班印尼学生）"我们以后作为一名华文教师，文化（包括古代文学）知识是我们应具备的基本素质，所以对我来说很重要。我想，无论是作为华文教师，或者学习者也好，中国古代文学都必须得学的。"（2005 级 B 班缅甸学生）"虽然学的时候感到很吃力，但学了这门课后，我却感到很有成就感。因为了解了很多古代的作品制作，诸如著名诗歌、著名人物、著名小说等。我们都是以后要当华文教师的人，作为一个华文教师应该有中国的古代文学知识。"（2005 级 B 班缅甸学生）"毕业以后要当老师需要学会很多知识，古代文学是最重要的一种，我不希望我的学生像我以前一样来到中国后（在泰国也是），老师讲到文学或者诗歌什么都不懂。我不要求我的学生都会背每一句古诗，只希望把这些知识作为自己的知识背景就好了。"（2007 级 C 班泰国学生）以上话语表明，在华文教育专业的人才培养中，古代文学课程的作用不可低估，而华文教育专业下的古代文学也必须有它自己的课程特色，不是蜻蜓点水地教学生学几句唐诗、背几首宋词、知道几个古代小说人物名字就可以了。

2　学生对古代文学课程的兴趣和学习难点

在实际教学中，学生们对这门课程的兴趣如何呢？笔者对华文教育系 2006—2009 级已上过"中国古代文学""古典文学鉴赏"等课程的 55 名学生进行了问卷调查，结果如下：其中 52% 的同学表示对古代文学课程"很有兴趣""兴趣非常大""兴趣较大"，38% 的同学表示"兴趣一般""还可以""有点儿兴趣"，还有 6% 的同学表示"兴趣本来不大，但上课后觉得还是蛮有趣的"，4% 的同学表示"兴趣不大"。

调查中"学习这门课程你的难点在什么地方"一项，学生的回答基本集中在以下几个方面：

（1）缺少中国的历史、地理背景知识，对历史人名、地名十分陌生。

（2）对文言文字词的理解能力有限，觉得翻译理解很难。

（3）对于教师所要求的诗歌背诵感到畏惧。

（4）同班同学知识丰富，接受快、反应快，而自己听不明白，形成课堂学习压力、信心不足等。

以上几条也是导致学生学习兴趣降低、形成焦虑情绪的主要原因。有的同学甚至谈“古”色变，表示“刚开始听到这门课程的名称时觉得很害怕，因为我们从来没有接触过古代文学”，“我们班的同学来自不同国家，每个人也有不同的汉语背景。有些同学他们从小就学汉语了，甚至小学就有汉语课了。所以，我们之间的汉语水平其实有很大的差别。像我，学习汉语时间很短，很多字还不认识。您翻译的时候，虽然我已经很认真听了，眉毛都快连接在一起了，还是听不太明白。真的，考试很让我紧张”。

以上调查告诉我们，一半以上的学生对古代文学课程怀有浓厚兴趣，反映出他们学习时主动求知的欲望比较强烈。38%的学生对古代文学课程“兴趣一般”，这也提醒教师需要改进教学方式、方法，寻找更多激发学生学习兴趣的途径。学生对古代文学这门课程处于既有兴趣又心存焦虑的状态，如何帮助学生克服学习难点、减轻学习时的焦虑，并且针对学生汉语水平高低不齐的现实存在，对学生区别要求，是任课教师必须面对和思考的问题。

3 华文教育专业古代文学课程的教学实践

3.1 教学内容的选取和确定

古代文学的内容丰富，时间跨度大，而教学计划是一学期36学时（每周2课时）完成，教学时间有限（还有一门“古典文学鉴赏”供学生选修），这就决定了教学内容要精挑细选。经过对55名学生进行调查，我们将学生喜欢的教学内容按得票多少降序排列如下：

孔子和《论语》（34票）
先秦寓言和神话、《西游记》（25票）
《木兰诗》（24票）
《三国演义》（23票）
李白、杜甫诗歌（22票）
《红楼梦》（16票）
汉乐府《长歌行》、曹植《七步诗》（15票）
《史记》故事（11票）
《诗经》《水浒传》（9票）
《庄子》寓言、孟浩然诗歌（8票）
屈原故事、王维诗歌（7票）
苏轼诗词（4票）

其他内容得票较为分散，不再列入。分析这个排行顺序，我们可以发现和了解学生的学习期待。

第一，要选取具有强烈人文关怀的内容。孔子和《论语》高居首位，受到学生欢迎，说明在教学内容上，我们要选取具有强烈人文关怀的内容，向学生展现中国传统文化中的仁爱与敬善。《论语》以语录体形式行文，学生在教师的帮助下，基本上都能理解这些短小精悍的语录，对于常用的“子曰”也能兴趣盎然地背诵，比如“学而时习之，不亦乐乎”“知之为知之，不知为不知，是知也”等句。适当加入反映孔子教育思想的内容，也能受到学生欢迎。

第二，教学内容要尽量叙事先行。调查表明，中国古典四大名著以其地位和精彩的内容吸引了同学们的注意。很多同学玩过电游《三国》，看过电影《赤壁》，学生们的爱好与四大名著在东南亚各国的文化传播相关。因此，教师要抓住这一点，在内容上选取精彩而又浅显易懂的章节。

第三，教学内容在“情”字、“理”字上做文章，尽量使教学内容和学生的文化主体建构形成呼应，使得学生能体验到文本产生的召唤，并作出积极的反应和评价。比如，学了王维的《九月九日忆山东兄弟》、孟郊的《游子吟》等诗，学生们就能很快地对思乡之情、对母亲的感恩之情产生认同，与自己的情感体验发生共鸣。学生们也很喜欢能从中懂得道理的内容，比如汉乐府《长歌行》、唐诗《登鹳雀楼》等。这其中，中国诗歌的比兴手法是阻碍学生理解诗意的难点，比如陶渊明的“采菊”、陆游的“梅花”在理解上就比较容易产生隔膜，需要教师帮助他们理解诗歌中所包含的某种生活方式的意义和价值观念。

第四，在教学内容的选取上，可以化整为零，截取长短适中的材料，“以一斑窥全豹”。遇到大的专题如《庄子》，可以择其精华短小的寓言出之，以窥庄子思想的全貌。对于长篇小说的学习，也适用这种方法。

第五，注意教学内容的开放性。学生们在课堂上所学习的古代文学内容，并不是遥不可及的过去，它是可以向现代社会、向西方、向不同文化开放的具有生命力的存在，这就要求我们注重文学材料的现代演绎，注重东西方不同文化的比较。从《木兰诗》到美国迪士尼电影《花木兰》，从《三国演义》中的关羽形象到东南亚国家中将关公作为财神、佛寺中受人膜拜的关圣帝君，这些内容在教学中都可以联系起来。如此打开思路和开阔视野之后，学生自然就会去思考，有的同学还会以人物形象的当地传播作为学年论文或者毕业论文的选题。

第六，注重文学知识和语言实际表达相结合。凡是已经沉淀在言语中的含有文学背景的语句，都可以作为内容适当地穿插在古代文学的教学中。如经典诗句、成语故事、歇后语、俗语等，像“夕阳无限好，只是近黄昏”“自相矛盾”“衣锦还乡”“七十二变”“白骨精”“相差十万八千里”就可以很自然地在讲解完故事或背景后，要求学生在实际语用材料中理解和练习。

3.2 教学方法

第一，以教师讲解为主。文学作品中存在的字词理解障碍，比如通假字、字词多义、诗句的语序等问题，只要教师能做到耐心细致地讲解，学生就可以领会。

第二，课堂讲解与学生讨论相结合，这样既是观点的交流与碰撞，又是对学生口语表达能力的锻炼。学生各有不同的文化背景，对一首诗、一句格言、一篇短文的理解各有不同，我们允许有不同的看法，甚至可以争辩。课堂上师生能否互动是衡量语言教学是否成功的标准之一，而文学类课程也是如此。文学作品提供了一个个鲜活的交流话题，学生和老师之间的讨论、学生和学生之间的争辩，是建筑在一定语言水平之上的更高层次的互动。语言能否实际应用的本质就体现在精神层面的沟通和对话。

第三，作品的领读、朗读、背诵必不可少。对于朗朗上口的诗词作品进行领读、朗读，既是对教学内容的重新巩固，加深学生对诗句意思的理解，又可以矫正学生的语音语调，何乐而不为呢？如果其间辅之以学生的表演、吟唱等活动，则能产生更好的教学效果，增加学生继续学习的兴趣。关于背诵，有学生觉得比较头疼。如何看待这个问题呢？背诵只是一个需要教师见机行事的教学辅助手段。笔者觉得对语言使用中出现频率比较高的诗句，常用的则一定要求学生背下来。比如“欲穷千里目，更上一层楼”“独在异乡为异客，每逢佳节倍思亲”等，而其他的则要求熟读后能认能翻译即可。

第四，课堂上注重对中国古典文化氛围的营造。此点的达成有赖于多媒体技术的配合，其中图片、音乐、视频等应用，可以使教学内容亲切而直观，搭建出一个很好的课堂教学空间。同时，笔者觉得不能忽视对学生想象空间的开发。文学作品靠的是文字的表达，而学生给诗配画的重新描述也是课后练习的有效手段。在课后可以多开展文化类的实践活动，比如诗词配画比赛、诗词朗诵、话剧表演等。

3.3 教师的角色

古代文学教师要尽到解说和导游的责任。学习仿佛是一次旅行，景点是否会给人留下深刻印象，充满美好的回忆，导游至关重要。这就要求教师尽量学习和熟悉学生所在国的文化，尽可能地了解对方文化中某些同质异构的东西，自觉培养文化对比意识。这样课堂上“信手拈来”引发的对比，可以激发学生进一步学习的兴趣。比如创世神话、端午节等。缅甸、越南在五月初五也有端午节，只是缺少纪念屈原的意思，更多的是通过包粽子、送粽子进行亲人朋友间的感情联络。印尼华人也很重视端午节，通过包粽子、赛龙舟、舞狮、表演武术进行庆祝，尤其是华人比较多的地方，如加里曼丹岛、廖内群岛等。又如《西游记》中的孙悟空形象，在华人世界中影响比较大。在泰国，有神猴哈奴曼。在印尼的山口洋——西加里曼丹省，印尼华人最多的城市之一，“没几个华人子弟不晓得《西游记》。就连非华人的社会群体里，《西游记》也同样受欢迎”（2007 级 A 班印尼学生）。当我们在课程教学中适当地插入这些内容时，自然就会拉近学生与古代名著的距离，激发起学生学习的兴趣。

爱国诗人屈原的作品我们一般略去不讲，但他的爱国精神与现在端午节的由来是一定要说清楚的，并且要求学生用自己的语言进行成段或成篇表达，来介绍自己国家的爱国诗人或表达热爱家乡情感的歌曲。对于这样的作业，学生们都很积极，水平高的同学还翻译了某首诗作为练笔。印尼的同学写了爱国诗人凯里尔·安瓦尔（Chairil Anwar），菲律宾的同学介绍了国父何塞·黎刹，老挝的同学写了诗人 Dr. Saiputa 等。这样的安排使得课堂成为一个文化交流的平台，学生们的作业看似“旁逸斜出”了一些，但通过联系自身，实际上更能加深学生对中国古代诗人的印象。

学习古代文学时，教师又仿佛是播种人，播撒古典文学中传统文化情感的种子，如果遇到合适的沃土它就会孕育、开花、结果。“原先对《三国演义》中的英雄人物毫无认识的我，也开始有了自己心目中崇拜的英雄人物，如‘武圣’关羽和‘神医’华佗。”（2007 级 A 班印尼学生）另外，教师在教学中还要保持文化交流的平和心态，不强加于人，不作声嘶力竭的叫卖。

当前华文教育专业的古代文学教学还存在很多需要加强和改进之处。比如，需要有合适的教材；要求能制定出相应的较为详细的课程目标，以适应目前的 A、B、C 分层次教学；对于汉语较好的学生，要考虑如何保持和发展他们的学习兴趣，引导他们思考更深入的文学文化问题等。

4 华文教育专业中古代文学课程的最终走向

华文教育专业课程中的语言类和文学文化类课程，是相互依存、相互配合的，并非难以相容。我们教学生学语言不仅是让学生掌握一门工具，可以在经济社会谋生，而且是对学生在心智、人格、中华传统文化认同等方面进行塑造的过程。语言学生经历了 1 ~ 2 年的初级、中级语言知识和技能训练之后，3 ~ 4 年级就要进入高级汉语阶段。这时候，学生的语言水平开始明显拉开距离，究其原因，关键的一点就是每位学生的人文素养不同，各自对周围人世的理解、认识和思维能力不同。华文教育专业学生年龄多在17～23岁，可塑性很强。如何提高学生在高级汉语阶段的语言水平、让语言的训练更加出神入化，非常重要。语言是文化存在的家园，语言文学也是维系海外华人与祖籍国情感的精神纽带，我们希望享有奖学金的学生具有感恩意识，但如果仅是主观外在的说教，将很难深入学生的心灵，而语言文学自身所蕴含的“润物细无声”的文化能量则不可小视。

总之，语言是一种交际的工具，但我们不唯工具马首是瞻。如果我们只是培养学生在语言的技术层面讨生活，始终不能吸引他们沉潜到语言的深层研究上，去发现和探索这门语言背后蕴藏的巨大的文学文化世界，那么，他们很难发自内心地喜欢上汉语这门语言，也就得不到语言学习中真正的“欢喜”，而这种“欢喜”是引领他们一路跨越汉语学习路途上的障碍、保持学习热情的动力之所在。

参考文献

郭熙．华文教育专业建设之我见［J］．暨南大学华文学院学报，2009（1）．

罗钢，刘向愚．文化研究读本［M］．北京：中国社会科学出版社，2000.

马跃．华文教育专业的定位与海外华文师资素质需求分析［J］．暨南大学华文学院学报，2007（1）．

（本文曾刊载于《广州华苑》2010年第2期）

［作者简介］

田蔚，陕西周至人，博士，暨南大学华文学院华文教育系副教授。研究方向为中国古代文学、华文教育。

华文教材研究

《中文》（初中版）的编写理念和特色

《中文》（初中版）编写组

1 编写背景

2008年1月，中华人民共和国国务院侨务办公室委托暨南大学华文学院编写《中文》（初中版）教材。经过编写组成员一年多的不懈努力，教材终于在近期正式出版。

《中文》（初中版）是暨南大学华文学院继小学版《中文》（修订版）之后，为满足海外华侨华人子弟进一步学习中文的需要而编写的一套具有自己理念的教材。1996年，受国务院侨办委托，暨南大学华文学院专为北美等地区的华侨华人儿童编写了适用于小学生的《中文》（试用版）教材。该套教材既遵循以汉语作为第二语言教学的基本原则和规律，又充分考虑到海外华侨华人适龄儿童的第一语言背景，教学对象明确，定位准确；既突出科学性、实用性、兼容性、创新性，又兼具情感性、美文性和趣味性。在十多年来的教学实践中，小学版《中文》受到海外学习者和教学者的高度评价。目前，该教材已在全球发行一千多万套，成为海外使用面广、发行量大、具有高度影响力的优秀中文教材。

从1997年至今，时间已经过去了十多年。为方便当年小学版《中文》的使用者继续学习华文，提供一套内容、体例、版式都适合他们的教材成为当务之急。因应海外这种需要，国务院侨办决定编写和小学版《中文》有机衔接的初中版《中文》教材，以满足海外华侨华人子女进一步提高中文水平、传承中华文化的需要。

2 指导思想

2.1 以华文教学为基本定位

华文教学是指“以海外华人为对象的华语文教学”（郭熙，2007）。《中文》（初中版）的教学对象是海外华侨华人青少年，因此其教学性质应为华文教学。其教学特性为非母语环境下的母语教学，这就既要遵循以汉语作为第二语言教学的基本原则和规律，又要充分考虑到海外华侨华人青少年的第一语言背景，这是本教材的基本定位。正是基于这一定位，在安排教学内容时，本教材既借鉴了对外汉语教学的框架和方法，又适当加大了读写的练习量，以发挥学生具有母语为汉语这一背景，听说能力相对较强，有较多时间来进行读写练习的优势。

2.2 以培养中级华文能力为目标

本套教材的教学目标分为华文能力目标和中华文化能力目标。以小学版《中文》为基础，海外华侨华人学生在系统学习《中文》（初中版）后，华文能力目标为：汉语普通话听、说、读、写能力将得到全面提高，总体达到HSK考试八级的汉语能力要求，为其进一步深造打下扎实的基础。中华文化能力目标为：熟谙中华传统文化和世界优秀文化，能够从事一定的国际文化交流工作，尤其是所在国和祖（籍）国之间的文化交流工作。

2.3 突出“引导式主动学习”教学理念

本教材的编写自始至终贯穿着一条主线——“引导式主动学习”。所谓“引导式主动学习”，是指在教师或者教材有针对性的引导下，让学生能够主动学习，实现“要学生学”向“学生要学”转变的一种教学理念。这一理念主要由两部分组成，一是“引导”，二是“主动学习”。引导行为是前提，它来自学习者的周边环境，如教师、教材、家长、同学等；主动学习是引导的结果，是学习者实施的一类有效学习活动，也是希望学习者达到的理想学习状态。“引导式主动学习”理念落实于本教材的各个方面，如每课练习册中星期五的下一课预习练习，目的就在于引导学生在课外主动解决一部分课堂教学的内容；练习册中星期四的侦探小说类阅读练习则引导学生在主动思考具有挑战性的问题中学习语言；每册主教材的第12课都为中华文化内容，自成系列，旨在引导学生潜移默化地了解中华优秀文化，增强他们对中华文化的主动认同感。

2.4 兼顾学生、教师和家长

教材最主要的对象就是学生和教师。在面向学生方面，本套教材的编写理念是“学生愿学”。兴趣是最好的老师，培养海外青少年学习者对中文的兴趣，是编写的重要指导原则。为此，本教材在主课文的趣味性、练习的灵活性方面下了很大功夫。主课文、阅读课文和练习选文都力求符合青少年的心理特征，既有趣味性，又有内在的智慧和一定的教育意义；幽默故事、脑筋急转弯等意在带给学习者会心的笑声。在面向教师方面，本教材的编写理念是“教师好教”。一本好教材胜过半个老师。海外中文教学者往往工作繁忙，收集资料也不方便，而且有一部分是非专业教师，所以要备好课并不容易。为了尽可能地为教学提供方便，真正做到“教师好教”，本教材精心编写了教学用书，详细设计了每一课的教案，并准备了供教师选讲用的语言点和词语，以备不时之需；“资料袋”提供了内容丰富的背景知识，有助于减轻教师的备课负担。

本教材的使用对象也涵盖了学生家长，力争做到教材内容“家长爱看”，因为在海外华裔青少年华文学习过程中，家长的作用非常重要。

3 总体框架

《中文》（初中版）强调系统性和灵活性相结合，实用性和科学性兼顾。其主教材各册之间既相互独立又相互联系，《练习册》前后册之间既复现又提高，《教师用书》既重点突出，又易读实用，从而形成一个主教材—练习册—教师用书“三位一体”的总体结构框架。

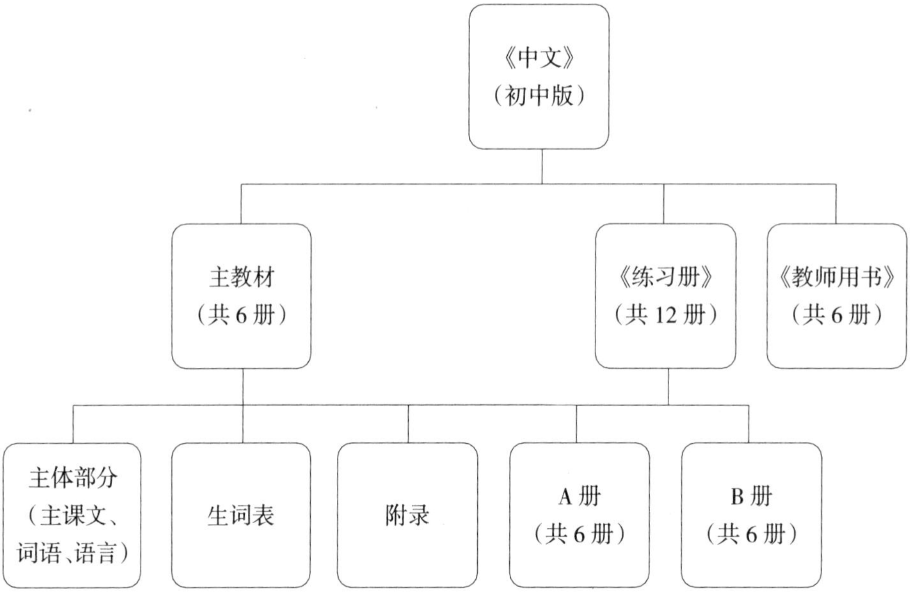

图1 《中文》（初中版）总体框架

4 主教材

4.1 总体设计

主教材的总体设计具有以下几个特点：

（1）结构完整，泾渭分明。教材以纵向和横向两条线索来安排课文。六册总共有12个纵向单元，每个单元都有一个相对独立的主题，如“文化、人物、环保、亲情、戏剧”等，它和横向的每册内的主题有机融合，形成一个整体。

（2）思想性、趣味性和知识性相结合。教材每册都安排了民间文学（神话传说）、名著选篇，如《白蛇传》《孙悟空大战二郎神》《哈利·波特》《草船借箭》等。

（3）教学内容有弹性。教师可根据学生水平，灵活选择、取舍教学内容。如生词中的非重点词语，教师可以视学生情况选讲或者不讲。

（4）强化不同层次的循环。教材重视册与册之间字、词、句学习内容的复习重现与难度提升，合理安排主课文、阅读课文、练习选文在内容上的相关性与差异性，帮助学生在循环学习中不断进步。

4.2 内容框架

主教材的主课文、阅读课文和练习选文在内容上既各自独立，又互相呼应（见表1）。

表1 《中文》（初中版）主教材内容框架

		第一册	第二册	第三册	第四册	第五册	第六册
主课文内容	第1～6课、第8～11课	各册内主题丰富，体裁多样，册与册之间形成“递进式纵向单元”					
	第7课	现代诗《感谢》	现代诗《乡愁》	唐诗二首	宋词两首	元曲二首	《论语》六则
	第12课	中国龙	中国民族	中国菜	中国茶	中国书画	中国戏曲
阅读课文内容	第1～12课	与主课文呼应，相互补充，各有侧重					
练习选文内容	第1～12课	与主课文、阅读课文呼应，相互补充，各有侧重					

主教材每册主课文、阅读课文以及练习选文各12篇。以主题为板块，1～6课、

8～11课的内容以贴近生活、表现真善美、富有哲理为主要取向。主课文注意文章的品位和影响；阅读课文和练习册中的练习选文则注意趣味性、启发性及与主课文的相关性，尤其注意学生的阅读兴趣。在课时较多或学生水平较高的地区，阅读课文可以作为课堂教学的补充材料。阅读课文还在字、词、句方面对主课文有所扩展，也是主课文文化内容的有机补充。主课文、阅读课文和练习选文三者分工组合，既有机联系，又互相补充，并在各册之间形成递进式纵向单元结构。

为提高学生兴趣，教材没有采用传统的每册内安排若干单元的结构，而是把相同或近似的主题安排在每册相同的位置，同时在思想内涵和语言难度上逐册增加，我们称之为“递进式纵向单元”结构。如全套教材主课文的第2课，第一册为《我比太阳跑得快》，第二册为《多加一句话》，第三册为《人虎情》，第四册为《幸福是什么》，第五册为《昆明的雨》，第六册为《男孩和树》，以上课文在体裁上都是散文，在题材上都为情感类，在文章难度上逐步增加，从而形成一个情感类递进式单元。

4.3 体例

主教材每课的编写体例为：学习导引—课文—生字（第一、二册）—词语—句式—课堂练习（分为基础训练、课文理解、综合运用）—阅读课文（包括词语）—名言警句。

主教材每册最后一部分为附录，其内容为以音序排列的本册生词表和一些资料性的辅助学习材料，如“汉语的量词”“中国的行政区划”“中国之最”等。

4.4 语言项目

主教材各部分语言项目的安排在数量、等级、内容、分布等方面具有以下特点：

4.4.1 生字

生字的选取主要参照《汉语水平词汇与汉字等级大纲》（以下简称《大纲》）（国家汉语水平考试委员会办公室考试中心，2001）和《现代汉语常用字表》（国家对外汉语教学领导小组办公室，2002），且均为小学版《中文》中未出现的。六册生字合计298个，其中《大纲》中的纲内字212个，占71%；纲外字86个，占29%。

在难度等级上，这298个生字以《大纲》中的丙、丁级为主，共195个，占92%。其中，丁级字最多，138个，占所有纲内字的65%（见表2）。

表2 《中文》（初中版）生字统计

	第一册	第二册	第三册	第四册	第五册	第六册	小计
甲	1	4	0	0	0	0	5
乙	6	4	0	1	0	1	12
丙	18	20	5	6	6	2	57
丁	35	43	13	24	10	13	138
纲外	13	18	8	17	16	14	86
合计	73	89	26	48	32	30	298

生字教学主要安排在第一、二册主教材中，在“主课文”后直接显示汉字（每课基本在10个以内），共162个，其目的在于适度延续小学版《中文》的汉字学习，也是为了满足部分华裔学生学习汉字的兴趣。但对华文教学来说，中高级阶段的学习重点应当放在具有独立意义的词语上而非汉字上，因此，本教材第三至六册不再安排专门的生字教学，而将生字教学隐含在生词教学中，以生词教学带生字教学，但仍在课堂练习和《练习册》中安排了针对汉字学习的用字组词、给汉字注音等题型。

4.4.2 词语

本教材的词语选取主要基于两点考虑：第一，只选小学版《中文》没出现过的；① 第二，重点选《大纲》中的丙、丁级词，少部分选用甲、乙级词。

全套教材词语总数为3 000个左右，由三部分组成：

（1）主课文中需要学生重点掌握（即能“听、说、读、写”四会）的词语，列于每篇主课文后，每课15~25个不等；每册数量在170~230个之间。各册词语数量依次递增（分别为172、175、185、199、227、231），六册生词共1 189个。

以上词语在《教师用书》中又区分为“重点讲解词语”和“非重点讲解词语”，且分列于前后不同位置。前者要求教师必讲、重点讲，后者教师可选讲或少讲。

（2）主课文中只要求学生认读并理解基本意义的为“认读词语”，这部分词语出现在《教师用书》中，供教师选讲。六册认读词语总数与前一部分需重点掌握的词语数大体相当。

（3）主教材中“阅读课文”中的生词，每课10个左右，六册共700个左右。阅读课文的词语解释，从便于学生理解考量，有的作了模糊性处理，如对专业性很强的

① 有些在小学版《中文》中没出现过但意义简单且生活中常用的甲、乙级词，考虑学生已在生活中自然习得，未作为生词出现。

"肿瘤"等词语的释义等。这也符合一般的理解规律。

全套教材的词语以不同方式呈现。"主课文"后的"词语"只标注汉语拼音和词性，以促使学生自己积极去猜测词义、使用中文工具书等；"阅读课文"后的"词语"则给出了注音和通俗解释，以便于学生自学课文。在《教师用书》中，"重点讲解词语"除了词语解释和例句外，还给出了讲解提示与课堂练习示例，以方便教师教学。"非重点讲解词语"和"认读词语"只有词语解释和例句（见表3）。

表3 《中文》（初中版）词语类型及其在教材中的呈现特点

词语类型	特点		
	在主教材中的位置	在主教材中呈现的内容	在《教师用书》中呈现的内容
重点讲解词语	"主课文"后	①注音；②词性	①词语解释；②例句；③课堂练习示例；④讲解提示 ①
认读词语	无	无	①词语解释；②一个例句
阅读课文词语	"阅读课文"后	①注音；②词语的通俗释义	无

生词中的"一""不"等可能发生变调的汉字都标本调。

生词词性根据《现代汉语词典》（第五版）标注，如果生词兼具两种（或以上）词性，则标注课文中该词实际用法的词性。轻声、儿化、轻读等词语的拼音标注也以《现代汉语词典》（第五版）为准。

每册生词表中生词的英文翻译以意译为主，英文与中文的意思大体一致，根据英语的习惯进行表述。有些生词翻译成英文后被处理成其他词性，但生词的词性仍以课文中出现的为准。

4.4.3 语言点

语言点主要参照《汉语水平等级标准与语法等级大纲》（国家对外汉语教学领导小组办公室，1996）、《高等学校外国留学生汉语教学大纲》（长期进修）（国家对外汉语教学领导小组办公室，2002）选取。六册所列语言点共279项，其中在以上两个大纲纲内的项目171项，纲外的项目108项。

279项语言点主要包括虚词、重要动词、代词、特殊句法成分（如补语）及固定格式（多为口语格式）、特定句式和复句等，还有部分表示提醒、建议、祝愿、谦虚、蔑视以及引起话题、衔接话语等作用的功能项目。

① "③课堂练习示例"和"④讲解提示"这两项内容只有"重点讲解词语"才有。

在难度等级上，语言点主要安排的是乙级、丙级项目，分别占44%和33%；其次为丁级项目，占17%，主要和中高级汉语水平标准相对应。

在分布上，每课主课文后设3个（个别为4个）语言点。语言点既有解释，又有典型例句，是课堂教学的重点内容，为此，还在《教师用书》中安排了相应的课堂讲练方法。部分主课文还另有2~3项补充语言点，放在《教师用书》中，供教师根据实际需要，或用于课堂讲练，或用于给学生答疑等。

4.5 文化内涵

主教材共编选了144篇文章。每册从第1课到第12课，课文内容不断转换，以使学生在整个学习过程中都能保持新鲜感。其文化内涵主要体现在以下几个方面：

4.5.1 关爱与奉献

关爱与奉献是人类的永恒主题，以关爱他人为题材的文章在本教材中占了一定的比例。比如《跟着良知走》讲述的是在一次煤矿溃水事故中，一个普通的看运煤车的工人，冒着生命危险，毅然冲到井下通知工友，工友得以全部生还的故事，歌颂了人性的伟大。《生命桥》以大陆青年小钱患了严重的白血病，台湾同胞冒着余震的危险捐献出自己的骨髓，用爱心架起了一座跨越海峡的生命桥这样一个真实事例来体现两岸同胞之间的亲情，文章没有刻意说教，但内容富有教育意义。《唯一的听众》《人虎情》等文章从不同的侧面体现了人与人之间、人与动物之间相互关怀、信任的普世价值观。

4.5.2 亲情与友情

本教材的一个重要主题是宣扬亲情、歌颂友情，让学生在日常生活中感受亲情、友情的可贵和美好，培养爱的意识。《散步》通过讲述一家四口在初春季节到田野上散步，母亲和儿子为走大路和小路发生分歧。“我”决定委屈儿子，选择走大路照顾母亲的故事，让我们看到了一个相亲相爱、理解谦让、温馨和谐的家庭。这类题材的课文体现了中华民族的传统美德：孝敬父母、尊老爱幼，也体现了人世间最美好的情感——亲情。《永远的记忆》讲述了当年每天放学的时候，“我”总是远远地跟在“她”后面，直到中学“我们”才互相说话的同学往事，读来让人感到友情的纯真、温馨。

4.5.3 成长与自主

“自主、自立意识，成长教育”为初中年级的一个集中主题。考虑到学生的年龄和心理特点，教材选编的一些表现自主自立，自我成长、自我完善的故事。如《你自己决定吧》，文章以“搬家”为例，让学生了解自己的事情自己决定，自己决定的事情要自己负责的道理。《勇敢面对》则以一位母亲和她的儿子在遭遇多次不幸后终于懂得勇敢面对现实和生活的故事，说明了人的成长要经历坎坷的深刻道理。

4.5.4 自然与和平

本教材选编了人与自然、和平与战争的文章共3篇，以唤起学生对环境、对和平的思考。如《地球生病了》用拟人的手法，以地球就诊的经过呈现了目前日益严重的环境污染问题，让学生意识到环境危机的严重性。而《一个中国孩子的呼声》则从一个孩子的视角，通过描写其对在参与联合国维和行动中光荣牺牲的父亲的怀念之情，倡导“要和平不要战争”的理念。

4.5.5 传统与历史

本教材选编了唐诗、宋词、元曲中的经典作品，它们篇幅短小，文辞优美，朗朗上口，很适合学生诵读、记忆。通过诵记这些诗词，有助于学生领会中华文化的博大精深。

5 练习册

本教材练习册分为A、B两册，A册为第1、3、5、7、9、11课的练习，B册为第2、4、6、8、10、12课的练习。这样分册既方便学生携带，也便于教师批改作业。

表4 《中文》（初中版）练习册结构

	星期一	星期二	星期三	星期四	星期五
练习内容	字、词、句及篇章练习	字、词、句及篇章练习	练练HSK	阅读训练	针对课文内容的概括复习
	名言警句	笑一笑	猜谜语	脑筋急转弯	谚语、预习新课

练习册在设计编排上主要有以下特点：

（1）星期三的训练内容是“练练HSK”。这是根据HSK的基本题型，结合本课的学习内容而专门设计的。每册第7课的练习，也安排了HSK套题训练。此类练习的设计与安排，目的在于使学生适应HSK的考试形式和过程，同时发展学生的语言能力。

（2）星期四的练习主要是阅读训练。为了让学生爱做，主要选取了有关侦探小说、童话、成语、科幻类的故事。

（3）星期五的练习前一部分为本课的总结性习题，后一部分为预习新课。预习性练习的安排，主要是考虑到海外中文学校的学习时间有限，所以对已有一定语言基础的学生来说，主动的复习和预习尤为重要。如能养成这样的良好习惯，不论是对其学习中文还是学习其他东西，都会很有帮助。

（4）考虑到海外中文学校的不同特点和要求，在练习题目中标注了“选做题”，便于老师和学生根据实际情况灵活使用。

6 教师用书

为帮助教师在字、词、句、课文处理、技能训练等方面顺利实施教学，本教材编写了《教师用书》。《教师用书》每一课的体例如下：

一、教学目的

二、教学重点和难点

三、教学步骤

1. 课前准备

2. 导入

3. 词语解释

4. 语言点解释

5. 课文讲解（分步骤给出讲课内容和课堂教学的处理方法）

6. 综合运用

7. 小结、布置课后练习及预习

四、课文后练习参考答案

五、资料袋

1. 主课文非重点词语的解释

2. 近义词辨析

3. 其他参考资料

六、试卷

在以上内容中，“资料袋”和“试卷”是本教材为方便教师开展教学而专门设计的。“资料袋”给教师提供了丰富的教学参考资料；“试卷”则提供了期中考试和期末考试试卷各一套（附答案），六册教材共有12套试卷，供教师进行课程测试时选用。试卷中的12套试题紧扣阶段性教学内容：6套期中考试的考题分布及知识覆盖面主要集中在每册的前6课，教材内的字、词、语法点占70%，而教材以外的题目占30%；6套期末考试的考题分布及知识覆盖面主要集中在每册的后6课，占70%，期中考试前学过的6课知识点占30%。

参考文献

郭熙．华文教学概论［M］．北京：商务印书馆，2007.

国家汉语水平考试委员会办公室考试中心．汉语水平词汇与汉字等级大纲（修订本）［Z］．北京：经济科学出版社，2001.

国家对外汉语教学领导小组办公室．现代汉语常用字表［Z］．北京：北京语言大学出版社，2002.

国家对外汉语教学领导小组办公室．汉语水平等级标准与语法等级大纲［Z］．北京：高等教育出版社，1996.

国家对外汉语教学领导小组办公室．高等学校外国留学生汉语教学大纲（长期进修）［Z］．北京：北京语言大学出版社，2002.

（本文曾刊载于《暨南大学华文学院学报》2009年第2期）

［作者简介］

《中文》（初中版）编写组成员为（以姓氏笔画为序）：丁雪欢、张凤芝、张训涛、周静、胡建刚、顾红、郭楚江、郭熙，主编郭熙。丁雪欢，博士，暨南大学华文学院教授，硕士生导师。世界汉语教学学会终身会员。主要研究现代汉语语法、汉语教学与习得。张凤芝，暨南大学华文学院讲师，研究方向为对外汉语教学与华文教材编写。张训涛，副教授，硕士生导师。主要研究方向为汉语国际教育、文艺学、大学预科教育。周静，博士，暨南大学华文学院教授，硕士生导师，暨南大学华文学院华文教育系主任。主要研究华文教育、语法及语法教学、汉语教材编写等。胡建刚，副教授，博士，硕士生导师，华侨大学华文教育研究院／华文学院副院长，研究方向为现代汉语语法。原文发表时作者为暨南大学华文学院讲师。顾红，暨南大学华文学院讲师。郭楚江，暨南大学华文学院讲师。郭熙，暨南大学华文学院教授，博士生导师，国家语委海外华语研究中心（暨南大学）主任。

汉语教材例句的典型性考察

祝晓宏

1 引言

在汉语教材中，完整的生词释义模式包括翻译、解释和例句三部分。过去，人们比较注意生词翻译的对等性和解释的准确性，在这方面发表了不少成果，教材的质量也因此有所改观。相形之下，生词的例句似乎还没有引起足够的重视，教材中的例句问题时有所见。以《中级汉语阅读教程》系列为例：

（1）题词 tící（动）写一段话表示纪念或勉励。如：毛泽东主席 1963 年题词："向雷锋同志学习。"（Ⅰ册第 28 页）

（2）境界 jìngjiè（名）state；realm 事物达到的程度或表现的情况。如：吸毒会进入梦的境界。（Ⅱ册第 226 页）

以上两个例句出现在汉语教材中是否合适需要打个问号：前者以雷锋举例，对外国学生来说太过陌生；后者以吸毒举例，会给人以不良的心理暗示。它们应该都不是理解前面被释词最有效的例句。① 随着教学的进行，我们发现不唯这套教材例句失当，各类汉语教材中都不乏其例，例句问题具有一定的普遍性。

目前还没有专文讨论教材中的例句问题，只有刘若云、徐韵如（2005）就教学中怎样选择例句进行过探讨。鉴于教材的示范性和影响面要超过课堂教学，我们认为，教材更有必要提供恰当的例句帮助学生学习，例句更应该得到重视。基于此，本文首先以问卷调查和前人研究阐述例句的重要性；然后，通过对一些常用汉语教材的调查，分析例句分布的情况；以刘若云、徐韵如（2005）提出的"典型性、实用性、趣味性"三个标准来审视两套流行教材，剖析当中例句的问题，并探讨这些问题可能的来

① 这里补充一个很好的佐证：《桥梁——实用汉语中级教程（下）》第一、二版第 26 课题目是"试试吸毒"，而第三版则改成"远离吸毒"。

源。在此基础上，提出我们对例句设计的思考，即一个基于层次划分思想的等级。

2 例句概况调查

2.1 问卷调查

刘若云、徐韵如（2005）就例句的重要性在中山大学留学生初级班做过调查。结果显示，45%的学生觉得例句比解释重要，55%的学生觉得例句和解释一样重要，100%的学生觉得例句非常重要。为了验证结论的可靠性，我们也在暨南大学华文学院不同班级进行了问卷调查。从反馈数据来看，近95%的学生都认为例句很有必要，大约80%的学生反映教材例句不但有助于课堂学习中同步理解生词，还能帮助课后自学。由于目前还缺乏具有针对性的实用汉语学习词典，教材提供例句参照就显得弥足珍贵。

我们的问卷还设置了一些题目来测定在没有例句的情况下，学生对目标词的认知和使用情况。问卷表中生词只提供英文翻译，不附例句。调查显示，同等水平的学生，在有例句帮助下，对目标生词的掌握情况都比较好；而在没有例句参照的情况下，英文注释不但不能帮助学生理解生词，很可能还会起到误导作用，导致学生进行错误的类推（尽管错误的类推是无法避免的），以下两个例句取自一名留学生的答卷：

（3）我但愿我明年还有机会来中国学习汉语。（应为“希望”）

（4）这句中国俗话已经充分地表示了朋友多么重要。（应为“显示”）

对比可以发现，例句的有无确实会影响学生的生词习得。不同阶段的学习者一般都会受到母语的干扰，如果没有恰当的例句，剥离了词汇的语境，极容易犯词汇对等的错误。这种错误的严重性，美国汉语教师林培瑞（2005：32）有个形象的比喻：“我们要是允许学生以为中文和英文有很多‘等同词’，那我们不但误导学生对语言性质的认识，而且是在给他们学中文的旅途上设障，甚至把中文先给杀死了再把尸体递给他们去‘学’。”以往词语解释的“对等原则”实际上就犯了这样的错误，以为两种语言词汇完全对等。

实际上，不同语言之间的词语即使概念义相同，聚合状态、组合能力也不一定相同。教材提供例句的目的在于再现语言点的实际使用状态，最大限度地避免词汇对等的陷阱，让学生在真实的语境中学习汉语。从教学法上说，这符合结构认知法的潮流，适当的例句有助于激活学生业已形成的认知图式，让他们可以根据词语的出现背景来体认语言项目的意义和用法。所以，赵元任（1980：159）在谈到自己学习外语时讲道：“所以学词的时候儿啊，得要用整个儿的语句，有了若干数目的句子啊，当然你对这个词的用法也就可以会了。”吕叔湘（1983：124）也说过：“例句选择得好，说明的话就可以简单些，读者能从例句上悟出道理（规律），说明部分只要点一下就行了。反之，如果没有很好的例句，说明部分使多大的劲也不容易让读者完全领悟。”赵金铭（1998）认为例句精当，可以帮助学生举一反三。瑞士学者傅瑞华（2003）从一个留学生自我反省的角度认为，增进词语教学效果的一个重要因素是教师能否创造恰当的语言环境。这些说法都表明，例句很重要，需要好好编选设计。

2.2 教材概况调查

但是，教材的现实与理想并不一致。根据我们的调查，几乎所有的教材语法点都附有例句，但对于生词，大多数教材①都没有例句。这不能不说是我们一贯重语法、以语法为轴心的教学思路的反映。

生词的例句分布也很不普遍。首先，初级阶段的汉语教材极少为生词提供例句，常采用直接翻译法，只有部分速成教材例外，如《实用速成汉语读本》（外语教学与研究出版社，1988）。中级阶段生词有例句的仍然极少。以北京语言大学出版社、北京大学出版社发行的汉语教材为调查范围，只有《捷径——中级汉语速成课本》、《中文广角——中级汉语泛读教程》、《博雅汉语》（准中级、中级）、《中级汉语阅读教程》等几部有例句。其次，主要是阅读教材配以例句，听力、口语课型教材极少出现例句。再次，初级阶段的例句偏短，往往只是词语组合，还不是严格意义上的例句，如《博雅汉语》（初级）、《新实用汉语》。总的来看，生词的例句分布很不均衡。

如果把短语算作例句的简缩形式，统计《中级汉语阅读教程》，也只有84个生词配以例句。生词按名词、动词、形容词和副词来看，各类数据见下表。

《中级汉语阅读教程》例句统计表

《中级汉语阅读教程》（Ⅰ、Ⅱ）	短语	句子	词类例句总量
名词	14	8	22
动词	20	18	38
形容词	12	11	23
副词	1	2	3
例句总量	47	39	86

① 调查是比较随机的，以暨南大学图书馆所藏汉语教材为调查范围，包括不同时期出版的58套汉语教材。

从数据来看，三大类实词例句最多，副词类例句最少。实词类里面有一些古语词、专业词等，属领会式词，一般不需要例句，副词属复用式词，理应有例句详解。实词类选择短语例解还是句子例解也看不出什么规律性。由此可见，什么样的生词需要配以例句也有相当大的随意性。

当然考虑到教材的篇幅，所有生词都附有例句也不现实。而像《博雅汉语》全篇都有例句辅助生词学习，且提出“配有精心挑选的例句是教材特色”，一方面也佐证了不是所有的教材都能配有例句的客观事实，同时也说明了生词例句问题已经引起了一些重视。

3　例句的问题、来源及多重标准

3.1　例句的问题

刘若云、徐韵如（2005）以典型性、实用性和趣味性作为教学例句的标准。典型性指例句能体现语言点的典型意义，使用的典型情景；实用性指例句能联系实际生活，学而能用；趣味性指能给学生带来鲜活感。这三个标准基本上符合我们对一个好例句的判断。下面以这些标准来剖析《中级汉语阅读教程》和《博雅汉语》中的例句。

《中级汉语阅读教程》（Ⅰ、Ⅱ）共有例句 86 个。可分为两类，一类是主谓宾等句法成分齐全，能表达完整信息的，有 39 例；第二类是主谓句法成分不全的，只形成短语表达部分信息的，有 47 例。就第二类来说，问题在于动词项只有宾语，没有主语；名词项只有修饰语，没有谓语和主语；形容词项只有中心语，没有主语和谓语。这就使得例句过于简短，信息不全。涉及的例句动词项共有 15 例，名词项有 15 例，形容词项有 3 例。例如：

（5）想象：想象不出。

（6）艺术：艺术加工。

（7）圆润：圆润的歌声。

以上几个例子首先没有显示出词语的典型用法，想象的通常搭配还有“想象力、无法想象”等，艺术的通常搭配还有“艺术欣赏、艺术学校”等，“圆润的歌声”不如“圆润的珍珠”可感。而且这些例句由于缺少主语、谓语或宾语，信息不全，实用性不强。

对第一类来说，虽然例句成分完整，但是句法成分所指往往不够具体。有的例句过于陈旧，信息平淡。有的例句包含新词或新语法点，过于繁难，信息冗杂。例如：

(8) 嘱托：他嘱托我办这件事儿。

(9) 性能：这台收音机性能良好。

(10) 精力：年轻人精力旺盛。

例句（8）使用代词“他”“这件事”泛指，不能凸显被释词“嘱托”的语义特征，最好能够使用更具体的所指如“妈妈、老师”和“照顾小狗、养好身体”等，这样例句才够形象。例句（9）“性能”能和“收音机、电脑、手机”等产品关联，但在这个语义场里，“收音机”明显比较过时。例句（10）“旺盛”属高等阶段词汇，释中级阶段词“精力”不合习得顺序，改成“很好”就行了。总的来说，上面例句都过于短小，信息量有限，特别是主语常常使用代词“他”“这”“那”等，而不是具体的人或事物。

再看《博雅汉语》。该教材使用说明中交代“生词部分不但有中英文详细的解释，而且大部分的生词都有精心挑选的例句，使词语的语义和用法得以充分体现，从而可以大大节省学生查词典和教师备课的时间。所有这一切，必将给教师组织教学和学习者自学带来极大的方便”。但是，即使是“精挑细选”，类似上面提到的例句问题也有很多。例如：

(11) 困惑：感到很困惑。

(12) 空洞：空洞的会议。

(13) 交响乐：雄壮的交响乐。

上面的例句太过简单，“空洞”与“会议”组合也不典型。

(14) 绝对：世界上到底有没有绝对的真理？

(15) 海市蜃楼：在那位哲学家看来，人生只是美丽的海市蜃楼。

(16) 丰满：他作品里的人物形象很丰满。

例句中的“真理、人生、形象”等抽象词语，对学生来说既陌生又不够具体。

（17）警告：政府警告国民不要到战区旅行。

（18）模范：他是一个全国劳动模范。

出现的“战区、模范”是比较专门性的词语，例句显得古老，缺乏实用性。

（19）啼笑皆非：这事儿真令人啼笑皆非。

（20）清点：她正在清点他库存的东西。

“这事儿”指代不明，不能凸显事情的好笑程度，不如例释为“小偷喊抓小偷，这事儿真令人啼笑皆非”。对于这样的非常用词也可以注明它的同义词是“哭笑不得”。“库存”一词难度要高于“清点”。

从上面摘抄的例句来看，有的地方是没有达到编者本来的目标的。总的来看，这些例句过于简短，没有提供充分的语境信息。虽然无典型性问题，但实用性都不太高，趣味性更是不足。应该承认，提出这三个标准的出发点是非常好的，如果贯彻得当，必然有利于提高课堂教学的整体效果。不过，严格以这些标准审视教材中的例句，大部分都难尽如人意。

我们认为，问题的出现可能既与例句的来源有关，也与例句的多重标准有关。

3.2 例句的来源

在教学中，例句是教师事先准备的，也可能是根据情景临时造出来的，所以，教学例句的典型性一般不如教材例句，但在实用性方面可能会高于教材例句。这也就是汉语教师一般倾向于自拟例句的原因之一。上面举的几个问题句，它们的出现往往跟例句的来源有关。

根据我们的调查，教材例句有以下几个来源：①编写者完全靠自己拟订或摘抄后略加修改；②从词典中摘抄而来；③从各种语料库中选取；④挪用别种教材中的例句。赵金铭（1998）、程相文（2001）等学者已经指出大量教材在同一水平上重复、缺乏特点、更无新意、雷同严重的现象，最后一种挪用例句即是这种现状的一部分。前三种也分别有自己的问题：

（1）编者凭借自己的经验和语感提供的例句，也许有一些比较精彩，但是作为教材范本而非教学活动的过程，随意性太强，不够规范。

（2）一般的词典是为母语学习者编纂的，很难兼顾第二语言学习的规律。苏英霞（2004）指出，与一般辞书中对字、词的“解释性”说明不同，对外汉语教材中的

“词语例释”应是“生成性”的。也就是说，留学生通过词语注释不仅要理解词语的意思，而且要能够结合后面的例句生成合法与合乎语境的新句子，这样才算是完成了生词的习得。因此，词典例释规范度虽然较高，但是无法达到生成性的要求，不宜直接拿来做例句。

（3）语料库尽管能保障句子出现的频率，但是它往往忽视了第二语言学习的创造性。有些句子可能永远都不会出现在语料库中。语料库固然可以提供很多例句，但是还需要精心甄选，有些例句并不常用、实用。

例句应该是怎么来的？吕叔湘（1983：124）就语法教学说：“有时候是为了说明一个问题临时编出来的，有时候是带着问题到书刊里去找来的，有的是平时看书看报摘录下来的，有的是从别的语法著作的相应章节里抄来的。”我们认为，就母语语法教学而言，这些方法已经足够，但是就第二语言教学来说，可能还不够。对于汉语作为第二语言的教学，我们需要对例句作出更细致的要求。

3.3 例句选择的多重标准

前面按刘若云、徐韵如的三个标准剖析了教材例句中的种种问题，也指出了这些问题的普遍性。如果因为这些问题而否定教材的质量，可能并不客观。这促使我们反思，例句的根本问题是什么？对于教材中的例句来说，基本的选择标准是什么？

例句属于教材的组成部分。过去对于教材，人们提出“实用性、科学性、针对性、趣味性、文化性、知识性、思想性”等标准。提出这么多标准的本意是好的，可往往却是一本教材“不能承受之重”，实际操作难以兑现。随着教材编写理论的进步，人们认识到应该强调语言教学的基本属性——工具性。这样，文化性、知识性、思想性等附属性质逐步在教材中淡化或剥落出去。李泉（2006）认为，过多的指标可能会束缚教材编写者的手脚，使得他们顾此失彼，抓不住主要矛盾。其实，多重标准本身没有问题，关键是它们都居于不同层次，一套教材应该有一个根本标准一以贯之，至于其他标准则附属于这个根本标准。例句编写也是如此。

对于例句来说，典型性侧重于结构和情景标准，实用性则是使用的标准，趣味性是欣赏的标准。这三个标准虽有重叠，但层次不同。从操作的难易程度和可行性上说，教材例句首先要解决的应是典型性问题，至于实用性和趣味性可以留给教师根据学情灵活处理，教材不能也不必大包大揽。[①] 以“典型性”作为判定教材例句的标准，缘于“典型”本身就蕴含例句可以作为范例的意思。这可以一分为二地看：

一是典型的例句能凸显生词的价值。词语是用在句中的，典型的例句能够让一个生词的语义和用法凸显出来。二是典型的例句能够有效引导学习者生成类似的句子。句中含词，以句推句，真正达到词汇学习的目的。典型性实际上关系到学生在学习了这个例句以后，是否能按照例句进行类推，生成符合交际需要的句子。苏英霞（2004）总结道，今后教材在“例”的部分，也应尽可能通过例句全面展示词语在句中的分布特征，为学生遣词造句提供足够的范例，必要时应给出上下文，使语境更明确。多给例句当然是理想状态，但是限于教材篇幅往往不得不进行精选，这时候就要精挑细选，选择那些结构、情景典型的例句，减少因为“教”的疏漏而造成学生在交际中出现“用”的偏误。

例句要典型，至少要从以下三方面着手：

3.3.1 联系生活

例句内容应联系生活，有时代性。教材中很多例句比较过时，所举的人、事、物都是陈旧的，例（2）即是代表。许多学生反映这类例句很陌生，感觉比较有隔膜，也不好理解。学生学的是现代汉语，用的也是现代汉语，过去的知识可以了解，而不应该过多地出现在语言课的教学中。有必要的话，可以通过中国文化课来体现。

例句形式也应该联系生活。根据我们的调查，当前例句的形式和风格比较单一，绝大多数都是陈述句，语气平淡，不能完整体现实际生活交际中词语出现的多样态的话语环境，单一的例句句型和枯燥的内容也不能刺激学生的学习兴趣，许多生词就这样被“淹没”在平庸的例句中。

3.3.2 联系课文

例句和课文应该相互配合，共同凸显生词的使用语境。例句应能跟当前所学课文有所关联。生词出现的课文是一个语境，生词出现的例句又是一个语境，如果两个语境在内容、形式上完全不同，势必增加学生的负担，也会干扰学生对词语出现的常见语境的了解。换言之，典型的例句在文本语境中也应该是典型的。李泉（2007）认为生词习得既然不是一次性习得，也就不能指望学生一次就能了解词语的所有用法，因

① 冯胜利先生指出，教材应该以“趣味性”为第一标准。他举例说，跟外国学生解释“距离”时，以“麦克两只眼睛的距离很宽”为例，学生很感兴趣。我们则认为，趣味性虽然很重要，也是当前很多教材编写者考量的重要方面，但不能说明教材应首先以趣味性为旨归。首先，趣味是一个审美问题，各人、各国、各民族对例句是否有趣会有不同感受；其次，教材追求趣味应该是在准确、典型的基础上，趣味应该主要留给教师去发挥。当下，教材应该做的是守住自己的“本”，这个本就是规范、典型。

此文本相关性就极为重要。例句的提供要能和正文的材料相关或配套，而不是偏离课文，提供一些无关的语境。如此，既能专注于提供给学生典型的语境，也能精简教材的负累，避免使教材例句和词典例句一样，因为追求释义完整而缺乏适应性。

3.3.3 联系所学

例句也应该联系学习者本身的学习状态。例句作为一个小型语篇，需要考虑语言习得的前后顺序，例句出现在不同阶段的教材中应该有所区分，有所递进，并有所照应。程相文（2001）调查了260种教材，发现初级汉语教材进行重点词语讲解的有46种，其中29种采取词语例解的方式，占63%。词语例解是重点词语讲解的主要方式，但是存在词语例解的重复现象，即同一个词语例句在系列教材中重复出现，讲解方法和深度一样，甚至后者还不如前者讲得深。这就是没有看到学习者水平上升的状态。

4 例句的编写

4.1 等级体系

以上对例句的三条要求可能存在一定的主观性，不过在编写例句时，至少有两个客观指标可以判定例句的典型程度：一是例句是否有生词，不含生词只有老词则例句典型性高；二是例句是否含有新的语法点，如果没有则典型性高。再加上以上对例句的三条标准，例句满足的要求越多，则越典型。而整个例句的典型性就是这两个指标的复合。

旧词复现是一个重要的标准，可以调动以往的经验，如果例句中使用生词注解生词则会大大降低例句的可理解性。直接选用母语词典上的例句的不合理性也在于此，因为词典释义是为母语学习者考虑的，不需要照顾到第二语言学习者习得的顺序，所以可以用生词解释生词。用生词作为标准还在于它排除了其他不可验证的因素，可用《汉语水平词汇与汉字等级大纲》作为词语排序的依据，来给生词添加例句。这样我们可以建立一个判定例句是否典型的等级体系。一个例句首先不含没学过的生词，这是第一级；每符合例句要求之一种，在典型性上可加一级。照顾到语境适宜原则，如果例句同时也跟课文中出现的句子有相似性，可以再加一级，依次如下：

1 不含生词，也不含新语法点的典型例句

2 不含生词的次典型例句

3 含个别简单生词的典型例句

4 不含生词但含新语法点的不够十分典型的例句

5　含个别复杂生词的典型例句

6　含复杂生词的非典型例句

⋮

⋮

N－1　成串的中文讲解，例句被信息淹没

N　用学生母语直接翻译

N＋1　用英语翻译

N－1部分实际上是教师讲解的内容，出现在教材中是不适宜的，因为篇幅不容许。不过即使出于时间限制，教师在教学中也应该做到扼要地解释生词，提供生词出现的典型背景，等而下之的是用学生母语或英文翻译，那是在初级阶段学生对汉语还完全不了解的情况下不得已的措施。

4.2　例句评估

习得理论提出这样的问题：什么时候一个生词才算真正地被“习得”了，是能够用它做完形填空，还是能够把它正确地翻译成母语，抑或是能够在各种语境下正确地使用它。所以萨莫斯（Summers，1988：115）认为，习得也是个从没有习得到完全习得的过渡量标（cline）。

既然典型性可作为判定教材例句好坏的标准，那么据此例句之间应具有基本的可比性。评价例句的好与不好是一个程度问题，是由坏到好的一个等级（scale）。例句的典型性就是在这个等级之间波动，越是靠近右端的越是典型的例句，越是靠近左端的越是非典型的例句，如下：

非典型 ————————————————→ 典型

例句编排出来在教材中体现以后，是否典型，典型程度是多少，是否好用，应该等学生学习至一定阶段后再做相应的调查。通过学生的反馈来评价例句的典型性问题，看看那些所谓的实用例句是否真正地受到学生青睐，是否适合学生来学习生词。对于那些典型性偏低、不受欢迎的例句，教材应该考虑调整或淘汰。

5　关于例句的理论思考

应该承认例句只能解决习得的一部分问题，一个生词能不能完全被学生掌握，不是例句一项就可以解决的。

例句选择得当与不当，表面上是教学法的问题，或是教材编写的细节问题，其实是教学观念的体现，即怎样真正从学生好学、易学的角度考虑。在教材编写这一领域，已经有学者做过总结和述评（赵金铭，1998）。总的来说，虽然取得了一些成绩，但是比起蓬勃发展的事业来说，教材还远远不能满足需要，真正算得上是可用之“材”的精品还很少。教材的问题很多，包括例句的挑选。好例句能够帮助人们更好地掌握语言知识，如丁声树主编的《现代汉语语法讲话》，就是因为例句精当一直为人津津乐道，成为现代汉语语法研究的经典。第二语言教学，例句更是非常重要。举世闻名的《牛津高阶英汉词典》，每个生词都有地道的、精挑细选的例句，从而大大方便了学习者。

每一个词都处于一定的语义场中，而常见的搭配能够帮助确定一个词的语义场，如布朗（Brown，1974：3）所言：“每一个有用的搭配都是理解一个词义的有效步骤，帮助学生通过语境推断意义。搭配的第二个特点在于能够帮助人们了解哪些词可以出现在一块儿，可以使得人们在听到前半部分的时候就能预测后半部分的意义。”这在心理学上证明了我们理解语言是按照组块（chunks）来进行的，而不是一个一个被割裂分散的词语的零件。尽管句子变化无穷，但是剥掉一些枝节，剩下常见组合搭配，则一种语言的句式还是有限的，掌握这有限的句式搭配显然省力和有效得多。对外汉语教材中关注例句的重要性，就是充分发挥结构认知法的优势，让学生有多种线索来理解生词的用法。

参考文献

程相文．对外汉语教材的创新［J］．语言文字应用，2001（4）．

傅瑞华．论词汇教学中的意识增进［J］．世界汉语教学，2003（2）．

国家对外汉语教学领导小组办公室汉语水平考试部．汉语水平词汇与汉字等级大纲［M］．北京：北京语言学院出版社，1992.

李泉．对外汉语教材研究［M］．北京：商务印书馆，2006.

李泉．论对外汉语教材的实用性［J］．语言教学与研究，2007（3）．

林培瑞．特约发言：活语言［C］//对外汉语书面语教学与研究的最新发展．北京：北京语言大学出版社，2005.

刘若云，徐韵如．对外汉语教学中例句的选择［J］．中山大学学报论丛，2005（6）．

刘颂浩．对外汉语教学研究［M］．北京：教育科学出版社，2005.

吕叔湘．吕叔湘语文论集［M］．北京：商务印书馆，1983.

苏英霞．浅谈对外汉语教材“词语例释”的编写［J］．汉语学习，2004（4）．

孙燕青．语境与第二语言词汇学习［J］．宁波大学学报（教育科学版），2000（5）．

徐子亮．汉语作为外语教学的认知理论研究［M］．北京：华语教学出版社，2000.

赵金铭．论对外汉语教材评估［J］．语言教学与研究，1998（3）．

赵元任．语言问题［M］．北京：商务印书馆，1980.

周小兵．中级汉语精读教材的现状与新型教材的编写［J］．汉语学习，1999（1）．

BROWN D. Advanced vocabulary teaching: the problem of collocation［J］. RELC journal, 1974, 5（2）．

SUMMERS D. The role of dictionaries in language learning［C］//In R CARTER & M MCCARTHY (eds.). Vocabulary and language teaching. London: Longman, 1988.

［本文曾在“华文教育国际学术研讨会”（暨南大学，2013）上宣读，已收入《海峡华文教学论丛》（第2辑）］

［作者简介］

祝晓宏，安徽巢湖人，暨南大学华文学院副教授，硕士生导师，兼北京语言大学“中国周边语言文化协同创新中心”研究员。研究方向为华文教学、社会语言学。

"中国文化"课教材编写中的体系性

李卫涛

2002年，国家对外汉语教学领导小组公布《高等学校外国留学生汉语言专业教学大纲》，提出"中国人文知识课"的教学目的是"通过对中国人文知识（包括中国概况、政治、经济、文学、哲学、历史、地理等）基本内容的系统讲授，使学生熟悉中国国情，了解中国社会文化，具备基本的中国人文知识"。这个大纲的课程设置把"中国文化"课设置在第5学期，每周4课时。

在具体的教学实践中，各地留学生汉语言专业的教学部门大多都开设了以"中国文化"（或者"中国传统文化""中国文化概况"等）命名的课程。可以看出，各级对外汉语教学部门对这门课程还是比较重视的。不过，这门课程的教材编写仍需要研究者和教学者给予更多关注，以便能出现一些多样化的教材。同时，在教材的编写实践中，还存在一些值得研究者注意的问题，比如这门课程自身的体系性就是需要教材编写者特别关注的地方。

所谓"中国文化"课的体系性是指该课程作为一门对外汉语专业的课程，其所涉及的教学目标、教学重点、教学难点、内容选择、章节布局等方面应构成一个较为完备的有机整体。

简单来说，如果缺乏体系性，那么学生在学习各类中国文化知识、了解各类中国文化现象之后，似乎知道了"中国文化是什么"，却难以把学过的各种文化知识融会贯通。学生获得的是一盘珍珠，但还缺乏一条线索把这些美丽的珍珠串起来。而这条线就是学生在明白"中国文化为什么"之后，还能理解"中国文化的精神核心是什么"，并用这个精神核心来解释分析各种文化现象。一旦学生有一个体系性的中国文化观念，那么他就能理解中国特色的哲学观、世界观、宗教观的深刻含义，并以此为核心来建立起整个中国文化观，从而懂得如何去欣赏绚丽多姿的中国艺术所展示出的魅力，懂得如何去分析丰富多彩的民俗节日背后所体现的民族文化心理，乃至体会中国饮食习惯等日常生活所蕴含的文化深意。

要真正解决"中国文化"课中的体系性，我们还要从以下几个方面来分析。

1　从与其他人文知识课的关系看“中国文化”课的体系性

从与其他人文知识课的关系上看，“中国文化”课的体系性是这个课程最重要的特点。

由教学大纲可以看出，“中国文化”课属于大范畴的中国人文知识课，而其他课程设置还包括中国概况、中国文学（古代、现代）、中国哲学、中国历史（古代、近代、现代）、中国地理、中国经济、中国民俗等。这自然会产生一个问题：如何处理“中国文化”课和其他课程之间的关系？

目前“中国文化”教材和教学中确实存在着一些尴尬之处。比如中国文化中的文学、民俗、历史等方面的内容虽然都已经在相关的课程中有过详细论述，但是这些内容依然在现行的“中国文化”教材和教学中保留了相当多的篇幅。笔者在教学实践中也多次遇到学生反映，这门课程的许多内容在其他文化类课程中已经学过了。这样的局面会直接影响学生的课堂学习兴趣，对教师的教学也是一个很大的挑战。因此，作为“中国文化”课的教材首先要考虑到这一点，对此应有所对策。

对于其他已经开设了相似内容的文化知识课，“中国文化”课应该如何处理呢？是选择把与其他课程相关的内容再简明扼要地串讲一遍，还是选择将重点的文化知识现象进行一次详细讲解呢？如果选择前者，那么教材怎么凸显特色，教师如何讲出特色，才不会让学生有似曾相识之感，不会让学生有厌烦情绪？如果是后者，那么“中国文化”课应该选择讲解哪些内容，先讲哪些，后讲哪些，又或者干脆其他课程中出现的内容都不讲，只讲未重复的文化内容？但是这样的话，我们的“中国文化”课还剩下多少真正的东西留给教师和学生呢？所以说，这是“中国文化”教材编著者和教学者必须认真思考的实际问题。

笔者认为，这些问题恰恰是“中国文化”课的体系性所要解决的。可以说，和其他人文知识课比起来，“中国文化”课最大的特点就是其自身的体系性。

如果说学生在学习其他文化类课程时获得了大量的关于中国人文的知识，那么就需要有一门课程从根本上系统地整合学生的相关文化知识。“中国文化”课不能简单是各门人文知识的总和，不能概略地把各门课程再给学生讲述一遍；同样也不能只挑选一些重点知识，而舍弃丰富的文化现象；更不能只讲一些其他课程都不涉及的“文化边角料”。“中国文化”课应该教给学生丰富的文化知识，同时也要求教材编著者和教学者能够在有限的课时安排中对各类中国人文知识现象进行系统化的整合，从文化的层面引导学生对各类文化现象进行分析。如果说其他各类人文知识课程告诉了学生

“中国文化是什么”，那么“中国文化”课就要告诉学生“中国文化为什么”“中国文化的核心精神是什么”。这门课程要解决的问题是提升学生对中国文化的理解能力，帮助学生在汉语文化交际中从简单的“是什么”上升到“为什么”这样一个层次。

由此可见，“中国文化”课不应该是各类文化现象简单的集合，也不应该是把分属于各门文化课程的内容重新讲述一遍，而应该是处在人文知识课的核心位置，起到帮助学生打通各类文化现象，避免盲人摸象，从而帮助学生建立起对中国文化的整体认识的作用。

2 从“中国文化”课的自身内容看其体系性

从“中国文化”课的自身内容上看，庞杂的文化现象也需要体系性的建构。

从目前的文化教材编写实际来看，编写者大多注意到了中国文化的丰富性，力图给学生展示中国文化的各个方面。如《中国文化要略》（程裕祯，外语教学与研究出版社，2003），把中国文化分为“地理概况”“历史发展”“姓氏与名、字、号”“汉字”“学术思想”“宗教信仰”“古代教育”“科举制度”“典籍藏书”“科技成就”“传统建筑”“古典文学”“各类艺术”“风俗习惯”和“中外文化交流”15类。又如《中国文化》（韩鉴堂，北京语言文化大学出版社，1998），该书包含了29个文化专题，涉及中国的山川地理、风土人情、人文历史、经济、哲学、艺术、医学和饮食起居等各个方面。前者曾经是对外汉语教师培训的文化课参考书，后者是目前通行的留学生中国文化课程的相关教材。

从两本书的体例上，可以看出编写者力图向学生展示一个全面的中国文化现象，也可以看出中国文化的丰富性，这对学生而言肯定是受益匪浅的。不过，当教材给学生展示了中国文化丰富性的时候，我们还应该注意到这些繁复的文化现象可能会给学生带来的困扰。在实际教学中，过于庞杂的文化信息会让学生无所适从，学生可能了解到相当多的中国文化知识，但是对于文化背后的深层东西却很难理解。

所以，“好的教材对于文化的阐释不是告诉学生‘什么是什么’，而是要培养学生根据这些文化素材去理解中国文化的能力”。文化课教材的其中一个作用就是要培养学生对中国文化的理解能力，而这种理解能力的建立除了教师要教给学生经典的文化现象以及深层的文化背景之外，还要给学生一个体系性的文化建构，这样才能让学生举一反三、纲举目张，起到事半功倍的作用。

建构文化现象之间的体系性，一定要注意到文化课教学的定位和作用。有学者曾经指出：“对外汉语的文化课紧紧围绕四个重要前提，即汉语的、教学的、对外的、交际的四个基本出发点。”这四个重要前提其实包含了中国文化课的两个定位问题——注重汉语的文化交际作用、注重对外文化沟通作用。强调了汉语的文化交际作用，就是关注了对外汉语文化课的直接问题，文化教学是为语言教学服务的；而强调了对外文化沟通的作用，就是关注了对外汉语文化课的目的问题，语言教学和文化教学最终都是为了培养学生对语言和文化的理解与沟通能力。而这种文化理解和沟通能力不是简单地靠学习一些文化知识、认识一些文化现象就能够达到的，而是需要从深层、文化的核心来理解中国文化。也就是说，“中国文化”课教学不应该是一种简单的兴趣激发式教学，而应该是一门以理解文化核心精神为基础，以培养语言交际为直接目的，最终以求培养学生一种跨越文化的理解和沟通能力的对外汉语文化课程。

从上面的论述中可以看出，建立“中国文化”课的体系性要解决的主要问题是教材编写者和教师要有对中国文化核心精神的独到把握，从而把这种文化精神反映在教材和教学实际中。其实每位编写者、教师对中国文化精神都有自己独特的理解，所以自然会在不同的教材、不同的教学活动中有所体现。

从现实情况来看，对外汉语教学事业方兴未艾，而中国文化类课程的教学更是刚刚取得了一些成就，还需要更多的研究者和教学者加入其中，所以我们所期待的“中国文化”课体系中的文化精神不应该是僵化和强制性的，而应该是开放性的，是带有编写者和教学者自身知识储备和学术理解的。百家争鸣式的文化课教材或许将是我们对外汉语教学繁荣的一个标志。

3 从中国文化的历史性与地域性看其体系性

我们在用中国核心文化精神解决了共时性的文化现象之间的纷杂局面之后，在论述到“中国文化”课的体系性时，还需要注意到两个问题——中国文化的历史性和地域性。

在很多文化类课程的教学中，教师都会或多或少地把中国文化整体化、笼统化，动辄对学生说：“中国文化是这么认为的，西方文化是那样认为的，二者是不一样的。”这就把5 000年来的中国文化视为一个永远不会变化的整体，并以此作为与其他文化的对比，这样就忽视了近百年来中国文化现代转型所取得的成就，忽视了中国现代文化中出现的新事物、新现象。

其实，一方面，中国传统文化的影响已经超越了中国本土的局限。在很多国家和地区，中国传统文化都曾对当地文化产生过影响。所以说，中国传统文化已经成了一种文化遗产，它不仅属于中国，也属于世界。当外国留学生来学习汉语的时候，我们作为遗产的直接继承者有必要把它作为教化的力量，给学生以潜移默化的影响，从而增强学生对中国文化的亲和力，激发学生对中国文化、中国语言的兴趣，为培养高素质汉语人才做好文化储备。

另一方面，中国文化也具有历史性，即时间性。传统文化和现代文化之间存在巨大的差异：语言、服装、建筑等看得见的方面，我们的文化变化了；思想、行为、习惯等很多看不见的地方，我们的文化也每天都在发生巨大的变化。传统文化在很多方面对中国人来说也成为遗产了，如果不学习、发扬它，或许它就不再属于我们了。

身处这样一个文化变局中，作为一名文化教学者，很有必要树立起这种文化的古今意识。笔者在教学实践中往往也会遇到很多这样的问题。尤其当我们在介绍一些传统民俗、礼仪的时候，一定要注意其历史性，注意其在当下是否还被普遍接受，否则就会让学生误以为中国人见面依然是拱手行礼，过春节时还磕头拜年，也就是说“有些文化现象是有时间性的，因此对文化的介绍也应随着时间的推移作相应的调整”。例如，当我们给学生介绍孔子、老子的思想的时候，很有必要介绍当前中国人对传统道德的新继承和发展，这样就把一种知识性的文化转化成了一种具有现实意义的交际性文化，这对学生在现实汉语交际环境中理解中国文化的现实体现有巨大的作用。因此，古今中国文化的变迁，以及由此变化而内在的文化精神内核也是体系性中一个值得关注的对象。

地域性也是一个很有意思的文化课题。中国文化虽然从总体上说是一体的，但是实际存在着多种地域差异。东南西北的文化表现，尤其是外在的风俗文化有着很大差异，在对学生进行文化教学的时候也很有必要对学生加以提示。比如最典型的南北文化差异，春节时候北方人吃饺子，南方人吃年糕、汤团等。这些风俗习惯的表现方式虽然不同，但是其注重人情和谐、团聚的核心观念却是中国文化的主线。另外，在中国文化的大题目之下，我们在报纸、电视上还经常可以看到齐鲁文化、巴蜀文化、中原文化、江南文化、岭南文化等说法，在教学实践中也可以根据学生的具体语言生活环境进行一些比较，让学生在了解各地地域文化的千姿百态之后，也能体会中华文化同出一枝的文化精神内核。学生一旦能够对此加以理解和辨析，那么我们上面所说的文化课教学的理解沟通能力也就达到了。

总之，通过上面的论述，可以看出“中国文化”课教材编写中体系性的重要地位。我们期待能够引起更多研究者和教学者的关注，以便使“中国文化”课的教学、教材能够跟上当前对外汉语教学蓬勃发展的现状，取得更多成就。

参考文献

陈绂．对国内对外汉语教学的反思——AP 汉语与文化课及美国教学实况给我们的启发［J］．语言文字应用，2006（6）．

国家对外汉语教学领导小组办公室．高等学校外国留学生汉语言专业教学大纲［M］．北京：北京语言文化大学出版社，2002.

韩鉴堂．中国文化［M］．北京：北京语言文化大学出版社，1998.

鲁健骥．对外汉语教学基础阶段处理文化因素的原则和做法［J］．语言教学与研究，1990（1）．

赵贤州．对外汉语文化课教学刍议——关于教学导向与教学原则［J］．汉语学习，1994（1）．

（本文曾刊载于《全国高校对外汉语专业建设研讨会论文集》，2010 年）

［作者简介］

李卫涛，暨南大学华文学院华文教育系讲师，博士。

华文教学研究

不同水平留学生汉语切分歧义识别实验研究①

杨万兵　蒋利平

1　引言

在中文信息处理领域，切分歧义被认为是“影响汉语自动分词系统精度的一个重要因素”（孙茂松等，1999a），是汉语自动分词的难点甚至瓶颈。切分歧义，指词语线性排列时词语切分的多种可能性，包括交集型歧义和组合型歧义两种。交集型歧义，简单地说，即假设 ABC 是由 A、B、C 三个汉字构成的字串，如果 AB、BC 都是词，电脑自动分词时可以分为 AB/C 和 A/BC，这种切分歧义称为交集型歧义；而如果 AB 是词，ABC 也是词，这样的切分歧义被称为组合型歧义。对于这两种切分歧义，一般的认识是，大多数交集型歧义可通过字段内部信息（孙茂松等，1997），或以句法为主的局部上下文来解决（孙茂松、左正平、黄昌宁，1999），而绝大多数组合型歧义都可利用近距离的上下文信息实现部分消歧（廉竹钧，2002：29）。到目前为止，汉语自动分词领域已经取得了十分丰硕的研究成果。

而在汉语第二语言习得领域，这个话题尚未受到足够的重视。就我们接触到的材料来看，有关汉语词语识别的研究主要集中在词汇和句子层面。词汇层面大多研究汉语词语的音义识别与联系，以及出现率、熟悉度等对词语识别的影响，如 Michael E. Everson（1998）、Jun Yang（2000）、冯丽萍（2003）、干红梅（2009）等，张金桥（2008）则集中研究了解释性和推理性句子语境对留学生汉语词语识别的影响。总体而言，这个领域的词语识别研究成果尚不丰富，涉及切分歧义词语识别的则几乎未见到研究报告。

---

①　本文获得 2010 年广东省高等学校本科特色专业建设点建设经费支持。在本文的写作过程中，张金桥教授、《语言教学与研究》编辑部及匿名审稿专家提出了宝贵的修改意见，伍丽梅、田建伟、张浥尘、王珊珊、李东萍等老师在问卷调查方面给予了大力协助；本文较早版本曾在“首届两岸华文教师论坛”（2011 年 8 月，广州、珠海）上宣读，梁社会先生等与会学者曾提出宝贵的修改意见，谨此一并深表谢意。

中文信息处理界关于切分歧义的研究引发了我们的思考：留学生阅读汉语文本时会不会也像计算机一样有着切分歧义识别的困难？面对不分词连写的汉语文本尤其是歧义文本，留学生的判断、识别与计算机具有相似之处：都没有可靠的语感，都得靠对组合自身及前后文语境的复杂处理过程才能作出一定的判断。但人与机器毕竟不同，留学生在处理这类现象时，不同汉语水平留学生切分歧义识别是否存在差异？以及在不同链长情况下，他们的切分歧义情况如何？受哪些因素影响？是如何影响的？这些问题似乎还没有专门的研究报告讨论。鉴于此，也鉴于这个问题对汉语阅读的重要性，我们拟对其进行初步探讨。行文中，“识别”与“切分”含义相同，文中根据行文需要选择使用。

2 实验设计与实施

2.1 被试

暨南大学华文学院104名留学生，其中初级水平52名，中级水平52名。

2.2 实验设计

对初级、中级水平留学生，使用同一份问卷《留学生汉语词语识别（切分）调查表》进行测试，实验设计为2（初级、中级水平）×3（链长为1～3）混合型实验设计。被试汉语水平为组间因素，共有初、中级两个水平，链长为组内因素，共有1～3三个水平。

2.3 实验目的

了解初级、中级汉语水平留学生在汉语不同链长歧义切分时词语识别的特点、影响因素，并据此探讨教学建议。

2.4 实验材料

28句含有不同链长字段的目标句子与11句无任何切分歧义的干扰句子。这28个句子包括17句交集型歧义切分和11句组合型歧义切分，由作者平时根据研究需要收集，包括不同链长，并由作者根据学生实际水平对句子的文字、词语难度进行控制，确保初、中级水平留学生阅读时大致不存在文字障碍。以下是一些例句，有切分歧义的部分画横线标示，如：

S6[①]：现如今天气已经变冷，你怎么还不多加件衣服？

S8：他用手机械地给我指了一下方向。

S10：今天碰头会议题主要是讨论下季度的营销方案。

S21：企业员工作为企业主人，有权利也有义务为企业发展出谋划策。

2.5 实验方法与程序

汉语句子文本阅读。将11句非歧义语境句子与28句含不同链长字段的句子随机排列，以避免或减少学生发现某些规律后有意猜测的可能。让留学生对这些句子用“/”进行词语切分。为观察修改情况，请留学生对有修改的切分在“/”上画等号，即“≠”，且不擦掉。所有句子的词语切分现场完成，回收后由两位作者统一进行评判和统计。

实验要求留学生对这些句子进行词语切分。实验前先进行示范与讲解，确保留学生都明白本实验的要求，随后进行现场切分，示例如下：

（1）我/昨天/坐/飞机/来/的/广州。

（2）将军/用/毛毯/盖/在/士兵/身上。（两种可能的）

将/军用/毛毯/盖/在/士兵/身上。

（3）我/昨天/坐/飞≠机/来/的/广州。（有修改的）

问卷回收后，我们对收回的有效问卷（104份）进行了统计分析，对于切分错误的词语，我们只统计与切分歧义有关的部分，这与我们的考察目标一致。

此外，在39个句子之后，还设置了三道开放性题目，以了解学生在完成上述词语切分时的有关思路，并引导学生对上述切分歧义进行反思和理论上的思考。

2.6 链长控制

关于链长，梁南元（1987）开创性地指出：一个交集型切分歧义所拥有的交集串的集合称为交集串链，它的个数称为链长。举例来说，“中国产品质量”中，“中国、国产、产品、品质、质量”均成词，交集串的集合为｛国、产、品、质｝，链长为4。

本实验中，17句含交集型切分歧义的句子的链长可以很清晰地确定。为大体地统一标准，我们对11句组合型切分歧义采取了变通但本质相同的计算方法，即链长为

① Sn为sentence n简写，义为“句子n”。

“可组合的词语个数 -1”。在实验中，鉴于留学生识别这些词语都会用到诸如词语知识、语境等相关因素，也由于两种类型数量都不够多，样本量不大的情况下实验结果的普遍意义会受到影响，我们在统计时不区分两种切分歧义类型，而是统一将其作为切分歧义看待。这样，这 28 个句子按链长 1 ~5 进行随机排列。这 28 句切分歧义文本中，各链长句子数量如下：

表 1　本实验含不同链长切分歧义的句子数量分布

句子数量	链长				
	1	2	3	4	5
句子数量	10	8	8	1	1

由于含链长为 4 和 5 的切分歧义的句子数量少，在真实文本中出现的概率也很小，因此在数据分析与处理时，我们仅对含链长为 1 ~3 切分歧义的句子进行统计分析，这样可保证实验的代表性。刘开瑛（2000：65）对 510 万字真实新闻语料的研究也表明，链长为 1 ~2 的词次数和字段数分别占总数的约 97% 和 95%，加上链长为 3 的则分别为 98% 和 99%，可见链长为 1 ~3 的切分歧义在真实文本中具有高度代表性。

2.7　实验实施与数据处理

实验共收回问卷 112 份。问卷回收后，我们剔除了一些不合格的问卷，如由于学生水平较低不能有效阅读的（这种情况主要出现在初级留学生答卷中），以及一些答卷态度较差，明显属于随意切分的等，最终得到有效问卷共 104 份，初、中级试卷各 52 份，由两位作者对被试的词语切分进行评判。评判采用标示切分错误的个数的方式，全对的记为“0”，错一处的记为“1”，错两处的记为“2”，其余类推。使用 SPSS 19.0 进行数据统计分析。

3 实验结果与讨论

3.1 总体分析与讨论

3.1.1 不同汉语水平留学生不同链长切分歧义识别错误率分析

表2 不同汉语水平留学生不同链长切分歧义的平均错误率及标准差

汉语水平	链长			平均错误率
	1	2	3	
初级（52）	0.541 3（0.138 5）	0.575 3（0.134 1）	0.390 0（0.090 0）	0.502 2
中级（52）	0.471 2（0.141 2）	0.403 8（0.166 0）	0.300 5（0.075 6）	0.391 8
平均错误率	0.506 3	0.489 6	0.345 3	

注：括号外为平均错误率，括号内为标准差。

对表2数据进行方差分析，结果发现，汉语水平的主效应显著，$F(1, 102) = 39.306$，$p = 0.000$，$p < 0.01$，初级水平的平均错误率（0.502 2）要大于中级水平的平均错误率（0.391 8）；链长主效应显著，$F(2, 153) = 47.287$，$p = 0.000$，$p < 0.01$。

进一步的 Pairwise Comparisons 统计检验表明，链长为1的平均错误率（0.506 3）与链长为2的平均错误率（0.489 6）没有显著差异（$p = 0.354$），链长为1的平均错误率（0.506 3）大于链长为3的平均错误率（0.345 3）（$p = 0.000$），链长为2的平均错误率（0.489 6）大于链长为3的平均错误率（0.345 3）（$p = 0.000$）。

本研究结果表明，初级水平留学生汉语切分歧义识别错误率高于中级水平留学生；链长为1和链长为2条件下，初、中级留学生汉语切分歧义识别平均错误率没有显著差异，但链长为3条件下识别平均错误率显著低于链长为1和链长为2的平均错误率。换言之，当链长为3时，两个水平留学生的汉语切分歧义识别错误率显著下降。

3.1.2 关于汉语水平与链长总体情况的讨论

在汉语切分歧义语境中，初级水平留学生的词语识别平均错误率高于中级水平的，这符合我们的理论预期。虽然阅读时都基本不存在汉字障碍，但一般而言，初级水平留学生的汉语词汇语法知识及词汇量、熟悉度等，都不如中级水平留学生高，而熟悉度是影响词汇识别方式的直接因素（冯丽萍，2003），加之切分歧义语境对词语识别存在一定影响，因此，初级水平较之中级水平留学生在歧义语境中的词语识别错误率更高，与“汉语水平越高错误越少”的一般认识相符合。

就不同链长即1～3的平均错误率而言，实验结果显示，链长为1和链长为2条件下识别错误率无显著差异，链长为3时识别错误率显著低于链长为1和2的。究其原因，可能有以下几个方面：

（1）切分歧义前后组合的多可能性。

在切分歧义中，链长反映了一定语境中词语间相互组合的可能性程度，链长越多，表明词语间相互组合的可能性越大。但正因为相互间组合的可能性大，被试在词语识别时，要受到相互间更多的制约，这些制约让被试在切分时更加“瞻前顾后”，更注意相关语境中前后组合在该语境中的合法性，因而链长越多，其在主观上便更为注意，因而其错误率反而更低。

这一点与中文信息处理中的最大匹配法有些相似但并不相同。最大匹配法包括正向最大匹配法和逆向最大匹配法，前者指从左向右匹配词典，后者反之。在留学生的词语识别过程中，他们不是像计算机一样正向或逆向最大匹配，而是一边正向匹配，一边根据上下文语境对已完成的切分进行调整，这种调整可能是正向、逆向及二者结合的。链长越多，他们根据语境验证、调整的机会就越多。这样的操作模式在很大程度上消解了高链长语境对词语识别的负面影响，对词语识别产生了一定的积极作用。

（2）语境的复杂性。

在本实验中，影响切分歧义识别的语境因素，可以分为词语层面语境和句子层面语境两个方面。词语层面语境因素指在切分歧义结构里，能组合的都是词语，因词语前后组合的多可能性而对词语识别产生影响。如：

S16：他要求职的事情我已经知道了。（要求—求职）

S32：他们的团体操场面十分壮观，难怪得了第一名。（团体—团体操—操场—场面）

句子层面语境指在切分歧义结构里，某些词语或非词，在一定句子语境中得看作非词或词，即在一定句子语境中，本来是一个词的，得分开；本来不是一个词的，得看作一个词。如：

S25：没水果树长得很慢。（“水果、果树”是词，“没水”临时成词）

S26：这条路上有一家人民族是彝族。（“家人、人民、民族”是词，但“家人”此时不是一个词）

两个层面的语境因素，导致留学生在识别时可能会遇到更多的困难，这在链长较少的情况下尤为明显。在链长更多的情况下，留学生可资利用的语境信息更为充分，其识别错误率相应地也就低些。这也是为什么链长更多，识别错误率反而更低的原因之一。

（3）识别错误率与修改率也有一定关系。

在测试时，我们允许被试修改切分并保留修改痕迹，表3是不同链长条件下的修改率。

表3　不同链长条件下不同水平留学生词语识别修改率

汉语水平	不同链长切分歧义的修改率			平均修改率
	链长为1	链长为2	链长为3	
初级（52）	0.021 2	0.039 3	0.021 6	0.027 4
中级（52）	0.042 3	0.077 7	0.036 7	0.052 2
平均修改率	0.031 8	0.058 5	0.029 2	

从表3可知，初级水平的平均修改率（0.027 4）低于中级水平的平均修改率（0.052 2）。我们认为，这与不同水平留学生的语境意识有关。初级水平留学生对语境的敏感性不如中级留学生，他们切分词语后，较之中级留学生，更少有意识地再根据语境进行判断与修正，因而其修改率相对要低。

初、中级留学生在不同链长条件下的平均修改率也存在差异，链长为1的平均修改率为0.031 8，链长为2的平均修改率为0.058 5，链长为3的平均修改率为0.029 2。综合来看，链长为2的修改率最高，其次为链长为1、3的修改率。

链长为3的修改率最低，表明该链长条件下，留学生能有意识地利用切分歧义前后相关的语境信息，在切分时综合考虑前后组合的可能性，其切分因考虑较多而较少修改，其切分错误率也最低（见表2）。链长为2的修改率最高，表明链长为2的切分歧义语境对初、中级留学生词语识别产生的影响最大。这种情况下，有一定语境但语境又不如链长为3的句子那样充分，往往根据一定的词语知识、部分语境切分后，发现还有相关语境制约着这样的切分，于是便参照更充分的语境进行修改。链长为1的条件下修改率居中，表明该链长的切分歧义语境对初、中级留学生词语识别产生的影响较小，留学生在切分时较多地受到已有词语知识的影响，而未注意该切分在该句子中是否合适，因而其错误率也最高（见表2）。

留学生汉语词语识别错误率随着链长增加而降低，即识别正确率随着链长增加而提高，这与他们修改的正误率也有关系。表4是不同链长条件下初、中级水平留学生修改的正误情况。

表4　不同水平留学生在不同链长切分歧义中的修改正误率

汉语水平	不同链长切分歧义中的修改正误率					
	链长为1		链长为2		链长为3	
	改对	改错	改对	改错	改对	改错
初级（52）	0.636 8	0.363 2	0.735 4	0.264 6	0.527 8	0.472 2
中级（52）	0.7220	0.2780	0.7494	0.2506	0.572 2	0.427 8

从表4可知，两个水平留学生在各链长条件下的修改正确率，都呈现出2 >1 >3的趋势。有意思的是，这个趋势与各链长的修改率基本一致（见表3）。链长为2的修改正确率最高，表明在该链长前后词语多种组合可能性的语境下，两个水平留学生都能较好地利用前后文语境进行动态识别，这个链长的词语组合数量留学生能较好地进行识别。链长为3的修改正确率最低，表明尽管该链长的修改率最低，但由于词语前后组合的可能性较多，在这种更为复杂的语境下，加之可能受到记忆容量的影响，其修改正确率处于相对较低的水平。而链长为1的词语组合数量有限，相对简单，但也没有足够充分的语境帮助留学生判断，故其修改正确率处于2、3之间。

3.2　不同水平留学生链长差异条件下识别错误率比较

3.2.1　初级水平被试实验结果

对初级水平留学生三种链长条件下的错误率进行方差分析，结果发现差异十分显著，$F(2, 153) = 33.538$，$p = 0.000$，$p < 0.01$。进一步的Pairwise Comparisons统计检验表明，链长为1的平均错误率（0.541）和链长为2的平均错误率（0.575）无显著差异（$p = 0.160$，$p > 0.05$），链长为1的平均错误率（0.541）大于链长为3的平均错误率（0.390）（$p = 0.000$），链长为2的平均错误率（0.575）大于链长为3的平均错误率（0.390）（$p = 0.000$）。

3.2.2　中级水平被试实验结果

对中级水平留学生三种链长条件下的错误率进行方差分析，结果发现差异十分显著，$F(2, 153) = 21.676$，$p = 0.000$，$p < 0.01$。进一步的Pairwise Comparisons统计检验表明，链长为1的平均错误率（0.471）大于链长为2的平均错误率（0.404）（$p = 0.011$，$p < 0.05$），链长为1的平均错误率（0.471）大于链长为3的平均错误率

(0.301)($p=0.000$),链长为2的平均错误率(0.404)大于链长为3的平均错误率(0.301)($p=0.000$)。

3.2.3 相关讨论

初级与中级汉语水平者比较而言,链长为3的切分歧义中的词语识别错误率都最低,链长为1和2的识别错误率均高于3。不同的是,初级水平留学生链长为1和2的识别错误率无显著差异,而中级水平留学生链长为1的识别错误率高于链长为2的。总体而言,链长越多,初、中级水平留学生的词语识别错误率越低。

上述初、中级汉语水平者在不同链长切分歧义词语识别错误率方面存在的差异特点,至少有以下两个方面的原因:

(1)初、中级留学生对链长较多的切分歧义较为敏感,较多的组合更能引起学生的注意,因而在高链长条件下识别错误率较低。但初、中级水平留学生相比较而言,中级水平留学生的语言水平更高,对词语及其在动态语境中的"边界"更为敏感,因而在链长为2条件下的识别错误率低于链长为1的;而初级水平留学生的语言水平、语境意识较低,在处理更为复杂的链长为2的组合时,其水平略显不足;而链长为1时语境信息又较为欠缺,二者都存在自身的弱势因素,因而链长为1、2条件下识别错误率无显著差异。

(2)相比较而言,中级水平比初级水平留学生更倾向于采取自上而下的阅读模式。我们在问卷后半部分设计的几道开放式问答题,主要包括以下内容:

如果你不知道某个词,你切分(识别)一个词时怎么办?

如果把你切分(识别)词语时考虑的因素排序,你先考虑什么,后考虑什么?

总体来看,初级水平留学生较多回答"看那个词的意思""看知不知道那个词",以及"看前面和后面""猜一猜"等,中级水平留学生较多回答"先读完句子,看看句子什么意思,再看什么是一个一个的词""读一读句子,再猜""看熟悉的词语,再看前后"等。

从这些回答可知,初级水平留学生更倾向于采取自下而上的阅读模式,而中级水平留学生更倾向于采取自上而下的阅读模式。这两种阅读模式的差别反映了初、中级留学生汉语水平、处理句子中语言成分关系的差异。同时,在切分歧义词语识别时,中级水平留学生在链长较多时,其识别的语境依赖、相互验证的意识和能力均更强,而初级水平留学生对歧义语境间相互验证的意识与能力均相对较弱,这可以在一定程度上说明为何初级水平留学生在链长为1和2时的切分歧义识别错误率大体相当,而中级水平留学生在链长为1的切分歧义语境中的识别错误率高于链长为2的识别错误率。

3.3 不同链长条件下不同汉语水平的识别错误率比较

对不同链长条件下不同汉语水平识别错误率的方差分析表明，在链长为1的情况下，汉语水平的主效应显著，$F(1, 102) = 6.548$，$p = 0.012$，$p < 0.05$；链长为2的情况下，汉语水平的主效应极为显著，$F(1, 102) = 30.188$，$p = 0.000$，$p < 0.01$；链长为3的情况下，汉语水平的主效应更为显著，$F(1, 102) = 33.590$，$p = 0.000$，$p < 0.01$。

这组数据结合表2，反映了初、中级汉语水平留学生在不同链长条件下的识别错误率情况。在链长为1的切分歧义条件下，词语间相互牵制、验证的可能性小，较少受到语境的影响，但两个水平留学生汉语水平差别较大，这应该是汉语水平主效应显著的主要因素；在汉语水平差别较大的情况下，链长为2时，词语间相互牵制、验证的可能性增大，中级水平留学生的汉语知识、对语境的敏感性较之初级水平留学生发挥了更大的作用，因而其识别错误率更低，组间变异更为显著；在链长为3的条件下，中级水平留学生利用词语间相互牵制、验证的可能性更大，加之中级水平留学生更倾向于采取自上而下的阅读策略来完成此类句子的切分任务，因而其错误率较之初级水平者更低，组间变异更为显著。

4 结论与教学启示

通过上述实验分析与讨论，我们得出以下四个基本结论：

（1）在切分歧义条件下进行汉语词语识别，汉语水平主效应显著，初级水平留学生汉语切分歧义识别错误率高于中级水平留学生；链长主效应显著，在链长为1和链长为2条件下，初、中级留学生汉语切分歧义识别平均错误率没有显著差异，但链长为3条件下的识别平均错误率显著低于链长为1和链长为2的平均错误率。

（2）初级与中级汉语水平者比较而言，链长为3的切分歧义词语识别错误率都最低，链长为1和2的识别错误率均高于链长为3的。不同的是，初级水平留学生链长为1和2的识别错误率无显著差异，而中级水平留学生链长为1的识别错误率高于链长为2的。

（3）初、中级留学生各链长的修改率和修改正确率都呈链长为2 > 链长为1 > 链长为3的趋势。

（4）在完成切分歧义词语识别任务时，中级较之初级水平留学生利用语境进行调整的意识和能力均更强，且更多采取自上而下的阅读模式，这在一定程度上对降低其错误率产生了积极作用。

词语识别是汉语阅读中经常要面临的问题，也是提高阅读效率的有效途径。本文讨论的是词语识别中的特殊情况，一般的阅读教学较少会涉及不同链长条件下的词语识别。尽管如此，探讨不同水平留学生链长复杂条件下的词语识别，对切分歧义词语识别及其教学仍具有如下三点参考意义：

（1）重视语境对词语识别的提示、验证作用。

在一定语境中，词语往往是确定的。本实验讨论的不同链长的切分歧义的情况，在一定语境中其实只有一种是正确的。在链长较多的语境下，留学生具有较高的语境意识，能较好地利用语境提示识别、调整词语，但在链长较少的语境下，留学生往往容易忽略语境的提示、验证作用，而更多依赖已有的词语知识。在教学中，如果能加强这方面的训练，可强化留学生对链长较少语境中词语间的相互提示验证意识，充分利用相关语境，提高识别的正确率。

（2）在阅读模式方面，引导学生自下而上与自上而下相结合。

当学生的词语知识足以正确进行句子中的词语识别时，自下而上模式显得较为高效，但如果识别遇到障碍时，应引导学生回过头来，在全局关照下自上而下地利用语境进行验证，从而提高识别的正确率。

（3）多做字词组合训练，让学生熟悉词语的不同组合形式。在具体的句子（语境）中，很快地判断出应该是哪种组合，从而减少词语识别的错误，提高阅读的速度和效率。

本文仅对初、中级水平留学生汉语切分歧义识别进行了初步探讨，还有一些问题未进行深入讨论，如未区分交集型歧义和组合型歧义，未区分真歧义和伪歧义等。这些不同的类型，留学生在识别时可能具有不同的特点，这留待下一步专门讨论。

参考文献

冯丽萍．中级汉语水平外国学生的中文词汇识别规律分析［J］．暨南大学华文学院学报，2003（3）．

干红梅．词语结构及其识别对汉语阅读中词汇学习的影响［J］．语言文字应用，2009（3）．

廉竹钧．汉语组合型切分歧义字段消歧方法研究［D］．北京语言文化大学硕士学位论文，2002.

梁南元．书面汉语自动分词系统——CDWS［J］．中文信息学报，1987（2）．

刘开瑛．中文文本自动分词和标注［M］．北京：商务印书馆，2000.

孙茂松，左正平，黄昌宁．消解中文三字长交集型分词歧义的算法［J］．清华大学学报（自然科学版），1999（5）．

孙茂松，黄昌宁，邹嘉彦，陆方，沈达阳．利用汉字二元语法关系解决汉语自动分词中的交集型歧义［J］．计算机研究与发展，1997（5）．

孙茂松，左正平，邹嘉彦．高频最大交集型歧义切分字段在汉语自动分词中的作用［J］．中文信息学报，1999（1）．

张金桥．句子语境在外国留学生汉语词汇识别中的作用［J］．华南师范大学学报（社会科学版），2008（2）．

YANG J. Orthographic effect on word recognition by learners of Chinese as a foreign language［J］. Journal of the Chinese language teachers association，2000，35（2）．

EVERSON M E. Word recognition among learners of Chinese as a foreign language：investigating the relationship between naming and knowing［J］. The modern language journal，1998，82（2）．

（本文曾刊载于《语言教学与研究》2012 年第 3 期）

［作者简介］

杨万兵，博士，暨南大学华文学院副教授，主要研究方向为应用语言学和华文教育。蒋利平，硕士，暨南大学华文学院讲师，主要研究方向为汉语作为第二语言教学。

“写长法”及其在汉语二语写作教学中的应用[①]

宗世海 祝晓宏 刘文辉

1 引言

国内对外汉语教学界有关汉语第二语言（以下简称“汉语二语”）写作教学的研究成果已比较丰富，专著有祝秉耀、傅忆芳的《汉语写作教学导论》（1996），罗青松的《对外汉语写作教学研究》（2002），李晓琪主编的《对外汉语阅读与写作教学研究》（2006）。同时，吕必松（1996、2007）、周小兵等（2004）、周健等（2004）的对外汉语教学专著都有对写作教学的专门论述。另外有散篇论文 60 多篇，硕士学位论文 4 篇。已经出版汉语二语写作教材约 30 部，涵盖基础写作、应用文写作、初级写作、中级写作、高级写作、商务汉语写作、外贸写作、读写教材等各个层次和门类。其中用“传统法”的例如罗青松的《汉语写作教程》（1998），用“过程法”的例如杨俐的《外国人汉语过程写作》（2006），用“任务法”的例如陈作宏主编的《体验汉语写作教程》（2006—2007）。这里介绍一种新的值得大力推广的汉语二语写作教学法——“写长法”。

2 外语“写长法”的理念及应用

2.1 外语“写长法”的产生背景

外语“写长法”是由广东外语外贸大学二语习得专家王初明提出的一种以写的方式促进学习的外语学习和教学理论。其要点是针对学生学外语多年而不会运用的困境，以设计激发写作冲动的任务为教学重点，在一定的学习阶段，顺应外语学习规

① 本文是暨南大学第十二批教学改革研究重点项目“留学生汉语基础写作‘写长教学法’改革与实践”成果，并获得 2010 年广东省高等学校本科特色专业建设点建设、2011 年广东省高等学校重点建设专业经费支持。感谢广东外语外贸大学王初明教授、郑超教授，马来西亚华文教师韩小萍女士对本文初稿的赐教。

律，通过调节作文长度要求，逐步加大写作量，使学生在表达真情实感的过程中，冲破外语学习的极限，由此增强学习成就感，提高自信心，将外语知识加速打造成外语运用能力（王初明等，2000；王初明，2005a）。

1999 年 3 月起，广东外语外贸大学王初明及其教学团队在英文学院进行了教学实验。2000 年 6 月，王初明等撰写的题为“以写促学——一项英语写作教学改革的实验”的论文在《外语教学与研究》上发表，“写长法”在全国产生影响。此后，以王初明、郑超为首的教学团队相继开展了一系列教改实验，并取得了丰硕成果（郑超，2004）。同时，郑超还把“写长法”的主要理念“以写促学”应用于自己的英语写作课程改革中，并主编出版了“以写促学”教材，即《英语写作通用教程》（2008）。

2.2 外语“写长法”的理念

根据王初明（2004、2005a），外语“写长法”主要基于以下理念：写长可以打开学习的情感通道，促进外语学习；外语技能是学出来的，不是教出来的；写长可以加快知识向运用层面转化；写长可以帮助学生超越自我，开阔思路，挖掘学习潜力。

“写长法”要求学生每次多写一些，不断超越自我。但是写长并不是最终目的，而只是外语学习的一种手段。能够写出精练短文者，必然经历过写长、写泛阶段。写长只是顺势而为，因势利导；经历过写外语长作文这道坎，学习外语其他内容会相对容易一些。

2.3 外语“写长法”的操作要点

“写长法”的操作要点主要有：①精心设计能激发学生写作冲动的作文任务；②课内布置，课外写作；③多鼓励，树榜样；④评改和评讲的重点是肯定优点，间接改错，不改或少改错误；⑤评分采用百分制，分设 4 个评价标准。（王初明等，2000；王初明，2004、2005a）

2.4 外语“写长法”的实施效果

“写长法”的实施效果包括两个方面：①“以写促学”效果；②写长对写作能力本身的提高的效果。

写的促学效果早有实证支持（Izumi et al.，1999；Izumi & Bigelow，2000；王初明，2005）。国内王初明等（2000）总结了他们进行的英语“写长法”教学改革实验结果，表明通过写长作文，学生写英语作文的信心增强了，并认为写长作文有助于提高其英语水平。王初明（2005b）在一项写作与词汇记忆的实验中也发现，英语单词在写作中用过一次，被记住的概率显著增加，说明写作能够提高识记英语单词的效率。同时，王立非（2004）、唐桂民（2004）、方玲玲（2004）、许竹君等（2004）、吴斐（2005）、甘丽华（2008）等都证明了“写长法”能够有效改善外语的使用，促进外语水平的提高。

根据郑超（2004：16），他们的高校英语写作改革课给12个班带来了三点特殊的收获：①日常英语写作的真实体验；②真正的应试实力；③学生的自信心和成就感。此外，钟凌、王天发（2008）也验证了“写长法”在英语作文教学中的作用。

2.5 外语“写长法”的局限性及有关争论

根据王初明（2006），“写长法”有三个局限性：第一，它不适用于初学者；第二，写长活动中学习者语言使用的瞬时互动性差；第三，写作任务的语境真实性不易设计。有人提出疑问，认为现有的试验结果不能够说明外语“写长法”的有效性，外语“写长法”促学的意义不够明确，同时缺乏有效的促学程序（文秋芳，2005）。对于这些质疑，王初明（2005c）作了回应。我们认为，“写长法”的理念符合外语学习、外语教学原理，当然也需要继续发展。王大雄、王晓燕（2011）对国内“写长法”的研究作了较详细的综述，其中也指出“写长法”的一些不足，但论证比较欠缺。

3 “写长法”在汉语二语写作教学中的应用

3.1 “写长法”在汉语二语写作教学中的适用性

3.1.1 “写长法”能促进外语学习，同时也能促进外语写作的学习

根据王初明（2004、2005b），“写长法”是一种外语学习和教学理念，而不是作文教学法；“写长法”（以写促学）和作文教学（学习写作）具有六个不同点；运用“写长法”施教，尽可能少讲作文法，不设框框去束缚学生思想。

那么“写长法”是否适用于写作教学呢？答案当然是肯定的。首先，作为一种外语学习和教学理念，“写长法”既可以通过写长作文提高学生的外语学习能力，当然也可以首先提高学生的外语写作能力，因为二者是包含关系。其次，郑超等人尝试把“写长法”的主要理念运用于英语写作课程改革，同时兼顾吸收了国内外其他教学法理论和写作理论，编写了有关教材，取得了很大的成功。类似的研究还有钟凌、王天发（2008）等。

3.1.2 “写长法”既适应于外语教学，也适用于二语教学

“写长法”是一种外语学习和教学的理论。外语教学指在目的语环境以外进行的语言教学，中国的英语等教学都是外语教学（English as a Foreign Language）。而进入目的语环境的语言教学则是二语教学，比如在英语国家为外来的非英语者进行的英语教学就是英语二语教学（English as a Second Language）（宁春岩、宁天舒，2007）。同理，在非汉语国家教授当地人汉语属于汉语作为外语的教学，而在中国境内的对外汉语教学则是汉语二语教学。① 二者最大的不同在于学习者是否具备目的语环境。

虽然外语教学和二语教学不同，但是它们也有共通之处。第一，它们都是非母语的教学（宁春岩、宁天舒，2007），两者的终极目标都是能够听、说、读、写。相对而言，二语教学语言环境优于外语教学环境，既然“写长法”在外语教学上被证实是有效的，那么用在二语教学上，则理应发挥更好的作用。

第二，就写作学习而言，外语教学与二语教学没有本质的不同，即不管是在哪里写，写作都是个人行为，不需要太依赖和借助语境。“写长法”正是发挥了写作的这个特点，即使没有丰富的语言使用环境也能通过写作去打造外语能力。“写长法”不但适用于外语教学和二语教学，而且适用于一语教学。美国学者 Peter Elbow（1997）认为，在第一语言教学中，加强写作是促进学习的好途径（郑超，2004：13）。

3.1.3 “写长法”可以缓解我国汉语二语教学的困局

我国的汉语二语教学界普遍采用“精读＋小四门”的课程模式，或者在此基础上略有变通。而实际编写的教材多数是“精读”与“小四门”脱节，既不能配套，也分工不清、合作不够，结果导致写作任务太少或者实施不到位。同时，由于大学中文（特别是汉语言文学）界传统惯性的影响，很多教师看不起写作教学，或者是畏难写作教学的改作文负担，导致写作教学更加薄弱。汉语二语写作教学属于言语技能训练，很多人都承认，写的能力是听、说、读、写四种言语能力中最重要和最难习得的能力，也是汉语教学能力训练中的难点。从留学生实际运用汉语的能力，尤其是其毕业论文写作能力看，这个问题更为突出。② 但是，如何突破这一难题，目前找不到很有效的方法。我们认为，实施“写长法”正是破解这一难题的有效方法之一。总之，“写长法”的理念和操作手段不但可以，而且很有必要借用来为汉语二语写作教学服务。

---

① 来我国学习汉语的少数华裔因为家庭保留华语或者汉语方言，所以其汉语学习具有特殊性。这个问题本文暂不细究。

② 宗世海（2010）报告了美国和东南亚华文教学中大学毕业论文的写作情况，从中可知汉语作为外语教学中毕业论文的写作情况不容乐观。

3.1.4 “写长法”适用于汉语二语中级阶段“基础写作”的教学

汉语写作分“基础写作”（指记叙、说明、论说三大类体裁）、“应用文写作”①、“文学创作”、“学术写作”四类，针对留学生的写作教学情况没有这么好，不过大体相似。少数院校分四门课来上，多数只开设“基础写作”和“应用文写作”两门课，甚至有的学校只合开一门写作课，或者不开专门的写作课，而只在综合课中进行写作训练。不管课程如何设置，“基础写作”各体裁的训练都是最为重要的，也最适于采用“写长法”开展训练。而“应用文”具有较明确的接受对象和较强的程式性、规范性，不能要求一味写长，所以并不适用以“写长法”施教。

对留学生进行汉语写作训练，又分为初级、中级、高级三个阶段。初级阶段一般从第二学期下开始，每个阶段延续一年。“写长法”的精神之一是先长后短，由长到精，故此，在汉语二语写作教学中，它很适用于中级阶段的教学。

3.2 运用“写长法”进行汉语二语写作教学改革的尝试

3.2.1 理念和背景

既然“写长法”符合语言习得原理，且非常有效，有可能也有必要引入汉语二语写作教学，特别是中级阶段的“基础写作”教学，就应该进行积极尝试。

理论上，前文所述外语“写长法”的理念基本上也适用于汉语二语写作教学。当然，因为课程性质和教学对象的原因，在运用“写长法”施教的同时，我们应该吸收其他有益的教学理念和方法。

我们所倡导的汉语二语写作“写长法”以写长（具体表现为每篇的字数多）、写多（具体表现为写的篇数多）、适当写快为特点，在施教过程中通过精心设计能够激发学生写作欲望的写作任务、提供范例等方法，鼓励学生写长，越长越好；写多，越多越好；并适当写快。与外语“写长法”相比，我们同时强调写多和适当写快。该方法也兼融了传统“结果法”和较新的“任务法”“过程法”的合理成分。国内近年来对写作教学的“传统法”（或称“结果法”）多有微词，其实传统法并没有过时，用体裁统帅写作训练，是必要的甚至是唯一正确的教法。至于所谓“任务法”，在我们看来，更是写作教学的“题中应有之义”，不但应用文写作题目、要求是任务，基础文体写作的题目、要求也是任务。“过程法”强调构思过程的训练和多稿写作，我们

---

① 请注意：“基础写作”和“应用文写作”的区分只意味着其所教授和训练的体裁的性质差异，不表示基础的级别比应用的低。在所有写作课程门类中，“基础写作”类和“应用文写作”类各体裁的训练均同等重要，且各有初、中、高级之分。从体裁特点来看，先训练基础类体裁，后训练应用类体裁比较可行，也符合“由长到精”的指导思想。

吸收其重视构思过程、尽量多改的思想，但在总体思路上不采用“过程法”，因为其用于留学生“基础写作”并不现实，最大的问题是课时非常有限。理论上，我们倡导的“写长法”不但能教好 HSK 应试作文，而且能教好所有“基础”体裁写作，以及简单的新闻写作和文学创作（散文和小说）。

秉持这样的理念和认识，本团队 10 位教师于 2005 年起在暨南大学华文学院留学生本科中级班和汉语短期进修中级班进行了“写长法”写作教改实验，并且在认真设计教学任务的基础上编写了“写长法”实验教材《汉语中级写作》（上、下册，宗世海，2005），内部印行。该教材贯穿写长、写多、适当写快的思想，以体裁为纲，以精心设计的限体裁、命题作文为主要形式；以精心挑选的范文引路和正面鼓励（肯定优点、淡化不足）等为情感激励手段，力求通过写长、写多汉语作文，提升留学生的汉语运用能力，并促进其汉语学习。2006 年“汉语基础写作（中级）”课程被评定为暨南大学精品课程。[①] 2011 年，本项目作为暨南大学第十二批教学改革研究重点项目获得支持。

3.2.2 课程任务与目标

这里所说的“任务”指一门课程要训练的体裁范围、数量、每篇长度等。“目标”指与此相应的学习者应该达到的汉语写作能力标准，而汉语写作能力标准可以转化为更具体的作文体裁范围、数量，篇数，单篇长度量，单篇汉字、词汇、句法量指标，以及学期、学年总指标；其中尤以体裁范围、数量，篇数和总字词量几个指标为最重要。

我们规定，通过一学年 80 学时的教学训练（含复习考试），使留学生完成约 22 篇限体裁、命题作文（每篇字数底线从 500 字起步，发展到 1 200 字）；约 15 篇的“听后写”（全文听记后写出，每篇 200 ~ 400 字，只在第一学期实施），若干课外日记。

其中记叙文是重点。22 篇作文的体裁和训练篇数如下：叙事（5 次，包括游记、消息和新闻故事）、写人（2 次，其中一次为文学散文）、写景状物（2 次，文学散文）、说明（5 次，包括自我介绍、事物类说明文、程序类说明文和专深知识说明文）、论说（6 次，包括评论、自论和小型调研报告）、书信（2 次，包括写给父母师长亲友的信和感谢信）。之所以还有应用文，是因为两种书信都很实用，也适合写长，而如果等到上“应用文写作”课时再写就有点迟了；调研报告既有一定基础体裁的特征（论说），也有应用文的特征和科学研究论文的特征，而我院并没有专门的学术论

① http：//202.116.0.161/ihwxy/dmlxz/index.htm.

文写作课程，所以也放在“基础写作”里教授。写作教学以体裁统帅是惯例，也是唯一可取的教学方式。我们在取舍时注意了体裁的重要性及其对留学生而言的训练难度。

之所以增加“听后写”，是考虑到这些学生并没有学过专门的初级写作课，对用汉语进行全文写作还不习惯，而据我们观察，“听后写”是非常有效的提高留学生汉语写作速度、语篇结构能力和听力的方式。

日记是课外写作的长期任务，重在鼓励学生坚持。实际操作时每学期只计算一个平时参考成绩。

我们计划经过1年的“基础写作”训练后，一般学生可以完成总字数30 000的写作任务。《高等学校外国留学生汉语言专业教学大纲》（国家对外汉语教学领导小组办公室，2002）规定4年写作52 000个汉字，年均13 000个汉字，这是目前看到的分量最重的规定。我们中级写作的训练结果远远超出了这个要求。若再配合初级写作、应用文写作、学术论文写作训练，以及综合课中的写作训练内容（我院本科生每个班的汉语综合课周课时约9节），留学生的汉语写作能力可以得到极大的锻炼。

3.2.3 操作过程与方法

（1）设计任务。

以设计真实写作任务为重点，激发留学生的写作欲望和热情。在总的体裁框架下，根据学期的时间特点安排具体写作任务。比如第一次写“自我介绍”，第二次写“给家人或师长、朋友的一封信”，第一个假期返校后写假期见闻等。所有的命题均要求符合留学生身份，尽量满足其真实交际需要，其中像“我的母亲/父亲”、爱情故事、看图写作（一般四幅图画一组），写本国的自然风光、习俗特产、民间故事等任务，都是留学生非常喜欢的题目。

以精选的范文引路，给留学生以具体可感的样板，并促使其开启思路，尽快下笔成文。为了增加亲近感，我们的范文包括了不少往届留学生的优秀习作。对于范文中的字词，只作注音，若字词是HSK丙级、丁级的超纲词，则运用“中文助教”软件予以简单注释（英文）。

有关体裁知识、作文法并不深入讲解，而只在学生看完（有时是集体朗读完）范文后提炼出几条“写作知识”“写作要点”，要求学生在紧跟着的作文中运用。比如记叙文写作（I）“写人”这一讲，给出留学生作者和中国作者各1篇范文后简单罗列写作要点如下：①记叙文的“六要素”：时间，地点，人物；事件的原因，经过，结果。②叙述的顺序：顺叙（重点）、倒叙、插叙。③以事写人，内容要具体，情感要真挚。④对所写的内容要作出选择、取舍，精心写好两三个主体段落（非自然段）。

（2）课后或当堂写作。

我们的训练路子是全文写作，即以体裁为主线，以常见写作方法（如记叙的顺序，描写的方法，说明、论证的方法）为辅组织教学；和王初明、郑超一样，我们也不采用从句到段到篇的训练方法。

以课后写作为主，适当当堂快写。为了规范书写和便于统计数字，我们规定学生必须用统一的 20×20=400 格活页原稿纸写作（右边空 3 个格子留作教师眉批、学生订正错误用）。鼓励学生在课堂上写，繁难而当堂不能完成的写作任务可以在课下继续完成——这时，教师在学生作文的当前位置作出标记，要求他们课后接着写，而不许另起炉灶。其用意有二：第一，让师生知道当堂已经写了多少，速度怎样；第二，让教师知道学生课后有没有更换纸张重新开写。据我们观察，对留学生而言，课后另起炉灶和新写一篇文章一样困难；不采取这种方法，其课外写作常要拖到交卷的前一天晚上才匆匆下笔，自然影响质量。采用课上开写、课外继续完成的方式，也有利于减少抄袭。当堂写作在第二学期采用更多。

“听后写”（全文听记）也属于当堂快写的范围，其录音文本主要采用陈贤纯《汉语强化教程：初级写作》（2005）中的材料，每次采用长约 3 分钟的文本，播音 3 遍后要求学生根据记录写出全文内容。这种训练一般每篇需要至少 20 分钟。实践证明这种方法非常有效，也很受学生欢迎。[①]

课堂写作中教师的主要任务是为学生提供字词、语法服务，学生可以问老师、同学，查字典、词典、手机、快译通，不会写的字词可以用拼音（而不能用母语）代替。为了使学生写得更快，一般要求其在写作前简单列出提纲，大体规定出文章的整体框架和顺序。

课外日记是进行写长训练的辅助方法。教师要求学生课外写日记，既鼓励多写、写长，也主张量力而行，不必为完成任务而拼凑。这里的日记可以是多种多样的，包括叙事、评论甚至诗歌，只要是用中文写作即可。教师对于学生日记的处理如下：每学期收起来检查三次左右，简单通读，甚至粗粗浏览，写上篇数、字数和鼓励的话。对于汉语特征很强的时间、地点写法，分段、标点等典型错误，则简单指出，要求学生自己改进。日记的作用一是可以写限体裁、命题作文以外的自己想写的内容，以弥补限体裁、命题作文之不足；二是对学有余力的同学提供一个超额练习的平台，而不至于所有同学都要完成同样篇数的作文，导致有的人“吃不了”（吃不消），有的人“吃不饱”。

---

① 参看本课题组成员张萃：《“听后写”：一种强化式汉语写作训练手段的理念和实践》，暨南大学硕士学位论文，2011 年。

（3）评阅批改。

由于有助教帮助，我们对每篇留学生所写的作文都给予简单批阅，至少给一个印象分数，并署名落款。

评阅的原则是充分肯定优点，淡化不足；多批画，少修改。所谓批画，指用画着重号、下划线、错别字框等方式给予嘉奖或者提示，要求学生注意优缺点并自己修改有问题之处。对学生的语言、书写问题尽量“间接纠错”，或者只批画其主要错误，以引起注意，留待他们日后自己修改。正如钱冠连（2004）所说：“写长法”给正确的加分，对错误的不扣分，巧妙地对错误“视而不见”，这是纠错的一次观念性大转变。

写作前教师一直强调写长写快有奖，评分时这一点要给予兑现。长度、内容、结构、语言都占有重要分值。每篇作文在批阅时都于首页顶端注明字数（粗算法：行数×每行格子数=总字数），并作为第一个评讲项目。“听后写”一般不批改，而是下发参考答案，或者当堂对照答案文本集体修改。为了训练写作速度，在三遍听记笔记结束后开始计时，并把学生抄写誊清的答卷按提交先后的名次、用时予以记录，以示关注和表彰。

王初明（2004）认为甲、乙、丙、丁制给分比较粗糙，提倡百分制。我们从多年从事中国中学写作（语文）教学、大学写作教学和留学生写作教学的经验看，百分制并不容易把握；把100分分解为4个项，分别给分再相加，更不容易把握。所以我们采用不分项而给综合分的办法，以“甲、乙、丙、丁”为主，再适当辅以“上、下”予以微调。主分数“甲、乙、丙、丁”表示该文的大等，“上、下”则是在大等范围内的微调。比如“甲上”在期末时可能换算为96分；“甲下”则为88分（不采用A+、B-之类，也有遵从汉语习惯的用意）。

（4）评讲。

评讲课按照先学生自阅、再学生传阅、最后教师评讲的顺序进行。

学生阅读自己的作文时要顺手填上教师给出的错别字框。循环阅读他人的作文一般每次2~3篇，这是本文第一作者在美国旁听TESOL课学到的招式，其意义在于增加交互，使每一篇作文有多个读者，每一个作者同时成为多篇同伴习作的读者。评讲的第一个指标就是字数，教师一般口头表扬前五名、前十名写得最长的学生，或者是所有超过规定字数的学生，以示鼓励。评讲也分长度、内容、结构和表达四个方面。其中一些常见分段、标点、错别字等错误经过三四次作文评讲即可解决，不再重犯。

（5）修改及“发表”。

这里的“发表”是广义的，包括交换阅读、在班级内张贴。评讲完毕以后教师选择若干较好的文章，常常也都是最长的文章，在教室里的“学习园地”张贴；学期末要求学生先整理本学期所写作文，编上页码，加上目录和封面，并选出一篇自己最满意的作品，予以精心修改，有条件的可做成电子文件，交给教师推荐到中国及学生所在国华文媒体公开发表。

3.2.4 实验结果

从2005年秋季开始，本教学团队在暨南大学华文学院华文教育本科专业和对外汉语非学历中级班“基础写作”课上进行了“写长法”教学实验，到2011年7月为止已经在12个班次进行了实验（其中不少班级连续施教两个学期）。目前取得的成果如下：

（1）习作、“听后写”、日记文本统计。

我们先将学生习作进行打字、校对；然后进行简单的总篇数、人均篇数、总字数、人均字数的统计，以检验教学效果。其中“听后写”暂时没有打字，因为是统一做的，所以每人的写字量大体一样。日记有的没有打字，暂不能作全面的统计报告。

打字请高水平留学生完成，一般再请研究生校对一到两遍，有的由教师亲自校对。打字的目的不仅在于方便检验写作教学效果，同时旨在建立暨南大学华文学院留学生汉语书面中介语语料库。

下表是作文篇数及字数的统计情况：

汉语基础写作（中级）“写长法”实验留学生作文篇数、字数统计（以学期为单位）

班级分类	班级数	人数	总篇数	总字数	人均篇数	人均字数	篇均字数
写长法B班	7个班	126	1 301	1 348 229	10.33	10 700.23	1 036.3
写长法C班及非学历班①	5个班	123	1 009	927 301	8.2	7 539.03	919.03
总计	12个班	249	2 310	2 275 530	9.28	9 138.67	985.08

从统计表可以看出，12个实验班所写作文，学期人均总篇数为9.28篇，学期人均总字数为9 138.67（计标点符号），每篇字数为985.08。由此可以算出，一年下来留学生人均完成18 277.34个汉字的写作量。

“听后写”：只在第一个学期进行。人均约10篇，计2 500个汉字。

日记：因为不少日记尚没有打字，未能统计。这里只提供一个有完整电子稿的

① B班学生是入学时具有一定汉语基础的学生，C班学生是入学时基本没有汉语基础的学生。前者可能入学第一学期就开设汉语基础写作课，后者则是一年以后才开设此课。这些学生都是奖学金生，学风较好。非学历学生属于短期语言生，基础和学风都稍差。

2007 级 B 班两个学期的统计数据。两个学期累计人均篇数 55.26 篇，人均字数 9 903.36。这就是说，该班学生在写课外日记时完成的写作量是课堂写作教学之写作量的一半。这个班学生的汉语水平较好，基础和学习积极性差一些的班级可能达不到这个水平。

以上统计说明，每周两课时的写作课，坚持写长训练一年，不计考试作文，每个中级水平的留学生（主要是华裔子弟）大体人均完成汉语写作量为 30 680.70 个汉字。这在汉语二语写作教学中尚未见到先例。

（2）作文考试。

6 年的“写长法”教学实践表明，绝大多数学生在作文考试时能够完成规定体裁、规定字数的作文任务，其作文内容充实，结构、语言基本过关，书写、行款符合要求。总体而言，他们的考试作文既写得长，又有较高水平。《汉语水平等级标准与语法等级大纲》（刘英林，1996）之“汉语水平等级标准”规定的 5 级（即最高级）水平作文技能标准是，学生在 2 小时之内写一篇 800 字、内容充实、文字连贯的命题作文。我们实验班的学生绝大多数可以达到这个标准，而且速度更快，因为我们 110 分钟的考试还包括 40% 的非作文题目。但是旧版 HSK 中级以下不考作文，所以无法用它来鉴定我们中级及以上学生的作文能力。至于新版 HSK，其考试难度大大降低，经过写长锻炼的留学生应付其 6 级写作（书写）之先阅读材料再以 35 分钟写 400 个汉字的作文不成问题。

（3）优秀习作的发表。

这里只指正式发表。

第一，6 年执教的结果之一是，已经有 60 篇学生优秀习作在中国华文教育网上发表。这些习作都经过指导教师的简单修改编辑，并附评语。可以看出，我们学生的作文，长度、难度明显超过同一网站的其他学生习作。[①] 第二，有约 120 篇学生优秀习作经过学生和教师的进一步加工，分别在《人民日报》海外版、《孔子学院》院刊、《广州华苑》（暨南大学华文学院主办的正式刊物），或者学生所在国的中文报刊上发表，比如印尼的《国际日报》《千岛日报》《印广日报》《迅报》《坤甸日报》，其中还有 9 篇甚至发表在印华作家协会主办的文学刊物《印华文友》上。第三，推荐外国非华裔学生参加中国报纸“全民写高考作文”活动。2008 年 6 月中国高考当天，我们施教的印尼原住民学生玛莉亚和菲律宾原住民学生施天成参加了《羊城晚报》组织的全民写高考作文活动，所写两篇同题作文《不要轻易说“不”》都在该报上发表，

① 详情请看中国华文教育网，http：//www. hwjyw. com/jxyd/xzdp/index_6. shtml。

内容、形式都有较高水准。第四，挑选前届学生的优秀习作编入自编的写作教材，给后续学习的同学作范文。

4 讨论

4.1 本教学团队实施的汉语二语写作"写长法"与外语"写长法"有几点不同

结合我们的认识与留学生实际，我们在实施汉语二语写作"写长法"时作了一些变通：第一，为弥补学生没有上过初级写作课程的不足，增加了一个学期的"听后写"课程。问卷调查显示，绝大多数学生认为这种练习方式非常有用。第二，增加课外日记。实践证明这个环节的效果非常好。第三，对大多数留学生作文进行简单批阅，原因在于学习者（通过问卷得知）及教师都认为对于外国留学生习作应该尽量批改，同时我们有主攻汉语国际教育的研究生做助教，批阅方便。第四，增加评讲前的传阅环节，这个环节可以增强学习者汉语习得的互动性，也很受学生欢迎。第五，增加推荐公开张贴和推荐发表环节，产生了很好的效果。此外，评分方式未采用百分制，适当增加当堂写作、快写，行之有效。这些改进未必都符合王初明设计"写长法"的初衷，也未必都需要汉语二语教学界同行照搬。

4.2 汉语二语"写长法"是一种符合二语学习、教学原理，具有显著教学效果的写作教学法

"写长法"是一种外语学习和教学理论，也可以借鉴为外语写作和汉语二语写作教学服务。我们所探索的汉语二语写作"写长法"主要借鉴了王初明的外语"写长法"，同时吸收了"结果法""任务法""过程法"的合理成分，并结合留学生的实际作了一些改进。经过本教学团队的实验，"写长法"在以华裔为主的中级水平学习者汉语基础写作教学中具有非常好的教学效果，值得推广。

外语学习和二语学习有"高原期"现象，我们发现国内对外汉语教学界存在着不同程度的重知识轻能力、重输入轻输出的倾向，而"写长法"的推行，正可以很好地弥补这些缺陷。

4.3 汉语二语"写长法"特别有助于消除写作教师"批改作文疲劳症"

大多数写作教师都有"批改作文疲劳症"，二语写作教师尤其如此。"写长法"关于间接纠错的理念给这个问题开了一剂良药。我们呼吁，作文教师不要因为害怕作文改不过来而不去布置作文，或者不敢多布置作文，甚至不愿意上写作课；有关教学

管理人员也不要因为教师批改作文“不全”“不细”而予以简单指责。衡量写作课成败的标准不是教师批得有多细，纠错有多勤，而是学生的实际写作水平提高得有多高、多快。

4.4 汉语二语“写长法”实施的具体条件和局限性

首先，我们的教学对象主要是华裔（含混血），总体来看非华裔的比例不到10%，而且多数是享受全额奖学金的学生，学风较好。这可能是“写长法”比较容易推行的部分原因。至于别的生源的中级水平学生适用“写长法”的程度，有待专门研究。但是应该说明，“写长法”的“长”是相对于具体学生的能力而言的，并没有绝对的长度标准，在一定的时间内接近其能力极限即为长（王初明，2004：8）。我们的实验班中对外汉语中级上（非学历）的学生非华裔比例较大，其基础也比不上华文教育专业中级上的学生，但同是对外汉语中级上（非学历）学生，实验班和非实验班相比，“写长法”带来的学生写作的量的增加和自信心的提高都是明显的。①

其次，王初明等（2000）、王初明（2005a）提出的外语“写长法”具有以写促学的作用（促进听、说、读），而不仅仅是一种写作教学方法。我们认同写长可以促学的理念，但由于理想的平行实验班级暂时不易找到，因此未用对比试验方法验证“写长法”在汉语二语教学中的促学效果，有关研究还需时日。

再次，王初明、郑超都曾指出，外语“写长法”不适用于初级水平英语学习者；汉语二语“写长法”也一样，适用于中级写作，但是不适用于初级写作。至于汉语二语“写长法”在高级写作中是否适用，有待实验。

另外，根据我们的研究，汉语二语“写长法”基本不适用于汉语“应用文写作”的教学。之所以说“基本不适用”，是因为多数汉语应用文不要求写长，甚至不允许写长。但是我们可以做到以下三点：第一，有的体裁可以要求适当写长，例如普通书信、贺信、求职信、调研报告；第二，所有体裁都可以要求“多写”，反复写（这一点接近“过程法”）；第三，即使是在应用文写作训练阶段，也可以要求学生写课外日记。

5 结语

基于以上研究和教学实践，我们认为汉语二语“写长法”是一种很适合在汉语二

---

① 这个班不少学生只要写作能力的实际提高，不要成绩，不参加考试，导致我们未能使用考试作文来检测整体的教学效果。

语“基础写作”教学中应用的训练方法。限于篇幅，本文不能详尽报告课题组进行“写长法”教学实验的更多数据，特别是留学生汉语词语、句法、篇章知识习得方面的数据，有关成果将另文阐述。

写作教学属于能力训练，涉及很多复杂的问题，“写长法”在运用中也有很多问题需要进一步研究。我们期待同行都来参与这一实验，以便为汉语二语教学乃至汉语作为外语的教学作出更大贡献。

参考文献

陈贤纯．汉语强化教程：初级写作［M］．北京：北京语言大学出版社，2005.

陈作宏．体验汉语写作教程（初级1、2，中级1、2，高级1、2）［M］．北京：高等教育出版社，2006—2007.

方玲玲．“写长法”在大学英语教学中的应用研究［J］．外语界，2004（3）．

甘丽华．基于输出假设的“写长法”教学——一项实证研究［J］．疯狂英语（教师版），2008（3）．

国家对外汉语教学领导小组办公室．高等学校外国留学生汉语言专业教学大纲［M］．北京：北京语言文化大学出版社，2002.

李晓琪．对外汉语阅读与写作教学研究［M］．北京：商务印书馆，2006.

刘英林．汉语水平等级标准与语法等级大纲［M］．北京：高等教育出版社，1996.

吕必松．对外汉语教学概论（讲义）［Z］．国家教委对外汉语教师资格审查委员会办公室（内部资料），1996.

吕必松．汉语和汉语作为第二语言教学［M］．北京：北京大学出版社，2007.

罗青松．汉语写作教程［M］．北京：华语教学出版社，1998.

罗青松．对外汉语写作教学研究［M］．北京：中国社会科学出版社，2002.

宁春岩，宁天舒．试论外语教学的自然法则［J］．中国外语，2007（2）．

钱冠连．纠错的一次观念性大转变——“写长法”发现了什么［M］//以写促学：英语“写长法”的理念与操作．北京：科学出版社，2004.

唐桂民．“写长法”——行之有效的写作教学法［M］//以写促学：英语“写长法”的理念与操作．北京：科学出版社，2004.

王初明．论外语“写长法”的教学理念［M］//以写促学：英语“写长法”的理念与操作．北京：科学出版社，2004.

王初明．外语“写长法”［J］．中国外语，2005（1）．

王初明．以写促学中的词汇学习［J］．外国语言文学，2005（1）．

王初明．外语教学应以学生为本——答文秋芳［J］．现代外语，2005（3）．

王初明．运用写长法应当注意什么［J］．外语界，2006（5）．

王初明，牛瑞英，郑小湘．以写促学——一项英语写作教学改革的实验［J］．外语教学与研究，2000（3）．

王大雄，王晓燕．写长法研究综观［J］．咸宁学院学报，2011（4）．

王立非．“写长法”的有效性：来自课外英语长作文写作的实验报告［M］//以写促学：英语“写长法”的理念与操作．北京：科学出版社，2004.

文秋芳．评析外语写长法［J］．现代外语，2005（3）．

吴斐．理解性输出与语言学习效率——一项“写长法”的实证研究［J］．外语教学，2005（1）．

许竹君，刘慧云，刘星莹，朱甫道，刘洁．对“以写促学”的大学英语教学模式的探索［M］//以写促学：英语“写长法”的理念与操作．北京：科学出版社，2004.

杨俐．外国人汉语过程写作［M］．北京：北京大学出版社，2006.

张萃．“听后写”：一种强化式汉语写作训练手段的理念和实践［D］．暨南大学硕士学位论文，2011.

郑超．以写促学：英语“写长法”的理念与操作［M］．北京：科学出版社，2004.

郑超．英语写作通用教程［M］．北京：科学出版社，2008.

钟凌，王天发．“写长法”对英语写作能力因素的影响——“写长法”英语作文教学实验研究报告［J］．海南大学学报（人文社会科学版），2008（2）．

周健，彭小川，张军．汉语教学法研修教程［M］．北京：人民教育出版社，2004.

周小兵，李海鸥．对外汉语教学入门［M］．广州：中山大学出版社，2004.

祝秉耀，傅忆芳．汉语写作教学导论［M］．北京：中国环境科学出版社，1996.

宗世海．“写长法”实验教材：汉语中级写作（上、下）［M］．暨南大学华文学院（内部印行），2005.

宗世海．简论海外华文教学的质量及其控制——以美国和东南亚为例［J］．华文教学与研究，2010（4）．

ELBOW P. High stakes and low stakes in assiging and responding to writing［C］//In M D SORCINELLI & P ELBOW（eds.）. Writing to learn：strategies for assigning and responding to writing across the disciplines. San Francisco：Jossey－Bass Publishers，1997.

IZUMI S & M BIGELOW. Does output promote noticing and second language acquisition［J］. Tesol quarterly，2000（34）.

IZUMI S，M BIGELOW，M FUJIWARA & S FEARNOW. Testing the output hypothesis：effects of output on noticing and second language acquisition［J］. Studies in second language acquisition，1999（21）.

（本文曾刊载于《世界汉语教学》2012 年第 2 期）

［作者简介］

宗世海，暨南大学华文教育系教授，博士，博士生导师。主要从事语用学、华文教育和汉语写作教学研究。祝晓宏，暨南大学华文教育系副教授，博士。主要从事社会语言学、汉语写作教学研究。刘文辉，暨南大学华文教育系讲师，博士。主要从事语用学、汉语写作教学研究。

印尼华裔新生代中华文化认同与华文教育研究①

刘玉红

1 引言

关于是否需要在华文教育、对外汉语等面向外国人的语言教育中强调文化教育，一直是学界有争议的话题。强调文化者力主语言教育的同时要加强文化教育，而反对者则以为语言教育已经包含了文化教育。我们认为，中华文化丰富、复杂，华文（汉语）的教育不能涵盖文化传播（这里的传播包括但并不限于课堂上的文化教育），也不能代替文化传播。为此，我们进行了面向印尼华裔新生代的中华文化与华文教育的关系研究，可以支持并丰富这一观点。而我们之所以进行这项研究，主要是出于以下两个原因：

第一，从理论上说，华文教育必须与中华文化的传播相结合。印尼华裔新生代是指生活在印尼的新生代华人，主要是指20世纪80年代及之后出生的华人。对印尼华裔新生代的文化与华文教育进行研究是很有意义的。习近平总书记提出：要实现中华民族伟大复兴的中国梦。中国梦植根于中华民族优秀的历史传统文化，所体现出来的不仅仅是道路自信、理论自信与制度自信，同时也是文化自信。而语言是文化的载体，也是文化的重要组成部分。因此，开展华文教育工作，增强全世界华人的凝聚力，推广中华文化，是很有意义的工作。

第二，从实践上说，华文教育的对象、手段与社会功能都需要强调中华文化的传播。印尼华裔新生代是华文教育的对象，也将是华文教育的实施者。所谓华文教育，是指为掌握华文而兴办的教育。根据中国华文教育网的阐述，华文教育在具体语境中，其含义可能有如下变化：其一，着眼于办学主体，将它理解为华侨华人在居住国与入籍国兴办的教育，略近于华侨教育、华人教育；其二，着眼于教育对象，将它理解为面向海外华侨华人子女的教育，与华人华侨青少年教育相通；其三，着眼于教学

---

① 中央高校基本科研业务费专项资金资助，暨南大学华文学院“校区科研起步计划”项目（2013）。

手段，将它解释为运用华文进行的教育，其科目不限于语言文字；其四，强调教育的社会功能，将掌握华文视为学习、继承与发扬中华文化优良传统的途径，由此将华文教育的外延由语言文字领域扩展到文化领域。（中国华文教育网）本文主要指第二、三、四点。

对面向某一特定人群的中华文化的传播研究，首先要研究其文化认同，在此基础上才能开展下一步工作，所以我们对面向印尼华裔新生代的文化认同与华文教育的关系作了研究。

2 研究现状

关于印尼华裔新生代的文化认同与华文教育研究，迄今尚无综合且系统的研究，目前所见学界有以下几个方面的研究：

2.1 关于印尼华人的文化认同研究

我们这里采用比较宽泛的“文化”定义，有利于进行华文教学研究。文化认同，是指个体通过所属文化的归属感与内心的承诺而获得保持与提升自身文化属性的社会心理过程（林国立，1997：17）。关于东南亚华人文化认同的研究成果很多，但专门针对印尼华人的文化认同的研究则较少，主要有陈衍德的《论当代东南亚华人文化与当地主流文化的双向互动》（《东南亚研究》2001 年第 4 期），谭天星的《战后东南亚华人文化的保持与族群关系的演进》（《世界历史》1992 年第 3 期）和《东南亚华人文化发展大趋势及其思考》（《中国文化研究》1995 年第 1 期），曹云华的《宗教信仰对东南亚华人文化适应的影响》（《华侨华人历史研究》2002 年第 1 期），莫嘉丽的《印尼华人信仰的多教混合与华人文化认同》（《东南亚研究》2004 年第 6 期），颜春龙的《海外华文传媒与华人文化认同研究》（四川大学博士学位论文，2006 年），许怡的《华侨华人的民族文化认同》（《群言》2006 年第 9 期），韩震的《全球化时代的华侨华人文化认同问题研究》（《华侨大学学报》2007 年第 3 期）和《全球化时代的华侨华人文化认同的特点》（《学术界》2009 年第 2 期），姜广元的《现当代东南亚华人对中国的认同》（云南大学硕士学位论文，2010 年），谢剑的《试论全球化背景下的国族认同：以东南亚华人为例》（《浙江大学学报》2010 年第 8 期）。由此可以看出专门对印尼华人的文化认同进行研究的成果较少，而对“印尼华裔新生代”的研究则完全没有。

2.2 关于印尼华文教育研究

关于东南亚华文教育研究的成果也有一些，例如周聿峨的《全球化对海外华文教育的影响》（《暨南学报》2001 年第 3 期），严奉强的《东南亚华文教育：现状、问题与对策》（《深圳大学学报》2006 年第 4 期），李铁范的《海外华文教育的现状、趋势和对策思考》（《中国高教研究》2006 年第 5 期），李军、刘峰的《东南亚地区华文教育的模式与性质分析》（《东南亚研究》2006 年第 3 期），陈真的《东南亚华文教育的发展趋势、问题及对策研究》［《云南师范大学学报（对外汉语版）》2007 年第 4 期］，王焕芝的《新时期东南亚华文教育的特点研究》（《惠州学院学报》2008 年第 4 期），廖新玲的《东南亚华文教育发展现状及趋势研究》（《八桂侨刊》2009 年第 1 期）。这些成果多为宏观性研究，针对印尼华裔新生代的极少。

2.3 关于文化认同与华文教育研究

这一方面的研究成果也较少，主要有阮越湘的《新加坡华语运动和华人文化认同》（《广西社会科学》2005 年第 6 期），朱晓文的《华文教育中的文化教学》（《理论界》2006 年第 1 期），田伟、宋星川的《战后印尼华文教育发展的潜在动力》（《浙江万里学院学报》2012 年第 6 期），陈小荣的《从华文教育的角度看海外华人的文化追寻》（暨南大学硕士学位论文，2012 年），郭晓川的《文化认同视域下的跨文化交际研究》（上海外国语大学博士学位论文，2012 年）。此方面宏观研究多，而微观研究（课程设置、教材、教法等）几为空白。

总之，学界关于印尼华人的文化认同研究、印尼华文教育研究、文化认同与华文教育研究，都有一定的研究成果，但是已有的研究都没有关注“印尼华裔新生代”。因为新生代承担着华文教育的未来，如果我们不关注印尼华人中有一定华文基础并且有能力承担未来华文教育的新生代，也就不能保证印尼未来的华文教育一直正常健康地发展下去。印尼华裔新生代出身于华人家庭，对中华文化应当会有更多的认同感，对华文教育也应当会有更强的能力与更大的责任感。但是，“应当”云云，只是猜想而已。较真来说，究竟印尼华裔新生代对中华文化的认同以及在华文教育方面的水平、能力如何，是需要我们认真调查研究的。没有调查就没有发言权，在已往的研究成果中，没有专门针对印尼华裔新生代的文化认同研究、文化认同与华文学习的相互影响研究、印尼华裔新生代的华文教育研究。本文拟对此进行研究。

3 印尼华裔新生代对中华文化的认同研究

我们以暨南大学华文学院在印尼的培训点学员以及该院华文教育系的印尼华裔留学生为对象展开调查研究。东南亚华裔总体上对于中华文化有深厚感情，新生代的文化认同情况如何呢？我们进行了相关调查与分析，具体工作包括以下两个步骤：

3.1 抽样分析

通过问卷调查，辅以个别访谈，得出如下结论：暨南大学华文学院在印尼的培训点学员平均认同值为93%，而华文教育系的留学生为85%。也就是说，培训点的学员对中华文化的认同感普遍高于留学生。从年龄来说，培训点学员平均年龄52岁，其中最大的70岁，最小的19岁，多数年龄集中于45岁至60岁，以中老年为主。而华文教育系的留学生平均年龄为19岁，是不折不扣的新生代。不同年龄层的人对中华文化的认同感都比较高，因为他们大多数是华人，有文化认同的家庭传统与社区传统。

3.2 新生代文化认同差异方面的分析

我们研究的重点是不同年龄层的印尼华人对中华文化认同感的差异。印尼华裔新生代的文化认同在主流方面是积极的，然而其非主流方面也值得注意。新生代与老年人对中华文化认同差异的主要原因在于其成长的环境不同。以求生存求发展为目的的印尼华侨一百多年前就在印尼各地建立了华校，用华语进行教学，其目的之一就是保留中国传统的语言文化。华文教育在印尼开了一个好头，但是在苏哈托统治的三十多年间，印尼政府强行关闭了华校，全面禁止了华文教育。一直到瓦希德和梅加瓦蒂两届政府时期，才主张多元文化社会，华文教育政策才得到了调整，印尼的华文教育由此才见到曙光并缓慢复兴。在此历史背景之下，印尼的老一辈华人因其早年上过华校，加上家庭生活中一般使用华语，因此在听、说、阅读方面都没有大问题，但是年青一代是在华文教育被全面禁止的几十年中成长起来的，往往只能听说简单的华文，在阅读方面，就完全不能跟祖父辈、父辈相比。所幸在印尼的华文政策再开放之后，印尼华裔新生代能够接受到的华文教育是多方面的。从印尼国内方面来看，印尼政府的国民教育中很多学校已设置了华文课程，华人自办的华文补习学校虽不能说如雨后春笋，但每个省不止两三所，多者一个城市就有十余所，这对于提高印尼华裔新生代的华语水平有很大的作用。从中国方面来看，相关的举措也很多。比较有力的措施至少有以下四个方面：①中国政府（国务院侨办、国家汉办）每年都有相当数量的从事华文教育教学的志愿者被派出至印尼的多所学校（当然也包括全世界其他地区，后不一一括注）；②国家汉办在印尼开办孔子学院以推广华语，影响很大；③国务院侨办每年组织的“中国文化之旅”将中华文化的考察与华文学习相结合，吸引了大批对中华文化有兴趣的新生代；④中国国内数所大学在印尼开办的远程华文教育函授教学等（包括普通培训、本科生函授教育、研究生函授教育），每年都定期派出教师进行各门课程的面授教学。这些举措都成为印尼华裔新生代学习华文的重要手段，也是增强其文化认同的重要方式（刘玉红，2013）。虽然如此，由于师资不足、教材教法等方面针对性不强，这些举措的效果只是渐进的，在华文教育与文化认同方面不能一蹴而就。

总的来说，在对中国传统文化的认同上，印尼华裔新生代由于曾经无法接触华文或接触较少，在文化认同方面也就与老年人有一定的差距；但在印尼国内的华文教育政策逐步得到调整、中国政府与高校的支持力度越来越大的情况下，他们的华文水平与中华文化认同情况又开始有较大的发展。通过对新生代与老年人对中华文化认同的差异进行分析，我们认识到，若要在海外推广中华文化，就应该对华裔新生代有更多的关注。

4 印尼华裔新生代的文化认同与华文学习的相互影响研究

结合上述调查结果，我们对印尼华裔新生代的文化认同与华文学习的相互影响之关系作了探讨。

4.1 文化认同与华文学习的相关度研究

根据二语获得理论以及社会学中关于文化认同的理论，我们对暨南大学华文学院华文教育系的印尼留学生的学习动机、学习方法、学习态度以及最近两年的学习成绩等相关情况进行了调查研究。学习动机、方法、态度以问卷调查的结果为依据，学习成绩以期末考试登记在册的分数为依据。研究发现，印尼华裔新生代的文化认同与华文学习成正比，即印尼华裔新生代对于中华文化认同度越高，其华文学习成绩也就越好。反之则反。SPSS 统计显示，二者高度相关（$|r| = 0.9$）。更多的具体数据分析我们将另行撰文讨论。调查结果显示印尼华裔新生代的文化认同与华文学习是相互影响、相互促进的。

4.2 文化认同与华文学习相互影响的理论探讨

语言和文化之间有着极其密切的关系，美国语言学家、人类学家萨丕尔（1985：186）曾经指出："语言也不脱离文化而存在，就是说，不脱离社会流传下来的、决定我们生活面貌的风俗和信仰的总体。"语言教育与文化教育是相辅相成、不可分离的。没有文化的语言教育，成功的可能性要大大小于蕴含丰富文化信息的语言教育。例如，波兰籍犹太人柴门霍夫1887年在印欧语系的基础上创立的一种国际辅助语——世界语，旨在消除国际交往的语言障碍，被誉为"国际普通话"，虽然它的传播者不遗余力，但作为一种人工语言，其使用的广泛性还有待进一步加强。据华盛顿大学Sidney S. Culbert博士的研究，有1 600 000个使用世界语的人达到了相当的水平（只限于那些"专业精通"的世界语者人群）。这一数字意味着世界人口中的大约0.03%使用着这种语言，迄今远未达到成为世界通用语的目标。（百度百科）其原因之一当与其缺少足够的文化有关。汉语与中华文化是密切结合在一起的，学习汉语不可能脱离中华文化。

华文教育的特点之一就是强调教育的社会功能，华文教育的目的之一就是要学习、继承与发扬中华文化的优良传统，并由此将华文教育的外延由语言文字领域扩展到文化领域（刘玉红，2011）。基于文化认同而产生的学习动机、方法、态度对于学习成绩有明显的影响，这一研究结果提醒我们，"华文教育专业"在语言教育的同时需要进行文化教育，使其互相促进，良性循环。

5 针对印尼华裔新生代的华文教育研究

在以上研究的基础上，我们对暨南大学大华文学院华文教育系的印尼留学生在课程设置、教材、教法等方面进行了研究。限于篇幅，关于教材、教法等方面的研究这里不赘述。

5.1 提升文化认同感的培养要求与课程设置研究

暨南大学华文教育专业本科人才培养方案中的培养要求如下：掌握教育学科的基本理论、基础知识；了解教育发展史、华文教育史；对中国传统文化有较为深刻的认识，熟悉当代中国国情；掌握汉语言文化的基本理论、基本知识；具有良好的汉语口语和书面语表达能力；具备运用教育学、心理学基本原理和现代教育技术从事华文教学和教育管理工作的能力；具有创新能力，具备一定的华文教育及汉语研究的能力。

其中“对中国传统文化有较为深刻的认识，熟悉当代中国国情”，强调文化教育。

暨南大学华文教育专业主干学科是中国语言文学、教育学、心理学。主要课程：现代汉语语音、现代汉语词汇、现代汉语语法、现代汉语修辞、汉字理论与应用、古代汉语、语言学概论、写作、教育学原理、华文教育学、普通心理学、教育管理学、第二语言习得理论、华文教材教法、华文教学法、教育测量与评价、中国哲学史、中国现当代文学、中国古代文学、外国文学。主要课程中的文化类课程有中国哲学史、中国现当代文学、中国古代文学、外国文学。其他课程中，该专业学科基础必修课包括语言类课程和教育学类课程，专业必修课有教育学类课程、教学法类课程、文学文化类课程。其中，文学文化类课程包括文学概论、中国古代文学、中国现当代文学、语言与文化、中国历史、中国哲学史、中国书法。专业选修课分幼儿华文教育方向模块和中小学华文教育方向模块，两个模块分别有多种不同的选修课。前一模块有儿童心理学、儿童文学、学前教育学、幼儿园教育活动设计与指导、华文趣味教学法、中国民俗、跨文化交际、华侨华人研究、多媒体华文教学资源开发与利用、教师口语、心理咨询与辅导、教育统计、华文教育史；后一模块有汉语虚词、古典文学鉴赏、阅读与欣赏、外国文学、海外华文文学、中国影视、影视文学、中国民俗、中国旅游地理、跨文化交际、华文趣味教学法、多媒体华文教学资源开发与利用、教师口语、学习论、心理咨询与辅导、教育统计、华文教育史、中外教育思想史。另外还有汉语言（B）（面向海外留学生的非师范方向）与华文教育专业公共选修课12门及实践性教学环节。

可见，华文教育专业的教学目的非常明确，课程设置也很有特色，文学文化类课程及专业选修课的幼儿华文教育方向模块和中小学华文教育方向模块的选修课也都包含相当多的文化课程。如果这些课程中的绝大部分能够切实开设出来，是确实能起到“学习、继承与发扬中华文化优良传统，并由此将华文教育的外延由语言文字领域扩展到文化领域”的作用的。

5.2 语言课程与文化课程的关系问题探讨

暨南大学华文教育专业必修课中的文学文化类课程有7门，专业选修课的幼儿华文教育方向模块和中小学华文教育方向模块分别有13门和18门不同的选修课，其中分别有4门和9门文化类课程。文化教育课程与语言课程是什么关系？在对外汉语教学的课程设置中都会碰到一个语言课与文化课孰多孰少的问题：总课时不变，语言课多了，文化课必然减少；文化课多了，语言课必然减少。强调语言教育的可能会认为：留学生来自他国，汉语基础薄弱，作为华文师资培养的对象，当然要以提高汉语程度及培养汉语教学水平为主要工作。所谓解决问题要抓主要矛盾，华文教育专业确需以解决汉语及汉语教学水平问题为第一要务。因此，实际执行的课程设置与前期的培养方案之间存在较大的距离，主要表现就是文化课程在专业选修课中所占学分比较少。

但是，如果强调语言教育而忽视文化教育，就会走上一个极端。如上所述，华文教育专业如无文化类课程不但有违培养方案，无法培养出方案中所谓的“复合型”人才，而且下面三方面的原因也提醒我们不能忽视文化教育：

第一，语言与文化相互之间的关系决定了语言教育与文化教育紧密结合的逻辑合理性。事实上，文化类课程与华文教育专业的特点、培养目标一致，且语言与文化类知识可以互相促进，文化类课程不是语言类课程的绊脚石，而是其合作者与同盟军。语言教学中语言与文化并重的现象反映出近年来对外汉语教学中呈现出越来越重视文化教育的趋势；同时也说明文化和语言密不可分，不可能脱离文化去教语言，也不可能脱离语言去教文化。

第二，若将华文教育专业的课程设置局限于汉语学习与教学能力的培养，是未深入认识华文教育意义的表现。潘懋元、张应强（1998）指出：“教育具有传承与弘扬民族文化的功能”，“华文教育的兴盛，首先得力于华语的经济价值日益上升。华语经济价值的上升，又依托于华人经济圈经济的迅速发展，而华人经济圈经济之所以能迅速发展，从经济与文化的关系来看，主要得益于中华优秀传统文化的精神特质。在这个意义上，我们可以说，华文教育兴盛的深层原因在于中华优秀传统文化的精神特质对经济发展的促进作用”。对外汉语教学秉承传播中华文化的重任，在语言教学中传播中华文化是当仁不让的。

第三，印尼华文教育的特殊性也要求我们必须注重文化教育。由于印尼曾经存在过数十年的华文教育全面禁止的时代，政府曾经的高压手段与民族之间的矛盾这些社会现象，给印尼华裔新生代在中华文化的认同与华文学习的积极性方面留下了一定的心理阴影。相对而言，在其他国家（例如泰国）推广华文教育就不存在这种情况。所以，现在在较为开明的印尼政府与基本正常的印尼社会环境之下推广华文教育，就须注重文化认同，在此基础上（或与此同时）进行华文教育才会有良好的效果。

6 结语

我们以暨南大学华文学院在印尼的培训点学员以及该校华文教育系的留学生为对象，对印尼华裔新生代的文化认同情况、文化认同与华文学习的相互影响及华文教育的实施情况进行了研究。这是理论与实证相结合的研究。研究表明：中华文化的认同有助于华文教育的发展，华文教育反过来又有助于中华文化的认同。因此，我们应当重视中华文化认同在华文教育方面的积极作用，加强华文教育中的中华文化传播。正因为语言教育不能代替文化传播，所以我们在华文教育的课程设置、教材、教法等方面都需要注意文化因素。

参考文献

百度百科．世界语［EB/OL］．http：//baike. baidu. com/link？url = CYTHb zIDdHTSpWyfiQxXD633YhURCFAOGMhXeKKkGrMo8TycLSYHzdQspioLHwM574Fvkpm5STy6iFWr5Iq8na，2015 - 01 - 19.

暨南大学教务处．暨南大学华文教育专业本科人才培养方案［Z］．广州：暨南大学，2015.

林国立．构建对外汉语教学的文化因素体系——研制文化大纲之我见［J］．语言教学与研究，1997（1）．

刘玉红．海外的华文教育［J］．华夏文化，2013（3）．

刘玉红．华文教育专业中的文化教育探讨［J］．广州华苑，2011（2）．

潘懋元，张应强．华文教育——中华优秀传统文化现代价值的彰显［J］．东南学术，1998（3）．

萨丕尔．语言论［M］．北京：商务印书馆，1985.

华文教育．中国华文教育网［EB/OL］．http：//www. hwjyw. com，2015 - 01 - 19.

（本文曾刊载于《海外华文教育》2016 年第 1 期）

［作者简介］

刘玉红，贵州贵阳人，文学硕士，暨南大学华文学院华文教育系副教授，从事华文教育和中国古代文学研究。

国内外泛读教学研究成果述评[①]

刘文辉

1　前言

英国著名语言教育家 West 于 20 世纪初在印度从事英语教学时提出了以“阅读法”（reading method）作为第二语言教学法的理念，并首次将阅读区分为“精读”（intensive reading）和“泛读”（extensive reading）。自此，“泛读”教学便逐渐进入了语言教学专家们的视野，成为阅读研究领域的热点与重点，并涌现出数量相当可观的研究成果。不过，值得我们深思的是，纵观目前国内外泛读研究成果，国外英语教学界数量远远大于国内，而国内英语教学界的相关研究成果又远超汉语教学界，这说明目前国内汉语泛读研究在第二语言研究领域远远落后，因此加强对汉语泛读教学领域的研究已成为我们非常重要和迫切的任务。

本文将对国内外主要的泛读教学研究成果进行回顾和梳理，并指出这些成果所存在的不足之处，以及我们将来开展泛读教学研究所要注意的几个问题。

2　国外英语界泛读教学研究成果

泛读，即广泛地阅读。所谓的“泛”既指阅读量大，又指阅读材料广泛，涉及政治、经济、文化、生活、艺术、体育等各方面题材，又涵盖诗歌、散文、小说、记叙文、议论文、说明文等各种体裁。国外英语界泛读研究，主要对泛读教学的重要性与作用进行了理论探讨，并对泛读教学的课程设置、泛读课外读物的编写及泛读教学的实施与监控进行了深入研究。

---

① 本文为暨南大学 2012 年度教学改革研究项目（外招生专项）成果之一，且获得 2010 年广东省高等学校本科特色专业建设点和 2011 年广东省高等学校本科重点专业建设点经费支持。

2.1 泛读教学的理论研究

一般而言，我们认为大量的阅读是学习语言的有效手段，而泛读由于可以弥补精读课程在阅读速度和数量上的不足，大大促进学生语言能力的发展，因此国外泛读的理论研究主要集中于论证泛读的重要性及其作用。Bell（1998）曾明确总结了泛读教学的作用，包括：①有助于对学生加大“可理解性输入”；②有助于提高学习者的整体语言能力；③增加了学生接触语言、学习语言的机会；④有利于学生扩大词汇量；⑤有助于学生写作能力的提高；⑥能够较为有效地激发学习者的阅读动机；⑦可以更好地巩固已学知识；⑧帮助学习者更有信心阅读长篇文章；⑨有利于学生掌握在泛读中“去粗取精”、删减冗余的技巧；⑩有助于实践和提高学生泛读中的预测能力。除这一概况性研究结论之外，国外关于泛读重要性和作用的研究具体集中于以下两大方面：

一是证明泛读课程对语言知识和语言技能的帮助，如有助于扩大学生的词汇量、促进学生写作能力的提高。具体研究如 Stanovich（ 2000） 和他的同事历经 10 年研究得出结论：人们总体上接触印刷字符的数量将对学习者增强阅读能力和扩大词汇量产生积极的影响。这一结论说明，泛读无论是对于母语习得者还是二语学习者来说都极为重要。Krashen & Cho（1995）经过研究发现泛读能帮助学生丰富词汇方面的知识，有助于增强其背景知识，能够直接和间接影响二语学习者的语言能力；并认为泛读是学生发展读、写能力的最好工具。Tsang（1996）则对讲粤语的学生进行了实验：首先让学生完成一篇英语命题作文，之后再让学生阅读与作文主题相关的材料，接着让学生再完成同样题目的作文，最后教师结合学生作文的连贯性、一致性、逻辑进程、组织机构和整体印象等各种因素进行前后比较，结果认为定期的泛读有助于学生写作能力的提高。另外，Mason（2005）在对传统的阅读教学和自主选材阅读教学进行了大量的比较后明确指出：泛读是中等水平以上的学生学习外语最成功的方法。

二是证明泛读课程对情感因素的促进作用，如能增加学习者的学习情感，有助于激发学习者的阅读兴趣，增强学习者的阅读信心等。Krashen & Cho（1995）曾指出，任何人进行一次成功的阅读都可以消除阅读中的紧张感和沮丧感，可以激发自己的阅读兴趣，从而带来更大的成功。Dupuy（1997）调查了学习者认为直接教语法有效还是通过泛读学习语法有效，结果表明学习者普遍喜欢在泛读中学习语法。Powell（2001）也认为泛读可以使学习者获得满足感和胜任感，而这种感觉将大大有助于学习者的第二语言习得。Bamford & Day（2004）经过研究得出结论：通过大量阅读，学习者变成了越来越自信的读者，他们对于学习一门新语言的态度更积极了，动机也更强烈了。

2.2 泛读教学的实践研究成果

2.2.1 课程设置

上述研究充分证明了泛读的重要性，对语言学习的作用极为明显，但事实上，根据我们对国外文献的搜集与整理，目前开设英语泛读课的国家主要是将英语作为二语或外语的国家和地区，比如日本、韩国以及西亚等国家，而真正的英语国家，如英国、美国、加拿大等其实很少开设专门的英语泛读课。因此英、美学术界要求提高泛读课程地位的呼声此起彼伏。如 Grabe & Stoller（2001）曾强调不仅要把泛读纳入课程设置之中，而且应该让泛读课程在学术阅读课程之中占据中心地位。Green（2005）也持同样看法，他认为泛读教学作为任务型教学法的重要部分应当尽快地、完全地融入课程设置之中。

2.2.2 课外读物的编写研究

Krashen（1993）曾将“泛读”称为“free voluntary reading”（自由自愿阅读），即学习者可以自由选择材料，可以自愿决定是否阅读，他还认为阅读本身便是阅读行为的目的。这一观点在国外泛读界具有代表性，大家普遍认为泛读是自由的、轻松的，其学习材料应当是难度不高、内容有趣、题材广泛的。为此，国外学术界在泛读读物的编写方面进行了大量的研究与实践，其中在读物难度的控制方面着力颇多。“阅读法”的创始人 West 始终主张应加大学生的阅读量，为此，他改写了大量的童话故事及文学名著，而他改写时选择词汇的标准非常严格——只能是主课文中已学过的生词。Fry（1981）则建议泛读材料的生词量应少于全文的5%，因为这样的难度可以保证学生自己完成阅读而基本不需要教师进行指导。Nation（2001）则指出如果泛读材料能有助于学生扩大词汇量，那么首先泛读材料应该是令人感到愉悦、轻松的，而这就要求每页的生词都控制在2%以内，这样才能使学生在快乐阅读的同时产生“附带词汇习得”（incidental vocabulary acquisition，即阅读时，在无意的情况下习得生词）。

另外，值得一提的是 Day & Bamford（1998）在泛读材料难度控制方面所付出的努力。他们受 Krashen 二语习得“i+1 假说”的启示，提出了泛读材料难度选择“i-1 假想”，即泛读材料的难度都应该略低于学习者的现有语言水平，从而保证其所输入的语言材料都是“可理解的”（comprehensible），是在学习者理解能力范围之内的，从而让学生可以完全轻松、自如地享受阅读、快乐阅读，在大量而主动的阅读实践中逐渐培养并提高他们的阅读能力。

根据以上理论，国外出版界开展了读物编写的实践，为全球英语学习者出版发行了大量的英语简易读物。如英国朗文出版社出版了 *Longman Simplified English Series*，

Longman Bridge Series，*Longman Abridged and Heritage Series* 三个系列的英语简易读物，成效显著，受益者众。另据鲁健骥（2001）介绍，1981 年英国朗文出版社的教育专家 L. G. Alexander 曾在北京语言学院讲学，在一次回答听众问题时甚至直言他的理想是编写两万种英语简易读物，成立一个英语简易读物图书馆。

2.2.3 泛读教学的实施与监控研究

关于如何更好地实施与监控泛读教学，Bell（1998）基于自己在也门的教学实践提出了十项具体教学建议，包括：①教师需要通过设计一些教学环节使学生能最大限度地参与到泛读之中；②教师在课堂上经常朗读泛读材料有助于学生的阅读；③尽量增加学生接触语言、学习语言的机会；④提供机会给学生进行公开的演讲；⑤根据阅读内容，完成写作方面的作业；⑥课堂上可以提供相应的音频材料，使学生一边听、一边读；⑦测试会让学生在泛读时产生压力、减少乐趣，因此应尽量避免；⑧尽量不要让学生在泛读中使用词典；⑨教师应对学生的泛读过程进行有效的监控；⑩教师可以通过使用多媒体资源等方法保持泛读教学中的趣味性，使学生能够享受阅读，乐于阅读。

另外，Day & Bamford（1998）在他们的著作中也提出了在实施与监控泛读教学时所应遵循的十大原则：①泛读材料是容易的，使学生可以享受泛读；②泛读材料应题材广泛、涉及各个领域，使学生可以基于不同目的、采用不同方法进行泛读；③学生可以自主选择泛读内容；④学习者要广泛阅读，越多越好；⑤泛读的目的在于愉悦、获得信息和大致了解材料内容；⑥泛读本身对于学生而言就是奖赏和回报，因此教师不应设读后练习；⑦泛读速度越快越好；⑧泛读要求学生个体单独、安静地完成；⑨教师要确定泛读目标、传授泛读技巧、示范泛读方法、记录学生泛读内容并跟踪其泛读进度，从而使学生最大限度地从泛读训练中受益；⑩教师应以读者形象示范如何泛读及其收获。

Prowse（2002）则根据自己的实际教学体会提出了实施与监控泛读教学时的十大原则，并对 Day & Bamford（1998）所提出的十大原则一一进行了回应和评述。他的新十大原则为：①泛读赋予学生自愿选择阅读材料的权利，因此泛读是非强迫性的；②阅读轻松、愉快的材料有助于语言学习；③简单的泛读材料便于学生参与其中并作出积极的回应；④阅读理解题无助于学生获取知识和情感需要，因此泛读课中不应设此类题目；⑤泛读应是个人的，是安静的；⑥抛弃词典，大胆使用猜测方法；⑦提供题材丰富、体裁广泛的泛读材料；⑧使用录音机，边听边读，有助于提升阅读速度；⑨泛读无须考试，因为学生每一次阅读新书都是在进行真正的考试；⑩教师应不仅要求学生读材料，更应身体力行，自己先读同样的泛读材料。

另外，Eskey（2002）还着重指出了教师在泛读课程中的作用，即应提倡学生进行大量阅读，在课堂上传授阅读策略以及不断激发学生们的阅读动机，使学习者能有效地阅读难度适中、可读性强的材料。Day（2004）则就上述教学方法中“阅读理解”题目的设置进行了补充，认为泛读的目的之一便是获得阅读的“快感”，而阅读理解作为一种测试方式，会“杀死”这种快感，同时，学生也普遍反感提交书面的读书报告，因此建议教师在学生读完泛读材料后不要给他们设置阅读理解问题或要求他们撰写读后感等。

国外对泛读的研究时间长、范围广，成果丰硕，在泛读教学的作用与重要性方面开展了大量的实证研究，取得了一批令人信服的结论，这给国内泛读教学研究带来了极大的借鉴与启示。如 Stanovich（2000）为了完成自己的结论进行了长达 10 年的实验，无论是研究方法还是研究精神方面都值得国内学界学习。而 Day & Bamford（1998）所提出的“i－1 假想”更是给我们以研究角度上的启迪。同时，需要特别指出的是，由于泛读课程在很多英语国家都并未被真正纳入课程设置之中，因此国外研究的重点集中于课外泛读方面，他们所强调的泛读原则与特点，如不设练习，读物要简单易学，让学生主动阅读、轻松阅读、享受阅读等虽能对我们起到一定的参考与借鉴作用，却并不完全适用于国内的泛读教学。

3　国内英语界泛读教学研究成果

长期以来，国内英语教学界对泛读教学都不大满意，对此，夏赛花等（1997）调查了北京 3 所高校的 338 名英语专业学生对英语泛读课的看法，结果发现有 82% 的学生对开设泛读课持肯定态度，但同时又有几乎相同比例的学生认为泛读课的效果远远低于令人基本满意的水准。学生普遍反映教材的题材面窄、缺乏时代感，难以激发阅读兴趣，教学方法偏于陈旧，课堂气氛不活跃。针对此现状，他们认为国内英语界应该从泛读教学大纲、课程设置、对教师的要求、教学模式及教材编写等多方面进行切实改革。

事实上，英语教学界结合英语泛读教学的实践也在不断地进行着摸索、探讨、实验和总结，并在泛读教学理论研究和实践研究方面涌现出了一批研究成果。

3.1　泛读教学的理论研究

与国外研究相比，国内鲜见对泛读的理论及其作用的实证研究，目前仅有纳成仓（2011）历时三个学期所开展的相关实验。他自 2006 年 9 月至 2008 年 1 月要求英语专业实验组的学生进行课外泛读，每学期读两部英文小说，而控制组不作要求，结果实验结束后经过测试发现实验组学生的课内词汇明显得到了巩固和加强，伴随性词汇明显增加，阅读能力也有所提高，从而证明课外泛读是英语专业学生学习词汇的最优途径。同时，他还建议英语专业应该开设课外泛读课程，并以有效的管理为保障，而该课程的任课教师应对学生的阅读过程进行评估，并为学生积极创设良好的读书氛围。

3.2 泛读教学的实践研究成果

3.2.1 课程设置

中国高校英语专业都在一年级和二年级专门开设了“英语泛读”课程，共4个学期，使用4本配套教材，教学时数一般为每周两节课。按照教育部《高等学校英语专业基础阶段英语教学大纲》的要求，该门课程的教学目的“在于通过阅读和分析内容广泛的材料，包括涉及政治、经济、社会、语言、文学、教育、哲学等方面的名家作品，培养学生的英语泛读理解能力和提高学生的阅读速度，培养学生细致观察语言的能力以及假设判断、分析归纳、推理检验等逻辑思维能力，提高学生的阅读技能，包括细读、略读、查读等能力，扩大学生知识面，加深学生对社会和人生的理解，提高学生对名篇的分析和欣赏能力、逻辑思维和独立思考的能力，发展学生英语语言技能，并通过阅读训练帮助学生扩大词汇量、吸收语言和文化背景知识”。

3.2.2 泛读教材、课外读物的编写研究

英语泛读教材编写研究的理论方面主要如下：何宁等（2000）提出：①泛读教材在整体编排上要注重有张有弛，泛而不乱，博而有序；②泛读教材在题材上要兼顾可读性、知识性和趣味性，适合教学双方。工丹（2003）则认为好的泛读教材应按三个教学程序来设计：①阅读前活动，布置学生提前查阅相关背景知识。②阅读活动，材料为2 000字左右的细读材料及与此话题相关的课后阅读材料，其中包含一定篇幅的原版优秀短篇小说。课堂上教师应重点介绍阅读方法、训练学生阅读技能。③阅读后活动，主要检查阅读理解并向学生提供难度小、篇幅短的快速阅读材料，以进行扩展性练习。

在英语泛读教材编写的实践方面，国内目前出版发行了不少英语泛读教材与读物，其中影响较大的泛读教材有王守仁等主编的《新编英语泛读教程》（上海外语教育出版社，1997）及刘乃银等主编的《英语泛读教程》（高等教育出版社，2008）等。二者在题材和体裁上均十分广泛、丰富，注重趣味性，且教学内容设计合理，都包括以下四部分：阅读课文及练习，包括词汇测试、课文阅读、词汇练习和完形填空

等；阅读方法及技巧讲解；快速阅读训练；课外阅读内容及训练等。另外王守仁等（2000）还介绍了他们以《新编英语泛读教程》为依托，开发出的在网络环境下进行教学的课件和网络课程，取得了较为理想的教学效果。

同时，国内英语界在课外读物的编写方面也取得了丰硕成果，其中既有上海外语教育出版社与牛津大学出版社1998年开始合作发行的《外教社—牛津英语分级读物》（共分5级），又有为国人所熟知的由外语教学与研究出版社和牛津大学出版社分级出版的“书虫”系列读物（共分7级）。其中“书虫”系列自20世纪90年代问世以来，已发行100多册，因其实用性、简易性和趣味性而影响力颇大，备受读者好评。

3.2.3 泛读教学的实施与监控研究

国内英语泛读教学开设时间较长，因此在实施与监控教学活动的过程中先后产生了数种教学模式。20世纪60—80年代，英语泛读教学界普遍以阅读英文原著为主要教学方式，如邓尉（1963）认为四年级的泛读课应分为指导课、检查课和讨论课三种形式。其中，指导课是指在学生开始阅读原著前，教师简要地介绍一下该书的作者、相关背景及其语言特色等；检查课是指在学生阅读的过程中教师要对学生分小组进行两周一次的检查，主要是口头检查学生对内容的理解；讨论课则是在学生全部读完后对著作进行的一次集体讨论与评价。郑伟波（1986）则重点介绍了自己上二年级英语泛读课的具体过程：首先把材料发给学生并要求在两至三天内利用业余时间读完，而课堂教学内容主要为介绍作者、介绍作品及写作背景、讨论作品故事情节及人物关系、分析写作技巧及风格、探讨作品主题，以及学生自由提问、让学生抄录用来模仿的佳句。

进入90年代后，阅读内容发生了改变，泛读教学模式也有了相应革新，如马沈龙（1990）提出应以“课堂讨论”的方法进行英语泛读教学的实施过程，并详细地论述了此方法的必要性、做法、要求和效果。他认为课堂讨论有助于扩大学生的词汇量，提高学生的阅读能力、文化素质和文学修养，使学生由学习客体变为学习主体，使课堂气氛生动活泼，教学富有趣味。班荣学（1995）则认为在大学英语泛读教学中应当实施“读写一体化”教学方法，即在泛读教学中引入写的机制，将“写”与“读”融为一体，以“写”促“读”，以“读”带“写”，使学生在培养阅读能力的同时，也训练“写”的技能，而实践证明，这种方法在英语泛读教学，尤其在其初级阶段，具有独特的作用和效果。

进入21世纪以后，国内英语泛读教学模式更加多元。姜君丽（2007）提出了“互动式”英语泛读教学模式，具体包括七个步骤：①教师对文章进行指导，帮助学生分析文中的词汇、句子及段落的写作，使学生能注意到优秀文章的特征；②要求学生在课下读完布置的作业，阅读课上教师重新发放相关内容的文章；③教师针对文章的内容、词汇和篇章理解向学生提出各种问题；④学生分组讨论，找出问题的答案，并说明原因；⑤全班一起讨论，回答问题；⑥教师布置新的问题练习，让学生进行书面回答；⑦学生在黑板上写出正确答案。最后作者指出这样的教学方式可以促进教师角色的转换，并且有助于推动与学生的交流，从而更好地实现教学目标。李天紫（2007）则指出我国外语教学必须充分认识泛读的作用，并提倡“读书型”外语学习，使学习者真正享受读书和学习英语的快乐。

国内英语界泛读教学由于有课时和教材的保障，在泛读教学与研究方面取得了一定的成绩，编写出了适合学生课内学习的教材和课外泛读的读物，尤其是结合自己的教学实践，提出了“读写一体”“互动式”等较有影响的教学模式。这些成果对汉语泛读的教学与研究都有一定的借鉴作用，但值得我们注意和反思的是其尚存在的一些明显问题：泛读教学的理论探讨不够深入；泛读教学的作用以及相关因素的实证研究比较缺乏；缺乏课外泛读质量控制及读物的书目、分级等方面的研究。

4 国内汉语界泛读教学研究成果

4.1 泛读教学的理论研究

汉语泛读教学研究中建树最大者为鲁健骥先生。他于2001年便在《说“精读”和“泛读”》一文中率先旗帜鲜明地提出了泛读教学的重要性，认为精读和泛读体现了语言教学中“质”和“量”的辩证关系，二者应当互相依存、互相补充，既有“质”又有“量”，才能培养出合格的外语人才。他认为泛读教学的作用主要在于：①只有通过大量的泛读，精读课上学过的语言知识才能得到重现、复习、巩固、扩展；②泛读还可以扩大学生的知识面，增进对目的语国家的了解；③“泛读”也是培养学生良好阅读习惯、训练阅读技巧的重要手段；④泛读有助于培养学生的汉语语感。但在对外汉语教学中，“泛读”始终没有跟上，无论是从认识上还是实践上，“泛读”都是教学中一个最薄弱的环节，既没有适当的泛读材料，也没有相应的课程设置，因此，他认为加强泛读教学已经成了对外汉语教学界的当务之急。

同时，还有一批学者持类似观点，认为我们要加强泛读，加大学生的阅读量，这是我们教学中的重中之重。如周健等（2004：403）指出汉语作为第二语言教学的成效不够明显，其中一个重要的原因就是学生的阅读量太少，因此我们不仅要加强阅读教学，更要加强课外阅读的指导。陈贤纯（2008：87）也指出：没有足够的阅读量，我们就无法突破阅读认知的瓶颈。另外，他还论证了阅读技巧与阅读量的关系：阅读量是提高阅读技巧的根本保证，我们不应该把阅读技巧与阅读量的关系搞颠倒了，以为只要训练了阅读技巧就能形成熟练的阅读能力，实际上只靠训练阅读技巧而没有足够的阅读量是不行的。相反，只要有足够的阅读量，不训练技巧也是可以的。这一观点有助于我们在教授阅读技巧、方法和策略时能始终对此保持清醒的认识。储诚志（2009）则认为中文教学长期存在着一种学生“学过的不少，学会的不多”的困难局面，而造成这种局面的原因之一便是教学中一贯奉行的“唯精读、高浓度”的模式，教学环节中缺少科学设计的、大量的、轻松有趣的中文泛读。

4.2　泛读教学的实践研究成果

4.2.1　课程设置

长期以来，汉语泛读教学都未能引起学界的充分重视，也并未被纳入汉语教学的课程设置之中。周小兵（1990：288）便指出，遗憾的是，在对外汉语教学中，泛读课程及其教材非常少，速读训练几乎没有。事实上，国内汉语教学界无论是教师还是学生都太过重视“精读”的作用，但这样做的实际教学效果并不十分令人满意。对此现状，学界专家数十年来都在进行反思：李泉（2003）认为目前对外汉语教学界在课程设置上存在着“重视精读，轻视泛读”的现象，结果造成学习者语言输入量过小。他还明确提出：事实上，精读课不应该也不能够“包打天下”。对此，鲁健骥（2003a）便认为应当把“精泛读并举”作为改进现行教学模式的目标之一。陈昌来（2005：164）也指出：迄今为止，泛读教学仍然是对外汉语阅读教学的“软肋”，“重精读、轻泛读”是许多教师的通病。从教学的角度讲，对留学生的阅读教学应该形成一个精读、泛读相结合的模式，尤其是泛读要纳入课程体系，使之课程化，并得到大大的加强。

4.2.2　泛读教材、课外读物的编写研究

总体而言，国内汉语界对泛读教材和课外读物都进行了研究与实践，并且取得了一定的成果。

（1）泛读教材的编写研究。

在教材编写的理论研究方面，吴晓露（1991）指出编写泛读教材时应从掌握生字和生词的技能、理解长句和难句的技能、掌握段落短文和篇章长文的阅读技巧等方面来训练学生的语言技能和阅读技巧。张世涛（1997）总结归纳了泛读教材编写时需注意的四点要求，包括：①阅读材料难度适中，语法结构应当简单，生词不宜过多；②阅读材料内容要注意趣味性，与学生的知识、文化背景相适应，使学习者乐于阅读，还能激发起他们的想象力和满足感；③阅读材料篇幅合适，一般初级在三五百

字，中级在两千字左右；④教材的练习既应包括快速阅读基本技能方面的专门性练习，又应包括一般性练习。

鲁健骥（2006）则列举《践约传》的例子来说明其对汉语泛读教材编写的启示。他指出，《践约传》编于19世纪中叶，是迄今为止发现的第一种由中国人编写的给外国人学汉语用的泛读教材，并且编得很成功，这对目前的汉语泛读研究有重要启示：我们应该重视对汉语泛读教材的科学研究，总结归纳出泛读教材本身所具备的特性，制定出统一标准，尽快编写出系列教材。赵金铭（2006：23）也明确指出我们要注重泛读教材的编写，因为要保证书面语教学质量的提高，就必须编有大量的、适合各学习阶段的泛读教材。他还举例说，远在1956年以前就曾有人提出“学习任何一种外语都离不开泛读”。不过遗憾的是，长期以来，我们忽视了泛读教材的建设。

在教材编写的实践方面，值得一提的是赵元任于1968年曾出版了三册《中国话的读物》（*Readings in Sayable Chinese*）作为泛读教材，教学效果良好。另外还有新疆大学马德元1994年主编的《汉语泛读》（1~4册）系列教材，该教材面向新疆维吾尔族学生，对学生的阅读量有严格要求：第一册约为7万汉字，第二册约为10万汉字，第三册约为14万汉字，第四册约为17万汉字。进入新时期以来，国内又出版了诸多以“泛读”为题目的教材，如王祝斌主编的《中高级汉语泛读》（上、下册，北京大学出版社，2004年）、肖奚强编写的《多文体精泛结合高级汉语教程》（上、下册，北京语言大学出版社，2003年）等。其中后者强调精泛结合，为每一篇主课文都选配了同一体裁的三篇副课文，共计60篇，并且每一篇副课文都附有练习以训练学生各种快速阅读的技能。这种做法赢得了学界的肯定，吴勇毅（2004）便明确指出：在目前泛读课普遍缺乏或不受重视的情况下，此套教材能做到加大泛读分量，这样的努力是值得称道的。

除此之外，目前已经出版的以“泛读”为名的汉语教材主要有：王祝斌主编的《中高级汉语泛读》（上、下册，北京大学出版社，2004年）；朱建中编著的《轻松读报——中文报刊泛读教程》（北京大学出版社，2005年）；何瑾、朱彦编著的《中文广角：高级汉语泛读教程》（上、下册，北京大学出版社，2007年）；戴蓉、王景丹主编的《中文广角：中级汉语泛读教程》（上、下册，北京大学出版社，2006年）；廉德瑰编著的《东方韵味：中国文化泛读教程》（北京大学出版社，2008年）等。

（2）课外读物的编写研究。

读物编写的研究理论方面，鲁健骥（2003b）以美国西东大学王方宇教授于20世纪50年代编写的泛读简易读物《画儿上的美人》为对象，总结出编写合适的汉语泛读读物的四项原则：①要严格控制读物的难度，最大限度地重现学过的字和词，把生字和生词的数量压到最低；②要注意选材和语言水平的制约关系，避免篇目的儿童化、孩子气倾向；③要善于用简单的语言使文字尽量活泼，把学生吸引住；④要善于铺叙以保证字词的重现率。周健等（2004：403）也指出要为学生提供一大批生词量低（2%左右）、思想内容好、贴近现实生活、信息量大、语言生动活泼、富有趣味性的课外读物，以保证较大的信息输入。

读物编写的实践方面则产出了一批丰硕的成果。美国黄伯飞、王方宇于20世纪50年代曾编写过《画儿上的美人》《中国历史纲要》《中国文化二十讲》《中国的毕加索：齐白石》《聊斋》等泛读材料作为“配合基本教材的书”（黎天睦，1987）；北京语言学院（北京语言文化大学）曾于1980年开始陆续简写、出版《史记故事》《三国演义》《家》《春》《秋》《青春之歌》《暴风骤雨》《红旗谱》《阿Q正传》《骆驼祥子》《二月》等十几本文学名著。以上泛读读物有的依然流行，受学生欢迎，如《画儿上的美人》等；有的则已随着时间的消逝及其本身不适用于二语教学而自生自灭了，如《红旗谱》等。

同时，国内学者还借鉴西方经验出版了数套汉语分级读物，如储诚志（2009）介绍了他们编写汉语分级系列读物《汉语风》的尝试。《汉语风》（*Chinese Breeze*，北京大学出版社，2007年始，尚未结束）为一套分为8级，共60余册的大型中文分级轻松泛读丛书，其主要设计目标和特色包括：①等级尽量完备；②题材力求广泛，方便学生选择；③词汇力求实用；④容易读懂，生词密度低，词汇复现率高；⑤原创性高，故事有趣味；⑥语言力求自然、地道等。

朱勇等（2010）也结合自己所编写的一套开放式汉语分级阅读丛书《中文天天读》（外语教学与研究出版社，2009—2010年）提出了汉语读物编写中的一些建议：①语料选择阶段，应主要考虑语料的趣味性与实用性，而在语料加工阶段则应首先保证其易读性；②在选文方面，题材当以中国为主，但也不应完全排斥西方文化；③适当采用删除、替换、添加、变换说法等办法来控制词汇难度，确保易读性。其他的分级读物主要有：朱锦岚等编写的《简易阅读》（北京语言大学出版社，2004年）、史迹编写的《分级阅读》（华语教学出版社，2007年）和崔永华编写的《实用丛书》（北京语言大学出版社，2008年）等。

4.2.3　泛读教学的实施与监控研究

目前国内开设汉语泛读课程的有新疆地区面向少数民族学生学习汉语的数所高校以及上海师范大学、暨南大学等为数不多的高校，因此关于教学实施与监控的研究成果有限。其中李金葆（1995）主要介绍了新疆大学中语系自1989年11月便面向维吾尔族学生开设汉语泛读教学的情况以及他们所采用的“三遍读书法”，即第一遍“鸟瞰”、第二遍“精读”和第三遍“消化”。教学效果证明该门课程开拓了对少数民族汉语教学的新思路，有利于对民族学生思维能力、独立观察能力的培养以及创造性方法的训练。蒋新慧（2001）也针对新疆民族学生所开展的汉语泛读教学进行了探讨，并对教师的教学方法提出了以下建议：①在泛读前消除学生畏难、脆弱的心理定式，让学生树立起汉语阅读并不难的信心；②精心挑选泛读教材，既要有反映本民族风情和新疆风光的作品，又要有反映博大精深的汉文化作品；③泛读中要以学生为本，以学生自读、自思、自评、自查、自写、自练为主要教学方式，从而促进学生巩固所学知识。

姚敏（2010）则认为目前的汉语泛读课堂教学存在公式化、大众化和应试化的弊端，指出可以运用“任务型”教学法，设计“任务活动链”来开展教学，并通过亲身实践认为该方法有助于激发学生的学习动机、培养学生综合运用语言的能力和发展学生的语言交际能力。刘明东等（2012）则通过对上海师范大学对外汉语学院留学生的调查，发现留学生对汉语泛读课的期望主要表现在以下几个方面：①培养阅读理解能力；②提高阅读速度；③增强阅读材料的趣味性；④扩大词汇量；⑤增加文化知识；⑥增加相关学科知识。接着作者提出了“网络化泛读教学”的理念，并认为这比传统的泛读教学更适应学习者的不同需求，更能提供多样化的、易于更新的、可自主选择的泛读教材；更便于提供阅读速度训练、学习效果回馈，还有助于教师及时了解学生的学习倾向，使课堂教学更有针对性。

国内汉语界对泛读教学进行了长期的关注与呼吁，但由于其理论探讨未能深入、课程实施与监控也未有突破性的成果，在其作用与价值的实证研究方面也尚缺乏真正有说服力的成果而一直未能得到学界真正的重视，不过新疆地区面向维吾尔族学生所开展的汉语泛读教学还是较为成功的，其中的经验值得推广。同时，我们还非常欣喜地看到《汉语风》《中文天天读》等一大批汉语分级系列读物已顺利出版且推入市场，这说明汉语泛读课外读物的价值正日益受到关注，随着这些读物对学习者阅读兴趣的提升，相信会有更多的学界专家重视汉语泛读读物的编写，会有更多系列的汉语泛读读物顺利出版。

5 国内外现有研究的不足及其展望

5.1 应该进一步加强对泛读教学作用的实证研究

欲行其实，必先正其名。要学界加强对泛读教学的重视与研究，必须首先对泛读教学本身的作用进行科学、严谨、客观的实证研究，研究其对于词汇学习、语法学习和提高二语写作能力的真正作用，探讨泛读教学究竟能在多大程度上有益于语言学习，作用于学习者的学习兴趣、动机等能力的提高，而这需要我们在对其进行实证研究时做到以下四点：充分检验假设、有效控制无关变量、保证研究的内部效度和外部效度以及确保调查结果具有代表性，能适用于任何条件或群体，从而确保研究结果具有说服力。但遗憾的是，目前的一些实证研究成果还存在一定的疏漏和问题。如国外学者 Dupuy（1997）的调查结果为：与直接教语法相比，学习者更愿意通过泛读学习语法，但是如果与听歌曲、看电影学语法，或者自由谈话学语法相比呢？如何能够断定“泛读”依然是学生们最喜欢的学语法的方法？又当如何体现泛读教学的独特作用呢？另外，国内英语界学者纳成仓（2011）所做的实证探索是值得肯定的，但其论证方法并不严谨，因为实验组同学每学期课外都要以“完成任务”的方式多读两部英文小说，而控制组没有要求。课外任务增加了，阅读量增加了，必然会使学习者阅读能力有所提高。那么我们如何证明这一定是“泛读”的功劳呢？假设如果是要求学生课外每学期多写两本日记，相信他们的写作能力也会得到相应的提高。因为这样的实证研究只能充分证明“课外任务”对语言能力提高的作用而已。反观国内汉语界，目前主要是从理论上宏观强调汉语泛读的重要性及其作用，其结论源于西方的研究结论，或源于外语界的讨论结果，甚至源于自己的主观臆断、经验积累而缺乏实证研究。同时，也正因为汉语泛读教学界始终未能在二语习得的作用方面拿出验证结果，没有强大的说服力，所以至今无法在学界引起足够重视，无法被纳入课程体系，也导致没有相应的、合适的泛读教材出版。这个病根我们必须找到，也必须先看清楚。

5.2 应该进一步加强对泛读课程的理论探讨

学术界大多认为泛读不同于精读，应该加强对泛读课程的重视，并对目前的教学模式表示不满，认为应该有所突破与革新，但不只是“破”，更要有“立”，要树立泛读课程的地位，还要对泛读本身的特性进行理论上的探讨，如泛读与精读的异同是什么？二者是什么关系？泛读是补充作用还是应该逐渐占主导作用？另外，泛读与阅读的名实关系到底是什么？二者有何共性，又有何不同？目前学界对此较为模糊，比如教育部《高等学校英语专业基础阶段英语教学大纲》中提出了对“阅读课”的要求，但英语专业开设的都是“英语泛读”课程；而在学术论文中，学者也多以“泛读（阅读）”的形式代替；日语专业开设的该课程也为“日语泛读”；汉语界对二者也未有清晰的界定，但目前在课程设置上以“汉语阅读”课为主。其他亟待探讨的理论问题还有：泛读的教学方法、教学目标、教学难点、重点是什么？快速阅读在泛读中的地位如何？课外阅读如何监控？泛读技巧、策略在阅读教学中的价值及其在教学中应该占有的合理比重等。

5.3　应该进一步建立并完善泛读教学的实施与监控体系

泛读课程所要求的阅读量大大多于精读，但教学时间却又远远少于精读，这样的矛盾就使得泛读课必须紧抓教学重点，提高教学效率，形成一套与教学目标、教学原理、教学形式高度配合的有效教学模式和方法。但事实上，目前我们在这方面的研究还很不够，以已列入课程体系的国内英语泛读教学为例，至今无法形成一整套全面、系统的教学方法，导致不少英语泛读课或成为“半精读课”，以教师讲生词为主，或教师泛泛而谈、学生泛泛而读，使泛读课流于形式。“长期以来，英语泛读课的教学工作开展得不尽如人意，在课堂教学中遇到不少困难，教学双方都对课程不满意，甚至不少同学认为可以取消泛读课。”（何宁等，2000）而国外并未将泛读教学列入课程体系之中，因此他们的研究一般多用于指导“课外泛读”教学，并不符合我们的实际。所以，对于国内英语界泛读教学和我们一直呼吁要求列入课程体系的汉语泛读教学来说，必须进一步建立并完善符合我们实际情况的泛读教学的实施与监控体系。

5.4　泛读教学应该有课内与课外之别

综合国内外泛读教学研究成果及其教学实际，我们认为泛读教学方法应该有课内与课外之别。在课内泛读上，教师不仅作为泛读教学的组织者、设计者、引导者，要组织学生开展阅读、设定泛读目标、传授泛读技巧与策略、设置合理题目，引导学生最大限度地参与阅读，集中精神进行阅读；而且作为参与者、示范者、鼓励者要与学生一起阅读，并将阅读的收获实时分享给学生，同时不断鼓励学生克服困难坚持阅读下去。而学生在阅读的过程中需注意加强速度训练，且尽量摒弃词典而积极使用猜词、跳读等策略展开阅读。另外，泛读课堂并不排斥师生之间或学生之间的讨论、互动环节，教师也应该尽量创造让学生自我表现、积极实践的机会。同时，教师还可以在课堂上利用多媒体设备和资源来增加泛读的趣味性。

而在课外泛读上，教师的任务主要是为学生编写或指定合适的泛读书目及材料，并对学生的课外泛读进行有效的指导，而学生的阅读过程则是主动的、轻松的、快乐的、无测试、无压力的，是一种享受阅读的实践，无须特别设置阅读理解、词语解释等练习，但也绝非放任自流，让学生随心所欲。教师应该对学生的课外泛读进行定期检查与测评，实施有效的管理与监督，比如可以组织学生开展读书交流会，让学生彼此分享阅读中的体会，或者让学生进行阶段口头报告等。

5.5　应该区分课内教材与课外读物，并进一步加以完善

与汉语泛读教学方法有课内与课外之分相对应，泛读教材也应区别为课内泛读教材与课外泛读读物。前者要求题材多样、体裁丰富，既有精挑细选的“主打”文章，又有供学生进行限时阅读练习的速读文章；既有对语言知识的讲解，又有对阅读技巧和策略的传授，并能让学生通过一次次的阅读实践逐渐掌握。另外，泛读教材需要根据内容的难度加以控制，进行分级。根据克拉申二语习得的“i+1 假说”，内容的难度应略高于学习者的现有语言水平，这样才能使学习者在课堂上获得最佳语言输入。

而目前国内汉语教学界不乏以汉语泛读为名的教材，但事实上尽如人意者不多。试举一本某大学出版社出版的以“汉语泛读”为书名的教材为例，且不论其分级是否科学，难度是否合适，单从其目录来看，便可知道其所编写内容的题材不够理想。该书共十五单元，具体见表 1：

表 1　某汉语泛读教材内容题材

1. 阳光政府	2. 维护网络文明与安全	3. 农业与税收
4. 农民工与劳动力	5. 长三角与中部地区	6. 中美贸易平衡
7. 民营经济与亚洲经济	8. 建设节约型社会	9. 消费品与扩大内需
10. 城市评点	11. 城市建设	12. 婚姻与家庭
13. 动物保护	14. 爱心行动	15. 抗击艾滋病

以上 15 个单元的题材可谓“索然寡味”，难以吸引留学生甚至母语为汉语者对此类文章的阅读兴趣。而在文章难度控制方面，已有泛读教材也普遍难以令人满意。朱勇（2010）曾表达了对目前此类泛读类教材的不满：不可否认的是，虽然有的教材名为“轻松阅读”“汉语泛读”，但由于难度过高，课堂使用时不得不“精读化”教学。因此尽快编写出或进一步完善适合留学生阅读的汉语泛读教材便成为我们迫在眉睫的任务。

课外泛读读物的编写则有不同的要求：课外泛读读物一定要易读、有趣、语言文字活泼，足以吸引学生，使学生能够轻松阅读、享受阅读，远离抽象、枯燥的阅读，从而养成良好的阅读习惯，在潜移默化之中提高阅读能力。从风靡全球的牛津“书虫”系列读物可以看出，一套分级科学、难度适中、内容有趣的课外读物是备受读者追捧的，其经济效益也十分可观，这也意味着汉语课外系列读物的编辑、出版是一片诱人的“蓝海”，其潜在市场十分巨大，有待学界与出版界尽快联合、深入开发，建

立属于汉语界的“简易读物图书馆”。

参考文献

班荣学．论大学英语泛读教学的读写一体化［J］．外语教学，1995（4）．

陈昌来．对外汉语教学概论［M］．上海：复旦大学出版社，2005.

陈贤纯．对外汉语阅读教学16讲［M］．北京：北京语言大学出版社，2008.

储诚志．引入分级泛读改进中文教学——兼谈《汉语风》中文分级系列读物的设计目的和特点［J］．国际汉语教育，2009（4）．

邓尉．谈四年级泛读教学［J］．外语教学与研究，1963（3）．

何宁，董颖．从《新编英语泛读教程》使用情况谈泛读课的教改［J］．外语界，2000（2）．

蒋新慧．汉语泛读教学刍议［J］．语言与翻译（汉文），2001（4）．

姜君丽．互动式英语泛读教学模式实验报告［J］．山东外语教学，2007（5）．

黎天睦．现代外语教学法：理论与实践［M］．北京：北京语言学院出版社，1987.

李金葆．汉语泛读教学之我见［J］．新疆大学学报（哲学社会科学版），1995（2）．

李泉．对外汉语教学理论和实践的若干问题［C］//对外汉语研究的跨学科探索：汉语学习与认知国际学术研讨会论文集．北京：北京语言大学出版社，2003.

李天紫．论英语泛读教学的发展趋势［J］．外语界，2007（6）．

刘明东，刘慧清．对外汉语网络化泛读研究和网站建设［J］．科学经济社会，2012（1）．

鲁健骥．说“精读”和“泛读”［J］．海外华文教育，2001（3）．

鲁健骥．口笔语分科，精泛读并举——对外汉语教学改进模式构想［J］．世界汉语教学，2003（2）.

鲁健骥．“谈泛读教材的编写技巧——从《画儿上的美人》说起［C］//汉语研究与应用（第一辑）．北京：中国社会科学出版社，2003.

鲁健骥．《践约传》与汉语简易读物的编写（详细提纲）［C］//汉字·汉语·汉文化．北京：新世界出版社，2006.

马沈龙．英语泛读课堂讨论教学初探［J］．贵州教育学院学报，1990（4）．

纳成仓．课外泛读与英语专业学生词汇发展的关系研究［J］．教育理论与实践，2011（27）．

夏赛花，吴古华．英语泛读课的现状及改革——北京三所高校的调查报告［J］．外语界，1997（4）.

王丹．关于提高泛读课教学效果的思考——兼谈《英语阅读教程》作为泛教材的不足［J］．锦州师范学院学报（哲学社会科学版），2003（1）．

王守仁，赵文书．网络环境下的英语专业泛读课教学研究［J］．外语界，2000（2）．

吴勇毅．教材改革创精品有突破——读《多文体，精泛结合——高级汉语教程》［J］．世界汉语教学，2004（4）．

吴晓露．阅读技能训练——对外汉语泛读教材的一种模式［J］．语言教学与研究，1991（1）．

姚敏．任务型教学法在对外汉语泛读教学中的运用探索［J］．中国成人教育，2010（8）．

张世涛．泛读教材的编写与课堂实践［J］．中山大学学报论丛，1997（4）．

赵金铭．从对外汉语教学到汉语国际推广［C］//对外汉语教学理论研究．北京：商务印书馆，2006.

郑伟波．精读泛读之我见［J］．新疆大学学报（哲学社会科学版），1986（2）．

周健，彭小川，张军．汉语教学法研修教程［M］．北京：人民教育出版社，2004.

周小兵．谈谈留学生的速读训练［C］//中国对外汉语教学学会第三次学术讨论会论文集．北京：北京语言学院出版社，1990.

朱勇．汉语阅读教材编写中的若干对矛盾［J］．语言教学与研究，2010（6）．

朱勇，宋海燕．汉语读物编写的理念与实践［J］．海外华文教育，2010（4）．

BAMFORD J & R DAY. Extensive reading activities for teaching language [M]. Cambridge: Cambridge University Press, 2004.

BELL T. Extensive reading: why and how [J]. The internet TESL journal, 1998 (12).

DAY R. Extensive reading activities [J]. Teacher talk, 2004 (24).

DAY R & J BAMFORD. Extensive reading in the second language cassroom [J]. Cambridge: Cambridge University Press, 1998.

DUPUY B. Voices from the classroom: students favor extensive reading over grammar instruction and practice, and give their reasons [J]. Applied language learning, 1997 (2).

ESKEY E. Reading and the teaching of L2 reading [J]. Tesol journal, 2002 (1).

FRY E. Teaching faster reading: a manual [M]. Cambridge: Cambridge University Press, 1981.

GRABE W & F STOLLER. Reading for academic purposes: guidelines for the ESL/EFL teacher [C] //In M CELCE - MURCIA (ed.). Teaching English as a second or foreign language. Boston, MA: Heinle & Heinle, 2001.

GREEN C. Integrating extensive reading in the task - based curriculum [J]. ELT journal, 2005 (4).

KRASHEN S. The case for free voluntary reading [J]. The Canadian modern language review, 1993 (1).

KRASHEN S & K CHO. Becoming a dragon: progress in English as a second language through narrow free voluntary reading [J]. California reader, 1995 (29).

MASON B. Extensive reading: why do it, how to do it, how not to do it [J]. ELT news, 2005 (6).

NATION I S P. Learning vocabulary in another language [M]. Cambridge: Cambridge University Press, 2001.

POWELL J. Extensive reading and its role in the future of English language teaching in Japanese high schools [EB/OL]. http://www.extensivereading.net/er/powell.html, 2002.

PROWSE P. Top ten principles for teaching extensive reading: a response [J]. Reading in a foreign language, 2002, 14 (2).

STANOVICH K. Progress in understanding reading: scientific foundations and newfrontier [M]. New York: Guilford Press, 2000.

TSANG W. Comparing the effects of reading and writing on writing performance [J]. Applied linguistics, 1996 (17).

WARING R. Graded and extensive reading — questions and answers [J]. The language teacher, 1997 (5).

（本文曾刊载于《华文教学与研究》2012 年第 4 期）

［作者简介］
刘文辉，河南鹤壁人，暨南大学华文学院讲师，博士，研究方向为华文教学。

华文习得研究

泰国学习者汉语塞擦音的知觉同化与区分①

梅 丽

1 引言

泰国学习者汉语语音习得中，塞擦音是比较大的困难（李红印，1995；蔡整莹、曹文，2002）。从汉泰语音对比来看，泰语只有一对舌面硬腭清塞擦音，以是否送气相区别。其发音时舌尖轻抵下齿背，舌面隆起贴住硬腭形成阻碍，然后气流冲破阻碍，并在舌面和硬腭间稍成摩擦形成（潘德鼎，2004：6）。关于泰语塞擦音的音值，学界有多种意见：一是/tɕ/、/tɕʰ/（国际语音学会，2008：212）；二是/c/、/c‘/（傅增有，1996：3-4）；三是/ts/、/ts‘/（吉娜、简启贤，2004）；四是/tʂ/、/tʂʰ/（陈晨，2008）；五是/tʃ/、/tʃ‘/（孙汉萍，1995）。另外从元音环境来看，泰语塞擦音可与舌面单元音/a/、/i/、/u/相拼，泰语元音没有/y/和舌尖元音（房英、杨万洁，2010；何漓，2007；魏清，2005；伍文义，1999；邬桂明，2000）。而汉语三对塞擦音与舌面单元音的组合呈互补分布，舌尖塞擦音还可与舌尖元音组合。泰语只有一组塞擦音，发音时接触点前后的稍许移动不造成意义上的对立，因此泰国人学习汉语面临的主要问题是塞擦音在发音部位上的分化。需要深入探讨的是，泰国学习者如何在知觉上加工汉语塞擦音。

有关辅音的跨语言言语知觉研究由来已久，其中受到普遍关注的是日本学习者习得英语/l/和/r/。日本成年人区分美式英语/l/和/r/很困难（Mochizuki，1981）。日语没有/l/-/r/对立，音系中只有一个/r/，日语［ɾ］与美式英语［l］、［ɹ］在语音上有一定差异。Takagi（1993）发现处在音节起始位置的英语［l］和［ɹ］都被日本成人识别为日语/r/。Guion、Flege、Akahane-Yamada 和 Pruitt（2000）的实验也表明，英语［la］和［ɹa］被识别为日语/ra/或/ura/。知觉结果说明，日语和英语的这三个辅音之间存在着一对二的跨语言匹配模式。在此基础上，研究者继续对［ɾ］、［l］、

① 本研究得到中央高校基本科研业务费专项资金（10JYB2078）和广东高校优秀青年创新人才培育项目（WYM10082）资助。

[ɹ] 的知觉语音相似性进行了深入考察。Takagi (1993) 请日本人用八度制等级量表评定英语 [l]、[ɹ] 与日语 [ɾ] 的相适度 (goodness of fit)。在单独处于音节开头、音节起始辅音丛、元音之间三种位置情况下，日本人都觉得英语 [l] 比 [ɹ] 更像日语 [ɾ]。Flege (1995) 假设，第二语言音段和与其相似的第一语言音段之间的知觉语音非相似度 (perceived phonetic dissimilarity) 越大，学习者就越可能辨明两者的差异，从而在知觉和发音上都表现出可测量到的进步。与一语音段相似的两个二语音段，与一语音段知觉语音非相似度大的二语音段的可学性更强。根据该假设可以预测，由于日本人认为英语 [ɹ] 和日语 [ɾ] 的知觉语音非相似度大于英语 [l] 与日语 [ɾ] 的，因此日本人学习英语 [ɹ] 会比 [l] 更成功。该预测已得到实验证实，日本成人辨认英语 [ɹ] 的正确率高于 [l] (Sheldon 和 Strange，1982；Flege、Takagi 和 Mann，1996)。Bradlow、Pisoni、Akahane-Yamada 和 Tohkura (1997) 的一项训练研究发现，日本成人不仅辨认英语/r/更正确，而且他们的英语/r/发音也能更准确地被听辨出来。该研究还指出，英语/r/的发音本身并不比/l/容易，因为英语母语习得研究表明儿童先习得/l/后习得/r/。Aoyama、Flege、Guion、Akahane-Yamada 和 Yamada (2004) 以一年为间隔两次测试了居住在美国的日本儿童及成人对英语/l/、/r/、/w/的知觉和发音，结果表明日本儿童/r/发音在一年内的进步大于/l/，区分/l/－/r/、/r/－/w/的成绩在一年内有显著进步。另外，Mochizuki (1981) 从语音环境的角度考察了日本人对自然言语中/rɑ/和/lɑ/的识别，当/r/和/l/出现在起始辅音丛、词尾辅音丛等不同位置时，辨认正确率随位置而变化。Hardison (1999) 总结指出影响日本人英语/r/和/l/知觉的因素很多，第二语言经验、音系环境、词的位置、刺激的性质 (自然或合成) 都会起作用。

也有一些跨语言辅音知觉研究发现，成人区分非母语辅音对立并非都有困难。Best、McRoberts 和 Sithole (1988) 调查了母语为美式英语的成人和婴儿对祖鲁语 (Zulu) 吸气音的区分。虽然英语中没有与这类辅音发音方法相似的辅音，但成人可以很好地区分这些辅音对立，6～8 个月直至 12～14 个月的婴儿对这类辅音对立也能较好区分。Best 在其研究基础上提出了知觉同化模型 (perceptual assimilation model) (Best，1995)。该模型指出，母语音系等同归类 (equivalence classification) 知识强烈地影响了听者的非母语言语知觉，听者在任何情况下都可能将非母语音子知觉同化到其母语音位上，同化的基础是听者觉察到非母语音子与母语音在发音器官、阻塞位置、阻塞程度上的共同性。而外语语音和与其最接近的第一语言语音之间的知觉距离，是造成非母语语音对立的区分难度存在差异的原因。成人对非母语语音对立的区分水平，可以根据非母语语音被母语音位同化的方式来进行预测。该模型广泛应用于第二语言习得领域，适宜解释学习者在二语学习开始之前或刚开始时对二语语音对立的知觉区分行为。

言语学习模型（speech learning model）（Flege，1987、1995）也提出了与知觉同化模型相似的观点，认为第一语言与第二语言语音范畴之间的知觉关系非常重要。二语者通过“等同归类”将与第一语言相似、实际并非完全一致的二语音段知觉同化为第一语言范畴，并且即使在使用了多年二语后这种“等同归类”仍然存在，对第二语言与第一语言相似音段的知觉表征可能还是无法区分，反而在两者之间产生调和，造成二语音段发音始终存在“口音”，甚至造成第一语言音段的语音实现（phonetic realization）发生变化。那些一开始在知觉上被认为明显不同于第一语言范畴的二语音段不会被同化。随着二语经验增加，这些音段被学习者表征为不同于第一语言的范畴，知觉和发音正确性相对较高。虽然言语学习模型假设“等同归类”妨碍了第二语言语音范畴的形成，但同时也提出这并没有阻断第二语言语音学习，二语音段即使没有建立自己的范畴也存在语音学习。所谓“语音学习”（phonetic learning）是指二语音段在习得过程中表现出知觉与发音上的进步，与母语者水平接近。有关语音学习的假设得到一些证明，Whalen、Best 和 Irwin（1997）发现成年英语母语者难以区分英语/p/的送气和不送气变体［p］和［p^h］，但可以在模仿测试中产出这两个变体在 VOT 上的差异。Mackay、Flege、Piske 和 Schirru（2001）考察了意大利语—英语双语者英语/b/的发音，英语/b/、/d/、/g/的知觉，结果表明二语塞音即使在没有建立范畴的情况下仍表现出知觉上的进步。

根据现有理论模型可以预测，泰国学习者学习汉语时可能会把三对塞擦音知觉同化到泰语塞擦音范畴。需要探究的是，汉语三对塞擦音与泰语塞擦音的知觉语音非相似度是否存在差异；塞擦音所处元音环境对跨语言辅音知觉同化、知觉语音非相似度是否存在影响；学习者对汉语塞擦音对立的区分水平是否在一定程度上可以由跨语言知觉同化结果来预测和解释。本研究将采用汉泰辅音知觉同化、汉语辅音对立知觉区分两个实验对上述问题进行考察。

2 知觉同化实验

2.1 方法

2.1.1 被试

泰国留学生 54 人，其中女 27 人，男 27 人。测试期间留学生均在暨南大学华文学院学习汉语，学习时间为 3 ~ 27 个月。其中华裔 32 人，非华裔 22 人。华裔有 10 人不清楚自己的汉语方言，有13人的汉语方言为潮汕话，另外还有客家话、粤语等。实验对被试的汉语方言水平进行了控制，华裔留学生均完全不会汉语方言或者方言水平比较低，仅有3名华裔能说汉语方言日常用语。另外，实验也将被试年龄控制在18～24岁（有2人25岁，1人27岁）。被试听力正常，实验后付给少量报酬。

2.1.2 实验材料

声母为普通话z/c、zh/ch、j/q的CV结构单音节共24个。实验对辅音所在音节的声调进行了匹配①，每个音节分别配阴平、阳平（或上声）两种声调，阳平/上声的选择由普通话声、韵、调配合规律决定，阳平作为第一选择，没有阳平的选上声②。实验也匹配了辅音后接元音，选择了两类单元音：一类是泰国学习者熟悉、汉泰语中都有的，如［a］、［i］；另一类是泰国学习者不熟悉、汉语有而泰语没有的，如［y］、［ɿ］、［ʅ］。CV结构单音节的声韵调搭配见表1。

表1　知觉同化实验材料所用汉语CV结构单音节的声、韵、调搭配

声母	韵母			
	ɑ	i	ü	-i
z	zā　zá			zī　zǐ
c	cā　cǎ			cī　cǐ
zh	zhā　zhá			zhī　zhí
ch	chā　chá			chī　chí
j		jī　jí	jū　jú	
q		qī　qí	qū　qú	

实验材料通过两位普通话标准的发音人（1男1女）的录音得到，总计24个汉语单音节作为目标项，另有干扰项8个，合计32个。实验材料随机排序，发音人口齿清楚，以朗读语速念一遍32个项目。选择男发音人的奇数项与女发音人的偶数项，得到32个实验刺激。同一个刺激连续播放两次，间隔0.5秒。不同刺激之间间隔4秒。

① 实验没有将汉语塞擦音所在音节的声调作为自变量来考察，是因为在前期探测实验中没有发现声调对跨语言辅音知觉同化的影响。

② 实验只将声调分为高起点和非高起点两类。普通话四个声调中，阴平和去声是高起点，阳平和上声是低起点，在两类声调中各选择一个用于实验。高起点的声调，实验选择了阴平。低起点的声调，实验选择了阳平、上声，这是因为受到普通话声韵调搭配的限制，仅用阳平或仅用上声不足以匹配。

2.1.3 实验程序

被试在语音实验室完成测试。32个实验刺激通过电脑随机呈现给被试，同时以纸质形式给被试提供泰语辅音字母选项①。被试连续听同一个实验刺激两遍后进行判断，若判定所听单音节中辅音声母与泰语辅音相像，则选择相应泰语字母，并评定两者的相似度，在候选项“有一点像、有一些像、非常像、完全一样”中选择其一。若判定单音节中辅音声母与所列泰语辅音不像，则选择候选项“不像”。

2.2 结果与分析

2.2.1 泰国学习者对汉语塞擦音的知觉同化

从初步统计结果来看（见表2），泰国学习者在知觉上主要将汉语z、zh、j判断为“像泰语/tɕ/②”，将汉语c、ch、q判断为“像泰语/tɕʰ/”，这表明学习者主要依据发音方法对汉语塞擦音进行知觉同化。另外汉语c的知觉同化结果有分歧，它除了被判定为像泰语/tɕʰ/（51%），还被判定为像泰语/s/（29%）及不像泰语音（19%）。这说明学习者对送气塞擦音和擦音的发音方法产生了混淆。

表2 泰国学习者将汉语塞擦音判定为泰语辅音的次数百分比③

单位:%

汉语刺激	辨认结果			
	泰语/tɕ/	泰语/tɕʰ/	泰语/s/	不像泰语音
z	82		12	5
zh	87	7	2	4
j	98			
c		51	29	19
ch		94	3	2
q		94	3	3

① 泰语辅音字母选项共5个，是在前期探测实验基础上归纳出来的。探测实验有6位泰国人参加，要求他们用泰语辅音字母记录所听到的汉语单音节辅音声母，结果表明汉语塞擦音主要被他们记为泰语的3个辅音字母，即泰语不送气清塞擦音/tɕ/、送气清塞擦音/tɕʰ/、擦音/s/，转写为其他泰语辅音字母的极少。

② 本文依据潘德鼎（2004：6）的描述，选择《国际语音学会手册》（2008：212）的标准将泰语塞擦音记为/tɕ/、/tɕʰ/。

③ 次数百分比小于2%的未纳入分析。

2.2.2 元音环境对辅音知觉同化的影响

汉语塞擦音被知觉同化入泰语辅音范畴出现了两种情况：一是汉语塞擦音被纳入一个泰语辅音范畴，例如 z、zh、j、ch、q。在这种情况下，元音环境可能没有影响知觉同化，因为归类比例达到了 82% ~98%，说明学习者对这些塞擦音在不同元音环境下的知觉归类基本一致。二是汉语塞擦音被纳入两个泰语辅音范畴，例如 c［tsʰ］。在第二种情况下，元音可能影响了知觉同化，因此本研究考察了 c［tsʰ］后接元音所起的作用，结果见表 3。

表 3 泰国学习者将汉语 c［tsʰ］判定为泰语辅音的次数

汉语刺激		辨认结果			
		泰语/tɕ/	泰语/tɕʰ/	泰语/s/	不像泰语音
c［tsʰ］	［a］	1	86		21
	［ɿ］	1	24	62	21

统计分析表明，两种元音环境在 c［tsʰ］的归类结果上差异非常显著，$X^2 = 96.95$，$df = 3$，$p < 0.001$。［tsʰ］与［a］组合时比较一致被归类为泰语送气塞擦音，［tsʰ］与［ɿ］组合时主要被归类为泰语擦音。由此可见，舌尖元音环境是造成泰国学习者混淆送气塞擦音与擦音发音方法、将汉语 c［tsʰ］同化到泰语/s/中的原因。

2.2.3 汉泰塞擦音的知觉语音非相似度

知觉同化结果表明，泰国学习者认为汉语三组塞擦音都与母语音相似。需要进一步考察的是，汉语 z、zh、j 与泰语［tɕ］，汉语 c、ch、q 与泰语［tɕʰ］在知觉语音非相似度上是否存在差异，汉语塞擦音所处元音环境是否对跨语言辅音知觉语音非相似度存在影响。

研究采用重复两个因素的 3（汉语塞擦音发音部位）×2（元音熟悉性）两因素被试内设计来考察汉泰塞擦音的知觉语音非相似度。自变量汉语塞擦音发音部位分为三个水平（舌尖齿龈、舌尖硬腭、舌面硬腭），自变量元音熟悉性分为两个水平（熟悉、不熟悉）。这里的“熟悉”是针对泰国学习者而言，“熟悉”元音指汉泰语中都有的，“不熟悉”元音指汉语有而泰语没有的。这样，z/c、zh/ch、j/q 的后接元音分别选择了［a］/［ɿ］、［a］/［ʅ］、［i］/［y］。选择元音熟悉性来考察，是因为汉语塞擦音的后接元音数量多且辅元音组合有互补分布，难以形成统一维度，通过“熟悉、不熟悉”这两个水平可以考察第一语言元音如何影响学习者第二语言辅音知觉。因变量为知觉语音非相似度，采用五度制等级量表，5 = “不像”，4 = “有一点像”，

3 = “有一些像”，2 = “非常像”，1 = “完全一样”。

首先来看汉语 z、zh、j 与泰语不送气塞擦音的知觉语音非相似度（见表 4）。重复两个因素的两因素（3×2）方差分析结果表明，汉语塞擦音发音部位的主效应非常显著，$F(2, 106) = 33.96$，$p < 0.001$，说明学习者判定汉语 z、zh、j 与泰语［tɕ］的知觉语音非相似度存在非常显著的差异。多重比较表明：z、zh 与泰语［tɕ］的知觉语音非相似度无差异（$p > 0.05$）；z 与泰语［tɕ］的知觉语音非相似度大于 j 与泰语［tɕ］的（$p < 0.001$）；zh 与泰语［tɕ］的知觉语音非相似度大于 j 与泰语［tɕ］的（$p < 0.001$）。元音熟悉性的主效应非常显著，$F(1, 53) = 71.16$，$p < 0.001$，说明处在熟悉、不熟悉元音前的汉语 z、zh、j 与泰语［tɕ］的知觉语音非相似度存在非常显著的差异，处在不熟悉元音前的 z、zh、j 与泰语［tɕ］的非相似度更大。辅音发音部位与元音熟悉性的交互作用非常显著，$F(2, 106) = 11.98$，$p < 0.001$。简单效应分析表明：从元音熟悉性角度来看，熟悉元音前的 z、zh、j 在知觉语音非相似度上差异显著（$p < 0.01$），事后检验表明 z（a）与 zh（a）差异显著（$p < 0.01$），z（a）与 j（i）差异非常显著（$p < 0.001$），zh（a）与 j（i）差异不显著（$p > 0.05$）；不熟悉元音前的 z、zh、j 在非相似度上差异非常显著（$p < 0.001$），事后检验表明 z（i）与 zh（i）差异不显著（$p > 0.05$），z（i）与 j（u）差异非常显著（$p < 0.001$），zh（i）与 j（u）差异非常显著（$p < 0.001$）。从辅音发音部位角度来看，z（a）与 z（i）在知觉语音非相似度上差异非常显著（$p < 0.001$），zh（a）与 zh（i）的差异非常显著（$p < 0.001$），j（i）与 j（u）的差异也非常显著（$p < 0.001$）。

表 4　汉语不送气塞擦音与泰语［tɕ］的知觉语音非相似度

汉语 z、zh、j 发音部位					
z（舌尖齿龈）		zh（舌尖硬腭）		j（舌面硬腭）	
［a］熟悉	［ɿ］不熟悉	［a］熟悉	［ʅ］不熟悉	［i］熟悉	［y］不熟悉
2.59	3.33	2.07	3.56	1.82	2.60

接着来看汉语 c、ch、q 与泰语送气塞擦音的知觉语音非相似度（见表 5）。重复两个因素的两因素（3×2）方差分析结果表明，汉语塞擦音发音部位的主效应非常显著，$F(2, 106) = 102.84$，$p < 0.001$，说明学习者判定汉语 c、ch、q 与泰语［$tɕ^h$］的知觉语音非相似度存在非常显著的差异。多重比较表明：c 与泰语［$tɕ^h$］的知觉语音非相似度大于 ch 与泰语［$tɕ^h$］的（$p < 0.001$）；c 与泰语［$tɕ^h$］的知觉语音非相似度大于 q 与泰语［$tɕ^h$］的（$p < 0.001$）；ch、q 与泰语［$tɕ^h$］的知觉语音相似度无

显著差异（$p>0.05$）。元音熟悉性的主效应非常显著，$F(1, 53)=143.36$，$p<0.001$，说明处在熟悉、不熟悉元音前的汉语送气塞擦音与泰语［tɕʰ］的知觉语音非相似度存在非常显著的差异，处在不熟悉元音前的c、ch、q与泰语［tɕʰ］的知觉语音非相似度更大。辅音发音部位与元音熟悉性的交互作用非常显著，$F(2, 106)=25.68$，$p<0.001$。简单效应分析表明：从元音熟悉性角度看，熟悉元音前c、ch、q在知觉语音非相似度上差异非常显著（$p<0.001$），事后检验表明c（a）与ch（a）差异非常显著（$p<0.001$），c（a）与q（i）差异非常显著（$p<0.001$），ch（a）与q（i）差异不显著（$p>0.05$）；不熟悉元音前c、ch、q在知觉语音非相似度上差异非常显著（$p<0.001$），事后检验表明c（i）与ch（i）差异非常显著（$p<0.001$），c（i）与q（u）差异非常显著（$p<0.001$），ch（i）与q（u）差异显著（$p<0.01$）。从辅音发音部位角度看，c（a）与c（i）在知觉语音非相似度上差异非常显著（$p<0.001$），ch（a）与ch（i）差异非常显著（$p<0.001$），q（i）与q（u）差异也非常显著（$p<0.001$）。

表5　汉语送气塞擦音与泰语［tɕʰ］的知觉语音非相似度

汉语c、ch、q发音部位					
c（舌尖齿龈）		ch（舌尖硬腭）		q（舌面硬腭）	
[a] 熟悉	[ɿ] 不熟悉	[a] 熟悉	[ʅ] 不熟悉	[i] 熟悉	[y] 不熟悉
2.91	4.63	2.19	2.73	2.02	3.20

2.3　讨论

现代认知心理学研究表明，当我们面临一个新事物、问题或情境时，总是先把它归入某一类别，然后运用该类别的有关知识决定采取何种行动（韩劢、莫雷，2000）。第二语言语音习得同样涉及用母语音位范畴对二语语音进行分类的认知过程。对于那些已经习得或正在习得母语音系的听者来说，言语知觉的注意可能主要集中于音位水平，他们必然会将所听到的言语声音知觉同化到母语音位范畴，无论这些声音是母语还是非母语的（Best、McRoberts 和 Sithole，1988）。

泰国成年学习者学习汉语之前，其母语音系已发展完善，形成了泰语不送气、送气清塞擦音/tɕ/、/tɕʰ/的音位表征。这种表征可能是由一套样例构成，即母语输入中一个个泰语塞擦音样例的集合。学习者接触到汉语塞擦音时，会用母语音位对汉语音进行归类，归类的依据是汉语音与已贮存的泰语音样例的相似性。泰国学习者在知觉上主要将汉语塞擦音判定为像泰语塞擦音，归类依据是塞擦音发音方法特征。这样汉语不送气、送气塞擦音被知觉同化为泰语不送气、送气塞擦音。熟悉和不熟悉元音环境下的跨语言知觉范畴归类比较一致，只是在汉语 c［ts^h］的知觉同化上元音有一定影响，舌尖元音导致［ts^h］更多被归类为泰语擦音。

泰国学习者对汉语塞擦音在发音部位上的差异有一定区分能力，体现在知觉语音非相似度上。可以排除元音影响，选择两种语言都有的元音环境［a］、［i］来直接比较。泰国学习者认为 j、q 最像泰语塞擦音，可以看作泰语范畴的好样例，而汉语舌尖硬腭（zh、ch）比舌尖齿龈塞擦音（z、c）更像泰语塞擦音。如果把元音环境考虑进来，则元音熟悉性是影响汉泰塞擦音知觉语音非相似度的一个重要因素。学习者认为处在他们熟悉的元音环境下的汉语塞擦音更像泰语塞擦音，这样 z（a）比 z（i）、zh（a）比 zh（i）、j（i）比 j（u）更像泰语［tɕ］，c（a）比 c（i）、ch（a）比 ch（i）、q（i）比 q（u）更像泰语［$tɕ^h$］。

3　知觉区分实验

根据知觉同化实验结果，可以对泰国学习者知觉区分汉语塞擦音对立作出一定预测。汉语送气—不送气塞擦音对立可能最容易区分，因为学习者把汉语塞擦音的送气、不送气知觉同化到泰语两个范畴中。汉语舌尖齿龈—舌尖硬腭塞擦音对立可能有一定区分难度，但不会区分得很差，因为虽然这两类音均被知觉同化为泰语塞擦音，但两者在知觉语音非相似度上存在差异。汉语 c—s 对立可能有一定区分困难，因为汉语 c［ts^h］有一部分被知觉同化为泰语擦音/s/。基于上述预测，研究选择了汉语z—zh、c—s、zh—ch 对立来考察泰国学习者的知觉区分，其中 zh—ch 作为控制组，以证明参与实验的泰国学习者都清楚范畴区分任务，并且能够产生工作记忆以确保范畴区分任务的完成。另外，元音环境可能会影响辅音对立的知觉区分，为此实验也将塞擦音后接单元音纳入考察之中，选择了学习者熟悉的舌面元音［a］和不熟悉的舌尖元音［ɿ］/［ʅ］。

3.1　方法

3.1.1　被试

与知觉同化实验相同。

3.1.2　实验材料

实验采用范畴区分测试（categorial discrimination test）（Flege、Mackay 和 Meador，1999；Guion、Flege、Akahane - Yamada 和 Pruitt，2000），每对辅音对立区分都采用 8

个“变化测试”和8个“无变化测试”。“变化测试”的目的是考察被试在两个不同范畴中识别辅音的能力。例如，辅音c—s对立的“变化测试”包含3个刺激 c_2 s_1 c_3（数字下标表示不同发音人），被试通过选择纸张上的选项“第2个”来表明第2个音与其他两个不同。“无变化测试”的目的是考察被试区分范畴内部变异的能力，需要忽略发音人造成的变异才能作出正确判断。例如，辅音c—s对立的“无变化测试”包括3个刺激 c_1 c_2 c_3 或 s_1 s_2 s_3（数字下标表示不同发音人），被试通过选择纸张上的选项“都一样”来表明3个音相同。实验采用这种测试的理论基础是，新语音范畴的建立可以提高学习者对新范畴与第一语言范畴、新范畴与第二语言范畴之间差异的敏感度，同时会降低对新范畴内部变异的敏感度。

实验所用范畴区分测试将发音人造成的变异纳入考察视野，是因为非母语语音对立的知觉区分除了受到语音环境影响，还受到说话人影响。听者可能会在记忆中对说话人的相关信息进行编码，这些编码也是非母语语音范畴形成表征的一部分。Logan、Lively和Pisoni（1991）指出，知觉学习过程中听者形成的表征可能非常依赖语境，其中说话人的声门波形、声道、方言、自然语速都可能会作为语境信息的一部分贮存在长时记忆中。Lively、Logan和Pisoni（1993）在训练日本人区分英语辅音对立/r/—/l/时采用了5位发音人的声音刺激，发现知觉区分正确率和反应潜伏期受到发音人影响，被试对其中一位发音人的声音刺激反应最好，而对另一位发音人的声音刺激反应最差。因此，二语者区分非母语语音对立时，能否忽略发音人造成的变异也是评估其区分能力的一个方面。

实验材料由声母为z、zh、c、s、ch的CV结构单音节构成（见表6），对辅音所在音节的声调进行了匹配，分别配阴平、阳平（或上声）两种声调，阳平/上声的选择由普通话声、韵、调配合规律决定。实验也控制了辅音后接元音，选择了［a］和［ɿ］/［ʅ］。

实验刺激通过4位普通话标准的发音人（男）录音得到。按照辅音对立所包含“变化测试”和“无变化测试”来安排，总计48个测试项，“变化测试”和“无变化测试”各24个。测试项随机排列，间隔4秒。每个测试项包含3个由不同发音人发出的声音刺激，3个刺激随机排列，间隔0.5秒。

表 6 知觉区分实验材料所用汉语 CV 结构单音节的声、韵、调搭配①

韵母	声母				
	z	zh	c	s	ch
ɑ	zā zá	zhā zhá	cā cǎ	sā sǎ	chā chá
-i	zī	zhī zhí	cī cǐ	sī sǐ	chī chí

3.1.3 实验程序

被试在语音实验室完成测试。正式开始之前，被试先完成 5 个测试项以熟悉实验，指导者用中文进行说明。接着 48 个实验测试项通过电脑随机播放给被试，同时以纸质形式提供4 个选项："第1 个""第2 个""第3 个""都一样"。每个测试项播放一次，其中包含 3 个声音刺激，若被试判定 3 个刺激的辅音都一样则选择"都一样"，若被试判定 3 个辅音中有一个与其他两个不一样则选择该音所在位置。例如被试听到 3 个刺激 c_2 s_1 c_3（数字下标表示不同发音人），则选择选项"第 2 个"来表明第 2 个辅音与其他两个不同。

3.1.4 实验测量指标

为减少反应偏向对实验结果的影响，分析中的因变量采用了 A'成绩。A'成绩以被试在"变化测试"中正确反应的比例和"无变化测试"中错误反应的比例作为基础。A'成绩计算根据 Snodgrass、Levy-Berger 和 Haydon（1995）的公式，计算方法如下：H = 被试在"变化测试"中正确选择的比例，FA = 被试在"无变化测试"中错误选择的比例。当 $H=FA$，$A'=0.5$；当 $H>FA$，$A'=0.5+[(H-FA)\times(1+H-FA)]/[(4\times H)\times(1-FA)]$；当 $H<FA$，$A'=0.5-[(FA-H)\times(1+FA-H)]/[(4\times FA)\times(1-H)]$②。当 A'成绩达到 1.0 时，表示被试有很好的区分能力；当 A'成绩为 0.5 或低于 0.5 时，表示被试缺乏对辅音对立的敏感度。A'成绩不仅反映了学习者对不同范畴的区分水平，也反映了其对范畴内部因样本变异所造成差异的区分水平，可以衡量被试建立新范畴的情况。

① 前期探测实验中没有发现声调对辅音对立知觉区分的影响，因此声调未被纳入本实验考察范围。为使实验材料在 za - zha、zi - zhi、zha - cha、zhi - chi 的声调匹配上尽量齐整，zi - zhi 对立只匹配了阴平。

② 转引自 AOYAMA K，J E FLEGE，S G GUION，R AKAHANE-YAMADA & T YAMADA. Perceived phonetic dissimilarity and L2 speech learning：the case of Japanese /r/ and English /l/ and /r/ [J]. Journal of phonetics，2004 (32)：32，223 - 250.

3.2 结果与分析

首先看泰国学习者对汉语 z—zh 对立的区分（见表7）。zɑ—zhɑ 区分成绩为0.63，说明学习者区分 z—zh 对立较困难。这一点也在 zi—zhi 的区分成绩（0.66）上得到证明，zi 和 zhi 的差异有辅音的也有元音的，但由于 zi 和 zhi 都是塞擦音与同发音部位元音相接，实际上对这两个音节的区分就是对发音部位的区分，所以也可作为区分辅音 z—zh 对立的佐证。学习者较难区分 z—zh，但 A'成绩还是达到了 0.63/0.66。根据评定标准，当 A'成绩为 0.5 或低于 0.5 时，被试缺乏对辅音对立的敏感度。这说明泰国学习者对 z—zh 有一定敏感度。

其次看泰国学习者对汉语 c—s 对立的区分（见表7）。cɑ—sɑ 的区分成绩为0.93，而 ci—si 的区分成绩只有 0.38，说明元音环境显著地影响了 c—s 对立的知觉区分，学习者在舌面元音环境下可以很好地区分 c—s，而在舌尖元音环境下对 c—s 对立缺乏敏感度。

最后看泰国学习者对汉语 zh—ch 对立的区分（见表7）。zhɑ—chɑ 的区分成绩为0.93，zhi—chi 的区分成绩为0.82，表明学习者能较好地区分 zh—ch 对立，zhɑ—chɑ 的区分好于 zhi—chi。这也说明参加实验的被试清楚范畴区分任务，能够产生工作记忆保证范畴区分任务的完成。

表7　泰国学习者汉语辅音对立知觉区分成绩

zɑ—zhɑ	zi—zhi	cɑ—sɑ	ci—si	zhɑ—chɑ	zhi—chi
0.63	0.66	0.93	0.38	0.93	0.82

3.3 讨论

本实验结果与预测基本一致，说明学习者对汉语辅音对立区分得好还是差，可以在跨语言辅音知觉关系中找到原因。

泰国学习者很容易区分 zh—ch 对立，区分 z—zh 对立有一定困难。由于 zh 与 ch 被知觉同化为泰语不送气、送气塞擦两个范畴，学习者能为对立中的刺激产生两个不同的语音编码，从而很好地将二者区分开。学习者区分 z—zh 对立有一定困难，但还不是区分得很差，因为 z 和 zh 被知觉同化为同一个泰语范畴，但同时学习者还认为汉语 zh 与泰语音的知觉语音非相似度小于 z 与泰语音的，这种知觉距离上的差异在一定程度上有助于区分 z—zh。另外，学习者对 cɑ—sɑ 区分得很好，ci—si 却区分得很差。

元音环境为什么会影响知觉区分？原因也可以在跨语言知觉同化结果中找到答案。当 c 处在［a］前时，学习者将其知觉同化为泰语送气塞擦音，没有与擦音范畴混淆。而当 c 处在［ɿ］前时，主要被知觉同化为泰语擦音，导致学习者无法将 ci—si 区分开来。

泰国学习者对汉语辅音对立的区分，除了受到跨语言辅音知觉关系的影响，也有来自声学方面的原因。学习者区分 ci—si 很差，可能是因为音节/ts^hɿ/中元音和辅音几乎是同部位的，所以在送气段声道形状改变很小，同时由于在送气时声道收紧处缝隙仍然很小，结果送气气流造成的摩擦与前边摩擦段的摩擦在频谱上非常相似，以至于完全无法分开。此时它们与同部位擦音的差别大大缩小，因为对于单念的孤立音节来说，闭塞间隙无任何特殊标记，而爆破段本身的冲直条也不是总能看得见（吴宗济、林茂灿，1989：201）。

泰国学习者在区分 zh—ch 对立时，还表现出了一种音节加工策略，并且这种策略是在母语习得中形成的。zhɑ—chɑ 区分得比 zhi—chi 好，也就是说对于第一语言中有的“塞擦音 + 舌面元音”组合，学习者区分得更好；而对于第一语言中没有的“塞擦音 + 舌尖元音”组合，学习者区分成绩下降。对于这种加工策略，也许语音范畴的样例表征假说能够提供一定的解释。二语者将二语语音范畴多个维度的表征贮存在记忆中，选择性注意机制将衡量出各个维度的重要程度。对于范畴成员来说比较关键的维度将得到较高权重，而那些不重要的维度则得到较低权重。选择性注意的变化将“伸展”或“压缩”这些维度的知觉空间从而改变其内在范畴结构：当维度得到伸展时，物体之间变得不那么相似；当维度得到压缩时，物体之间变得更相似（Lively、Logan 和 Pisoni，1993）。根据上述语音范畴的样例表征假说，泰国学习者也会将有关汉语辅音多个维度的表征贮存在记忆中，这其中就包括元音环境。而选择性注意比较容易投向那些学习者所熟悉的母语中也有的元音环境，从而使该元音环境下知觉空间得到伸展，辅音之间相似性减小，学习者比较容易将辅音对立区分开。

4　总讨论及结论

本研究采用知觉实验考察了泰国学习者对汉语普通话塞擦音的知觉同化，发现他们将发音部位存在差异的汉语三对塞擦音知觉同化为发音方法相同的泰语塞擦音，这样汉语 z、j、zh 被同化为泰语不送气清塞擦音，汉语 c、q、ch 被同化为泰语送气清塞擦音。泰国学习者对汉语塞擦音的发音部位具有一定分化能力，他们认为汉语舌面硬腭塞擦音最接近泰语塞擦音，汉语舌尖硬腭塞擦音比舌尖齿龈塞擦音更接近泰语塞擦音。为进一步考察此知觉结果的原因，本研究收集了泰国学习者的泰语塞擦音发音进行听辨分析，元音环境为［i］和［ɔ］。结果发现，当泰语塞擦音处在元音［i］前时，其音值为［tɕ］、［tɕʰ］。而当泰语塞擦音处在元音［ɔ］前时，因发音人不同存在变异：有的泰国人发音时接触点靠前一点，音值接近汉语舌尖齿龈音［ts］、［tsʰ］；有的泰国人发音时接触点靠后一点，音值接近汉语舌尖硬腭音［tʂ］、［tʂʰ］；有的泰国人发音时接触点居中，介于汉语舌尖齿龈与舌尖硬腭之间。这说明泰国学习者在其泰语塞擦音上的语音变异可能影响了汉泰塞擦音知觉关系。

塞擦音所处元音环境是影响跨语言辅音知觉关系的一个因素，其中元音熟悉性导致汉泰塞擦音的知觉语音非相似度产生变化，泰国学习者认为处在他们所熟悉的元音环境下的汉语塞擦音更像泰语音。元音环境通过影响跨语言辅音知觉同化，进而影响到二语辅音对立的知觉区分。泰国学习者区分 cɑ—sɑ 很好，区分 ci—si 很差，对 zhi—chi 的区分也差于 zhɑ—chɑ，说明在目的语国学习汉语 3～27 个月的泰国学习者可能对汉语塞擦音形成“语境—依存”表征。关于元音环境的作用，还有两点值得注意：一是本实验没有考察汉语母语者对汉语辅音对立的区分情况，因此缺乏一个二语习得发展的参照标准。我们预期，汉语母语者对汉语辅音对立的区分可能受元音环境影响很小。二是本实验只考察了在目的语国学习汉语 3～27 个月的泰国学习者，相对于整个二语习得过程来说，这只能算是习得前期阶段，因此实验结果无法推广到习得后期阶段（例如 10 年或更长）。也许存在这样一种发展趋势，随着学习者二语经验增加、二语水平提高，到了习得后期，阶段学习者在区分二语辅音对立时可能逐步摆脱元音环境的影响，逐步接近汉语母语者水平。

最后，本研究通过两个知觉实验的考察得出下述结论：泰国学习者将发音部位存在差异的汉语三对塞擦音知觉同化为发音方法相同的泰语塞擦音，对汉语塞擦音发音部位具有一定分化能力。他们认为汉语舌面硬腭塞擦音最像泰语塞擦音，汉语舌尖硬腭比舌尖齿龈塞擦音更像泰语塞擦音。塞擦音所处的元音环境影响了跨语言辅音知觉关系，学习者认为处在熟悉元音环境下的汉语塞擦音更像泰语音。舌尖元音环境导致学习者识别送气塞擦音与擦音的发音方法出现混淆。泰国学习者所感知到的汉泰辅音关系显著地影响了他们对汉语辅音范畴的知觉区分，/tʂ/—/tʂʰ/对立区分得最好，区分/ts/—/tʂ/对立有一定敏感度，区分/tsʰ/—/s/对立受到元音环境影响。

参考文献

蔡整莹，曹文．泰国学生汉语语音偏误分析［J］．世界汉语教学，2002（2）．

陈晨，李秋杨．语音偏误标记与语音对比——谈泰国学生语音习得问题［J］．云南师范大学学报（对外汉语教学与研究版），2008（2）.

房英，杨万洁．新编泰语语音教程［M］．昆明：云南人民出版社，2010.

傅增有．泰语三百句［M］．北京：北京大学出版社，1996.

国际语音学会．国际语音学会手册：国际音标使用指南［M］．江荻，译．上海：上海教育出版社，2008.

韩劢，莫雷．分类研究中的原型与样例观［J］．心理学探新，2000（2）.

何漓．崇左壮语与泰语的声母比较研究［D］．广西民族大学硕士学位论文，2007.

吉娜，简启贤．泰国学生初学汉语的偏误分析［J］．云南师范大学学报（对外汉语教学与研究版），2004（3）.

李红印．泰国学生汉语学习的语音偏误［J］．世界汉语教学，1995（2）.

潘德鼎．泰语教程（第一册）［M］．北京：北京大学出版社，2004.

孙汉萍．汉、泰语的同异性比较［J］．湘潭师范学院学报（社会科学版），1995（2）.

魏清．汉泰语相关词中的社会称谓语［J］．云南师范大学学报（对外汉语教学与研究版），2005（4）.

邬桂明．汉泰语同源词比较——以人体器官名词为例［J］．解放军外国语学院学报，2000（3）.

吴宗济，林茂灿．实验语音学［M］．北京：高等教育出版社，1989.

伍文义．布依语与泰国语的语音比较研究［J］．贵州民族研究，1999（1）.

AOYAMA K，J E FLEGE，S G GUION，R AKAHANE－YAMADA & T YAMADA. Perceived phonetic dissimilarity and L2 speech learning：the case of Japanese /r/ and English /l/ and /r/［J］. Journal of phonetics，2004（32）.

BEST C. A direct realist view of crosslanguage speech［C］//In W STRANGE（ed.）. Speech perception and linguistic experience：issues in crosslanguage research. Timonium，MD：York Press，1995.

BEST C T，G W MCROBERTS & N M SITHOLE. Examination of perceptual reorganization for nonnative speech contrasts：zulu click discrimination by Englishspeaking adults and infants［J］. Journal of experimental psychology：human perception and performance，1988（14）.

BRADLOW A，D B PISONI，R AKAHANE－YAMADA & Y TOHKURA. Training Japanese listeners to identify English /r/ and /l/：IV. some effects of perceptual learning on speech production［J］. Journal of the acoustical society of America，1997（101）.

FLEGE J E. The production of "new" and "similar" phones in a foreign language：evidence for the effect of equivalence classification［J］. Journal of phonetics，1987（15）.

FLEGE J E. Second language speech learning：theory，findings，and problems［C］//In W STRANGE（ed.）. Speech perception and linguistic experience：issues in crosslanguage research. Timonium，MD：York Press，1995.

FLEGE J E，I R A MACKAY & D MEADOR. Native Italian speakers' perception and production of

English vowels [J]. Journal of the acoustical society of America, 1999 (106).

FLEGE J E, N TAKAGI & V MANN. Lexical familiarity and English language experience affect Japanese adults' perception of /ɹ/ and /l/ [J]. Journal of the acoustical society of America, 1996 (99).

GUION S G, J E FLEGE, R AKAHANE - YAMADA & J C PRUITT. An investigation of current models of second language speech perception: the case of Japanese adults' perception of English consonants [J]. Journal of the acoustical society of America, 2000 (107).

HARDISON D. Bimodal speech perception by native and nonnative speakers of English: factors influencing the McGurk effect [J]. Language learning, 1999 (49).

LOGAN J S, S E LIVELY & D B PISONI. Training Japanese listeners to identify English /r/ and /l/: a first report [J]. Journal of the acoustical society of America, 1991 (89).

LIVELY S C, J S LOGAN & D B PISONI. Training Japanese listeners to identify English/r/ and /l/. Ⅱ: the role of phonetic environment and talker variability in learning new perceptual categories [J]. Journal of the acoustical society of America, 1993 (94).

MACKAY I R A, J E FLEGE, T PISKE & C SCHIRRU. Category restructuring during second language speech acquisition [J]. Journal of the acoustical society of America, 2001 (110).

MOCHIZUKI M. The identification of /r/ and /l/ in natural and synthesized speech [J]. Journal of phonetics, 1981 (9).

TAKAGI N. Perception of American English /r/ and /l/ by adult Japanese learners of English: a unified view [D]. Ph. D. Dissertation, University of California, Irvine, 1993.

SHELDON A & W STRANGE. The acquisition of /r/ and /l/ by Japanese learners of English: evidence that speech production can precede speech perception [J]. Applied linguistics, 1982 (3).

WHALEN D H, C T BEST & J R IRWIN. Lexical effects in the perception and production of American English /p/ allophones [J]. Jouranl of phonetics, 1997 (25).

(本文曾刊载于《世界汉语教学》2011 年第 2 期)

[作者简介]

梅丽，博士，暨南大学华文学院应用语言学系副教授，主要研究方向为第二语言习得。

印尼学生汉语声母感知偏误实验研究[①]

王功平

1 引言

语音感知既是言语交际的基础，也是二语习得的首要环节。二语学习者总是先感知目的语，然后才自由地产出目的语。Flege（1995：233－277）在其“语音学习模型”（speech learning model）中提出，L2 学习者只有一个音系空间，涵盖 L1 和 L2 范畴，而在初始状态，该空间只有 L1 感知范畴。因此，印尼留学生常常把“肚子饱了”听成“兔子跑了”。目前，关于留学生普通话语音感知的研究还不太多。现有的研究也主要集中于韩国、日本、越南等国家的留学生（王韫佳，2001、2002；王韫佳、上官雪娜，2004；傅氏梅、张维佳，2004；陈凡凡、周小兵，2005 等）。专门针对印尼留学生普通话语音感知的研究，尚未查到相关文献。为此，研究印尼留学生普通话声母感知的特点，找出其感知偏误的规律及其成因，分析其母语对普通话声母感知的影响，将有利于教师在课堂教学中有的放矢地开展语音听辨训练，并为编写出适合印尼留学生的汉语听说教材提供有关参考。

本文旨在考察：①印尼留学生感知普通话单音节声母的偏误有哪些规律？②产生这些感知偏误的主要原因有哪些？③如何提高印尼留学生普通话声母的感知水平？

2 研究方法和过程

2.1 实验材料设计

为了排除音节之间的干扰，本实验所用的材料控制为普通话单音节，共计 213

---

① 本研究为教育部人文社科青年基金项目“留学生普通话口语语音习得实验研究”（07JC740008）的成果之一。论文写作过程中，得到了博士生导师周小兵教授的悉心指导，谨致谢忱！同时感谢暨南大学华文学院匡小荣博士、胡霞博士、金颖博士、胡建刚博士、陈昭玲老师、马仲文老师等同事的大力支持。

个。设计过程考虑了以下要求：包含普通话的21个声母（不包括零声母），每个声母的出现频率均在8次以上，组合能力强的声母如n、l等在10次以上；保证每一声母可能的韵母组合类型（四呼）全面；为了排除声调对声母感知的影响，一般情况下选择第一声的声韵组合，除非该组合没有第一声；对于相似声母，同类声韵组合的声调基本相同，音节在大纲中相应的字词等级基本平衡。所有感知实验的音节都进行了随机排列，排除了相同或相近声母的提示或干扰。

2.2 被试对象

二语语音习得，包括语音感知，是初级阶段二语学习者的重要学习任务之一，语音习得规律，包括语音感知规律，对初级阶段二语学习者来说显得尤为重要。因此，本实验的被试对象控制为印尼初级汉语学习者，其中初级上16人，他们学习汉语的时间在2个月以上、3个月以下；初级下14人，他们学习汉语的时间在6个月以上、12个月以下。其中男生11人，女生19人，年龄都在20～30岁。所有被试报告听力均为正常。

2.3 实验任务和过程

感知实验材料先由两位普通话标准的中国大学生朗读，用电脑在语音实验室录音。其中包括一位男生和一位女生，均取得普通话一级乙等证书。朗读的语速适中，每个音节朗读两遍，其中男生1遍，女生1遍；每遍之间间隔2秒，两个音节之间间隔3秒。

感知实验采用听后填空的方式，让被试根据听到的音节在相应的空格里写出声母，而没有采用多项选择和判断正误等形式，以减少猜测作答的可能。同时，为了避免被试听清了声母但不会写的现象发生，21个声母全部呈现在实验材料上，被试可以随时查阅。

3 实验结果与讨论

3.1 总体偏误比率较大

实验结果显示，印尼初级汉语学习者感知汉语单音节声母时，无论是偏误类型还是偏误比率都比较大。其中，偏误类型指某个声母被感知成其他声母的种类。偏误类型最大的是声母c，被误听成了ch、zh、s、z、sh、q、t、d、x共9个不同的声母，全部声母的平均感知偏误类型达到了4.5个，即1个声母可能被误听成4.5个别的声母。偏误比率指感知某个声母时，实际发生的偏误数量，除以该声母在整个实验中出现的总次数。偏误比率最大的也是声母 c，高达58.67%，全部声母的平均感知偏误比率也达到了25.2%。这说明声母感知是印尼初级汉语学习者的难点之一。21 个声母的感知偏误类型、偏误比率及其排序详见表1。

表1　声母感知偏误类型、偏误比率及其排序

声母	偏误类型数量	偏误类型名次	声母	偏误比率（%）	偏误比率名次	声母	偏误类型数量	偏误类型名次	声母	偏误比率（%）	偏误比率名次
c	9	1	c	58.67	1	t	4	5	r	20.95	12
z	7	2	z	51.33	2	b	4	5	b	14.44	13
p	6	3	zh	47.33	3	k	4	5	t	12.38	14
q	6	3	ch	46	4	s	4	5	h	10.83	15
j	6	3	s	42.67	5	zh	4	5	g	8.33	16
ch	6	3	sh	36	6	n	3	6	l	8	17
l	5	4	j	34.67	7	r	3	6	d	5.78	18
h	5	4	k	33.33	8	sh	3	6	n	4.89	19
x	5	4	x	32	9	f	1	7	m	2.67	20
m	4	5	q	28.67	10	d	1	7	f	1.67	21
g	4	5	p	28.33	11	平均		4.5		25.2	

3.2　感知偏误分布不均衡

从表1可以看出，印尼初级汉语学习者感知不同声母发生偏误的比率有很大的差异。其中，感知偏误类型最大的 c（9）是最小的 f（1）的 8 倍；感知偏误比率最大的 c（58.67%）是最小的 f（1.67%）的 35 倍。统计数据还显示，声母听辨偏误的比率排序与我们通常的声母教学顺序有着很大的差异。

这种声母感知偏误的不均衡性，在不同发音部位和发音方法中也有明显表现。通过对双唇、唇齿、舌尖中、舌根、舌面、舌尖前和舌尖后 7 个发音部位的感知偏误比率进行非参数检验，$F=0.000<0.01$，可以得出：不同发音部位之间的感知偏误比率差异显著。经过进一步比较，得出 7 个发音部位感知偏误比率从小到大的排列顺序

为：舌尖中（4.7%）<唇齿（8.3%）<双唇（12.5%）<舌根（16.9%）<舌面（28.9%）<舌尖后（40%）<舌尖前（47.8%）。感知偏误比率最大的发音部位是最小的10.2倍。

类似地，通过对塞、塞擦、擦、鼻、边五种发音方法的感知偏误比率进行非参数检验，$F=0.000<0.01$，可以得出：该五种发音方法的感知偏误比率差异显著。经过进一步比较，得出这五种发音方法的感知偏误比率从小到大的排列顺序为：鼻音（3.2%）<边音（8%）<塞音（15.6%）<擦音（25.9%）<塞擦音（42.1%）。感知偏误比率最大的发音方法是最小的13.2倍。

以上声母感知偏误分布不均衡的规律说明，对印尼汉语学习者进行声母听辨教学时，既不能拘泥于通常的声母教学顺序，也不能将各个声母、各个发音部位、各个发音方法的训练平均用力，而应该依据学习者感知偏误分布不均衡性的特点，对感知偏误比率大的声母、发音部位和发音方法有针对性地进行强化训练。具体的练习方法将在5.1中详细阐述。

3.3 感知偏误不对称

为了弄清印尼初级汉语学习者感知某一声母发生偏误时，到底将该声母误听成了哪些声母，该声母误听成另一声母时，与其后接的韵母有无关系，我们对被感知声母与感知成的偏误声母之间的对应关系，及其后接韵母的情况进行了逐一分类统计，并计算出各个声母的每一偏误类型在其整个偏误中所占的比率。

在对外汉语教学中，一般认为印尼汉语学习者（包括部分其他国家的汉语学习者）感知b—p、d—t、z—c等这些发音近似的声母时，相互之间的偏误比率是差不多的，即声母A被误听成声母B的比率，与声母B被误听成声母A的比率差不多相等。通过实验发现，声母A被误听成声母B的比率，与声母B被误听成声母A的比率并不相等，有时相差甚远。如声母b被误听成声母p的比率，占整个b感知偏误的53.8%；而声母p被误听成声母b的比率，仅占整个p感知偏误的7.8%，前者是后者的6.9倍。再如声母z被误听成声母c的比率，占整个z感知偏误的41.6%；而声母c被误听成声母z的比率，仅占整个c感知偏误的4.5%，前者是后者的9.2倍。

声母感知偏误的不对称性，除了在具有不送气—送气这组区别特征的声母之间体现明显外，在不具有该区别特征的声母之间也有着明显的表现。如声母n被误听成声母l的比率，占整个n感知偏误的27.3%；而声母l被误听成声母n的比率，仅占整个l感知偏误的5.6%，前者是后者的4.9倍。再如声母r被误听成声母l的比率，占整个r感知偏误的72.7%；而声母l被误听成声母r的比率，仅占整个l感知偏误的

11.1%，前者是后者的6.5倍。

统计结果显示，声母感知偏误的不对称性还具有如下规律：不送气音被感知为送气音的比率（18.59%），往往大于送气音被感知为不送气音的比率（14.48%），前者是后者的1.3倍。浊音被感知为清音的比率（2.81%），远远大于清音被感知为浊音的比率（0.11%），前者是后者的25.5倍。

3.4 声母感知偏误的韵母组合倾向性

声母感知偏误的韵母组合倾向性指某一声母的感知偏误发生时，与该声母后的韵母类型有着很强的倾向性关系。包括两种情况：一是某一声母感知偏误的发生，倾向于与某一个（或某一类）韵母的组合。如声母 d 的感知偏误，倾向于与齐齿呼类韵母的组合，占了该声母全部感知偏误的96%。二是某一声母被错误地感知成另外一个声母时，同该声母与何类韵母组合相关。如声母 n，发生感知偏误有三种可能，即被误听为 m、l 和 r，尽管该三种偏误占声母 n 总偏误的比例不等，但是，当 n 被误听为 m 时，100%是 n 与齐齿呼类韵母的组合；当 n 被误听为 l 或 r 时，100%是与合口呼类韵母的组合。这种声母感知偏误的韵母组合倾向性规律非常明显。

4 声母感知偏误原因分析

4.1 语际因素干扰

语际因素干扰指印尼语辅音系统与汉语声母系统之间的差异，对印尼学生感知汉语声母所造成的影响。实验结果表明，印尼语辅音系统中没有的汉语声母，其感知偏误发生的比率都比较高。如 zh、ch、sh，感知偏误的比率均高达35%以上，均居于前6位。反之，印尼语辅音系统中有，并且发音方法也相似的汉语声母，其感知偏误发生的比率都比较低。如 f、m、n、d、l、g，感知偏误的比率均小于10%，居于后6位。类似地，凡是印尼语辅音系统中没有的汉语声母发音部位和发音方法（Marsono，1999：61－98），其感知偏误发生的比率都比较高，如发音部位为舌尖前、舌尖后和发音方法为塞擦的偏误比率分别高达47.8%、40%和42.1%。反之，则都比较低，如发音部位为舌尖中的偏误比率只有5.5%。因此，语际因素是形成印尼学生感知汉语声母总体偏误比较大和感知偏误分布不均衡的主要原因之一。

4.2 语内因素干扰

语内因素干扰指汉语声母系统内部声母之间的发音部位（或发音方法）相同（或

相近），对印尼学生感知汉语声母所造成的影响。如汉语声母系统中的舌尖前音 z、c、s，尽管印尼语辅音系统中也有，但是印尼学生感知这几个声母的偏误比率仍然很高，甚至比印尼语辅音系统中没有的相应汉语声母 zh、ch、sh 的感知偏误率还高。其原因除了语际因素干扰外，还有语内因素的干扰：一方面，汉语声母 z、c、s 三者之间的发音部位完全相同，发音方法也比较相似，因此 z、c、s 三者之间很容易相互混淆。另一方面，汉语声母系统中，z、c、s 与对应的 zh、ch、sh 之间，发音方法完全相同，只是发音部位有差异，但这种部位上的差异比较小，因此听辨起来很容易对应混淆。此外，汉语的 zh、ch、sh 对印尼初级学习者来说是全新的语音，刚学习完，在脑子中有着深刻的印象，加上总是担心听错它们，拿不准是 z、c、s 还是 zh、ch、sh 时，一般都感知为 zh、ch、sh。这样，z、c、s 的感知偏误率反倒比 zh、ch、sh 的还高。

4.3 标记性迁移普遍原则的制约

根据标记理论，清音属于无标记的，而浊音属于有标记的（桂诗春，1987：250）。语言的标记性迁移原则认为，不论目的语的某种语言形式是有标记的还是无标记的，L2 学习者的中介语系统往往都表现为无标记的（周小兵、李海鸥，2004：106）。因此，印尼学生将汉语声母系统中有标记浊音声母听成无标记清音声母的比率，远远大于将汉语清音声母误听成浊音声母的比率，前者是后者的 25.5 倍。

4.4 语音识别心理机制的影响

认知心理学研究表明，对语言单元的处理过程，既存在顺向的序列加工模式，也存在顺向、逆向双向作用的平行分布加工（PDP）模式（M. W. 艾森克、M. T. 基恩，2004：459－479）。

同样，印尼学生听辨汉语声母时，也存在平行分布加工模式。具体体现为声母后面的韵母对前面声母听辨的影响。前面讲到声母之间听辨偏误不对称，其中的一个规律是不送气声母被误听成送气声母的比率，高于送气声母被误听成不送气声母的比率，这是因为印尼初级汉语学习者最初区分送气—不送气这一对区别特征时，主要是以时长来区别的，还没有注意到音强、频率、音征、音轨等多种识别特征。而声母一旦与后面的韵母拼合，其音长很容易被后面可以随意延长的韵母所影响。因此，他们很容易将短的不送气声母误听成长的送气声母。

4.5 汉语声母发音声学特征的影响

汉语声母发音的声学特征，往往受到后接元音逆同化作用的影响而发生很大的变化（吴宗济、林茂灿，1989：117－152）。这样，一般情况下发音不同、声学特征差别较大的两个声母或几个声母，由于受后接元音的影响而变成具有非常相似的声学特征，从而出现某一声母被误听为另一声母时，总是带有很强的韵母组合倾向性。如实验中，声母 d 被感知为 t 时，96% 都是 d 与齐齿呼类韵母的组合，而与开口呼类韵母的组合不到 4%。这是因为声母 d、t 与齐齿呼类韵母组合时，二者的声学特征变得非常相似：强度分别为 －3.5dB 和 －2dB，二者相差仅 1.5dB；中心频率分别为 4 700Hz 和4 725Hz，二者相差仅 25Hz；音征长度分别为 25.5mm 和 33mm，二者相差仅 7.5mm。而当 d、t 与开口呼类韵母组合时，二者的声学特征则相距甚远：强度分别为 －5dB和 4.5dB，二者相差达 9.5dB；中心频率分别为 4 400Hz 和 1 850Hz，二者相差达2 550Hz；音征长度分别为 40.5mm 和 25.5mm，二者相差达 15mm（吴宗济，1986：38－42）。因此，d 被误听为 t 时，自然就倾向于与齐齿呼类韵母组合。

5 声母教学建议

根据本实验研究的结果，对印尼初级汉语学习者进行汉语声母教学时，除了采用一般二语语音教学中常用的对比法、带音法、图示法、夸张法、手势法等方法之外（杨惠元，1996：51－68；周小兵、李海鸥，2004：52－54），还应该采用如下专门针对印尼学习者的汉语声母教学对策。

5.1 制定科学的声母听辨教学顺序

根据听辨实验和多角度统计分析的结果，对印尼学习者进行汉语声母教学时，不能沿用我们国内传统的声母教学顺序，而应该综合考虑他们感知声母时，产生偏误类型和偏误比率所体现出的声母感知难度序列（参见表 1），以及语际、语内、心理加工机制、声母声学特征等多种影响因素，制定出科学的适合他们学习特点的声母教学顺序（见图 1）。

f、m、n、d、l、g	<	h、t、b、r	<	p、q、x、k、j	<	sh、s、ch、zh	<	z、c
1		2		3		4		5

图 1　印尼学生汉语声母听辨教学顺序

5.2 声母对比教学网络化

对比教学是我们进行二语语音教学最常用的方法之一，但是在实际对比过程中，通常只在两个或者三个声母之间展开对比。并且对比时，双向用力大致均等。通过感知实验得出，印尼学习者感知汉语某个声母发生偏误时：①不仅仅限于错成另外的一个或两个声母，而是错成另外的多个声母，最多的达 9 个；②错成的多个声母的比率并不相等；③声母之间的感知偏误并不对称。因此，进行对比教学时，要做到以下 3 点：①将某个声母与多个声母进行网络化对比（见图 2）；②与不同的偏误声母进行对比时，不能平均用力；③偏误声母之间的双向对比也不能平均用力。

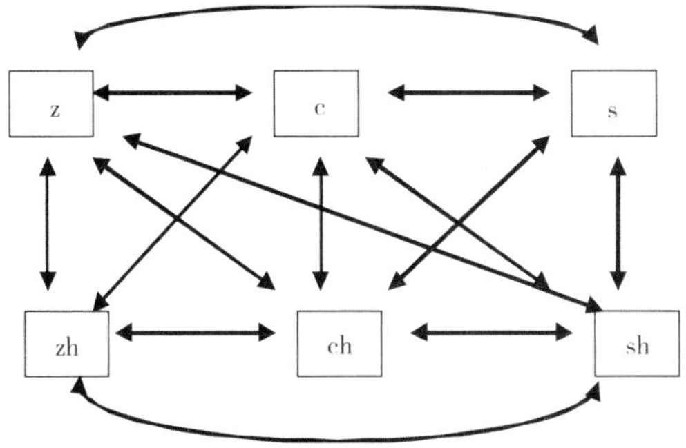

图 2　声母之间对比听辨教学网络化示意图

5.3 考虑与韵母的组合情况

考虑与韵母的组合情况是指对某个声母进行听辨教学时，应该根据它与不同韵母组合来调整教学重点或难点。例如声母 d，本来是一个感知难度不大的声母，但是当它与齐齿呼类韵母组合时，就很容易与 t 相混淆。统计发现，声母 d 的感知偏误 96% 发生在与齐齿呼类韵母的组合上。这说明我们进行声母 d 的听辨教学时，应着重听辨 d 与 i、iɑo、ie、iu 等齐齿呼类韵母组合的音节，而不必花大量时间听辨 d 与开口呼类韵母（如 ɑ、ɑo、e 等）和合口呼类韵母（如 u、uo、ui 等）组合的音节。

6 结语

通过对 30 位印尼初级汉语学习者单音节声母的感知实验，发现他们感知汉语单音节声母的偏误具有如下规律：①总体感知偏误比率比较大；②感知偏误在不同声母、不同发音部位、不同发音方法上分布不均衡；③声母相互之间的感知偏误不对称；④声母感知偏误与韵母组合有很大关系。

产生这些偏误的主要原因包括：①语际因素干扰；②语内因素干扰；③标记性迁移普遍原则的制约；④语音认知加工机制的制约；⑤声母声学特征的影响。分析这些原因的时候是分开阐述的，而实际上，它们是综合作用于印尼汉语学习者声母感知过程的。

本研究为了控制其他因素的影响，实验材料全为单音节，声调以第一声为主，某个声韵组合如果没有第一声，才选择其他声调。对于双音节声母的感知规律、语流中声母的感知规律等还有待进行专门的实验研究。

参考文献

陈凡凡，周小兵．韩国学生汉语主要韵母发音—知觉的实验研究［C］//对外汉语研究（第一期）．北京：商务印书馆，2005.

傅氏梅，张维佳．越南留学生的汉语声母偏误分析［J］．世界汉语教学，2004（2）．

桂诗春．应用语言学［M］．长沙：湖南教育出版社，1987.

王韫佳．韩国、日本学生感知汉语普通话高元音的初步考察［J］．语言教学与研究，2001（6）．

王韫佳．日本学习者感知和产生普通话鼻音韵母的实验研究［J］．世界汉语教学，2002（2）．

王韫佳，上官雪娜．日本学习者对汉语普通话不送气/送气辅音的加工［J］．世界汉语教学，2004（3）．

吴宗济．汉语普通话单音节语图册［M］．北京：中国社会科学出版社，1986.

吴宗济，林茂灿．实验语音学概要［M］．广州：高等教育出版社，1989.

杨惠元．汉语听力说话教学法［M］．北京：北京语言文化大学出版社，1996.

周小兵，李海鸥．对外汉语教学入门［M］．广州：中山大学出版社，2004.

M. W. 艾森克，M. T. 基恩．认知心理学［M］．高定国，何凌南，译．上海：华东师范大学出版社，2004.

FLEGE J E. Second language speech teaming theory，findings and problems［C］//In S WINIFRED（ed.）. Speech perception and linguistic experience issues. theoretical and methodological issues. Baltimore：York Press，1995.

MARSONO. Fonetic［M］. Yogyakartar：Gadjah Mada University Press，1999.

（本文曾刊载于《语言教学与研究》2008 年第 5 期）

［作者简介］

王功平，暨南大学华文学院华文教育系副教授，博士，硕士生导师。主要研究方向为二语习得、实验语音与对外汉语教学。

词语的语用对比及留学生的语用习得①

李小凤

1　引言

词语从教学的角度而言，一般注重其意义、句法方面，而对于语用方面的规律关注不够，在词典中一般也未涉及。对于母语习得者而言，凭借语感一般能恰当选择、运用词语，而对于留学生而言，词语的语用规律往往成了使用中的障碍，从而出现一些错误或偏误。

本文拟就动词“说”与“讲”在现代汉语普通话中作语用方面的对比，探讨二者语用异同，从而对留学生语用习得作一些思考和探索。

《现代汉语词典》（第5版）对“说”释义（第1285页）的第1个义项为：“动 用话来表达意思：我不会唱歌，只~了个笑话。”对“讲”释义（第676页）的第1个义项为：“动 说：~故事｜他高兴得话都~不出来了。”从释义来看，两者第1个义项是相同的。因而，“说大话”“说白话”“说瞎话”“说梦话”“说假话”“说普通话”“说粗话”“说脏话”“说好话”“说坏话”等，其中的“说”都可换成“讲”，此处“说”“讲”的意义都是“用话来表达意思”。

就这个义项，时维超先生（2009）从词源学的角度探讨了“说”与“讲”在语义方面的细微差别。他认为“说”，从言，兑声，兑声的字多有“小”“细”“短小”之义，如“锐”“娧”等，因而，“说”侧重短小；“讲（講）”，与之声旁相同的字，皆有“相遇”“重叠”“相交”之义，如“构（構）”“篝”等，因而“讲”要求有对象，即要有听者。这样解释有一定道理，如“某某同学上课讲小话”，其中的“讲”不能替换成“说”。下文首先以语料库为基础，通过词频统计及语体对比等探讨二者的语用区别。

---

① 本文获得2010年广东省高等学校本科特色专业建设点建设经费支持。

2 “说”“讲”的语用对比

2.1 选择倾向

从已建立的书面语体平衡语料库（包括科学语体、政论语体、文艺语体、事务语体以及报纸、网络综合语料，共 114 436 070 个字节）①中随机抽取 9 925 560 个字节的语料，其中每个子类字数相当。对这个小型语料库进行检索发现，“说”“讲”同为第 1 个义项时分别出现的频次为 9 433 和 718，“说”的使用频次约高达“讲”的 13 倍。再检索一些常用搭配 ②，得出数据如表 1。

表 1 “说”“讲”的固定搭配频次调查表

检索对象	频次	检索对象	频次
说大话	14	讲大话	1
说白话	2	讲白话	0
说瞎话	9	讲瞎话	0
说梦话	5	讲梦话	0
说假话	6	讲假话	1
说普通话	1	讲普通话	4
说粗话	1	讲粗话	0
说脏话	7	讲脏话	0
说好话	44	讲好话	4
说坏话	14	讲坏话	8

虽然“说”的常用搭配一般都可替换成“讲”，但数据表明，除“说普通话”外，“说”的频次明显远远高于“讲”。

另外，从语料中发现，“说”还形成了一些其他的固定搭配，如“××说”“比如说”“对××来说”“总的来说”“举例来说”“一般说来”等，当然，大部分也可替换成“讲”，如“一般来讲”“总的来讲”等，但“说”的固定短语或搭配的使用频次

① 下文称书面语体语料库，感谢暨南大学华文学院刘华博士提供部分语料。

② 包括中间插入其他成分。

也远远高于“讲”的固定短语或搭配。如语料中“××说”频次为9 423，“××讲”频次为32；“××来说”频次为12 987，“××来讲”频次为1 884。

从以上调查的“说”“讲”及其固定搭配的使用频次来看，“说”为“用话来表达意思”之义的主体词，与“讲”相比具有优先选择性。

2.2 人称关联倾向

“说”“讲”都能与第一、二、三人称搭配，但在第二人称中使用时，“讲”多用敬称“您”，“说”多用“你”。我们从随机收集的中央电视台67个栏目2008年语料（共114 082 120个字节）[①]中检索，得出数据如下：[②]

表2 “说”“讲”与第二人称关联调查表

固定搭配	频次	固定搭配	频次
你说	2 799	您说	782
你讲	273	您讲	416

根据表中的数据，同样的语料，“你说”的频次约为“您说”的3.6倍，而“你讲”的频次约为“您讲”的66%。为什么在人称上“说”与“讲”会有这样的选择倾向呢？我们随机挑一些语料看看：

（1）“妈呀！你（说）明儿我穿什么衣服？我只好躲在家里不出去了，他们又笑我骂我！”但是林大娘不回答。（茅盾《林家铺子》）

（2）记者：“你（说）是哪一种？这个是最标准的？还是这个？”彭焕新：“这个是最标准的。”（中央电视台《致富经·闯天下》，2008年10月8日）

从例中看出，“说”一般是说出自己的看法，内容不长，无须太多准备，对系统性、严密性要求不高。这与时维超先生从词源学角度探讨得出侧重“短小”是一致的。另外，说者与听者大多比较亲密或处于平等、“下”对“上”关系。从“诉说”“劝说”“说服”“演说”等词语中也可得到证明，这几个词中的语素“说”的含义为“用话来表达意思”，但只有“演说”一词是处于“上”对“下”的关系。再看看

① 下文称电视语体语料库，由中国传媒大学有声媒体语料库提供。

② 检索对象包括“说”“讲”的重叠式，人称为“说”“讲”的动作发出者，中间可插入其他成分。

“讲”的例子：

（3）主持人：陈书记，我听了您（讲）的，我怎么觉得来了大学生村官，您的工作不仅没轻松，反而更复杂了呢？（中央电视台《新闻会客厅》，2008 年 4 月 15 日）

（4）观众：许老师您好，刚才您（讲）到了美国这次 7 000 亿救援计划实际上是经过了两次波折才得到通过的……（中央电视台《对话》，2008 年 11 月 5 日）

（5）同学们都说，要您给我们（讲讲）自己成长的历程，（讲讲）您自己少年时代的故事，敬爱的叔叔，您答应吗？（霍秉全：《又一个黎明》，《当代戏剧》2002 年第 6 期）

以上 3 例都是用“讲”或其重叠式。“讲”的内容，相对来说主题比较确定，逻辑严密并具有一定的系统性和完整性。我们从以“讲”为语素构成的“讲述”、“讲话”（指正式发言）、“演讲”、“讲解”、“讲课”、“讲座”等词语中也能得到证明。另外，在“讲”的内容注重严密性、逻辑性、完整性时，“讲”者与听者通常具有一定的距离，是一种“上”对“下”的关系，听者对“讲”者都比较尊敬，因而多用“您”来指称“讲者”。

从“说”与“讲”的第二人称关联来看，一定程度上反映了交际双方的权势关系。“说”者与听者一般比较亲密、亲切或处于平等、“下”对“上”的关系；“讲”者相对听者而言，通常为尊者、长者，“讲”讲求内容的系统、严密。

2.3 重叠式的语体倾向

单音动词重叠形式一般有四种：“VV”“V 一 V”“V 了 V”“V 了一 V”。一般而言，“V 了 V”“V 了一 V”表示已经完成的事情。那么，“VV”“V 一 V”相应地也就指正在做或将要做。就“说”“讲”而言，我们主要考察前两种重叠式的语体倾向。由于“说”“讲”的语义特点，加上“VV”“V 一 V”表示动作与时间的关联，那么，“说说”“讲讲”“说一说”“讲一讲”就表示正在说（讲），或将要说（讲），既然这样，一般而言，说明有听者存在，那么，“说”“讲”的“VV”“V 一 V”式就只能用于面对面或假设是面对面的谈话中。

基于此假设，我们做一个调查，对书面语体语料库和电视语体语料库进行检索，得出以下数据：

表3 “说”“讲”的“VV”“V一V”式语体分布数据表

语体类型		重叠式使用频次			
		说说	讲讲	说一说	讲一讲
书面语体	事务语体	0	0	0	0
	科学语体	1	0	0	0
	政论语体	2	2	4	1
	文艺语体	411	56	26	0
	报纸、网络综合语料	86	17	5	7
电视语体		883	260	107	69

数据表明，就书面语体而言，事务语体中重叠式为0，科学语体中有1个重叠式，政论语体中有9个重叠式，而文艺语体及报纸、网络综合语料中有大量的重叠式。电视语体相对书面语体而言，重叠式更多。从数据分布来看，明显证明了谈话多的语体，“说”“讲”的重叠式多。

再对出现的重叠式进行抽样考察，发现文艺语体和报纸、网络综合语料中的重叠式，绝大多数都出现在人物对话中。极少数没有出现在人物对话中的重叠式，与科学语体、政论语体一样，在语气上是模拟面对面交谈，如：

(6) 昨天Office 2003刚出来，笔者就从各种途径抢到一套……

首先（说说）Word这个办公软件的老大哥，从Word 97到Word 2003，其中经历了多代版本……（太平洋电脑网：《火线速递：Office 2003简单试用报告》）

(7) 同志们！这个问题的正面，已经说完了。让我再来（说一说）它的反面……（毛泽东：《论反对日本帝国主义的策略》）

例中都是假设听者存在而进行的交谈或交流，这也是书面语体中为拉近与读者的距离而常用的一种手法。另外，有一种情况是因固定搭配“说说而已”而得出“说说”，如“说说容易，做起来难”。

至于电视语体中的重叠式，主要出现在主持人与现场嘉宾或电视机前观众的交谈中，极少一部分出现在记者与新闻人物的谈话中。由于电视是传者与受众“面对面”的交流，因而，重叠式使用的频次很高。

调查数据及语料分析证明假设是客观存在的，即“说”“讲”的“VV”“V 一 V”重叠式一般用于谈话或模拟谈话中，那么，可以说明“说”“讲”的两类重叠式对谈话有一定的依存性。根据法国 Bally 提出的会话语体，美国 Longacre（1983）提出的行为言谈体，也可将以谈话形式出现的语体，包括在文艺语体等中出现的谈话形式，称为会话语体或言谈语体。因此，可以说“说”“讲”的两类重叠式具有会话语体或言谈语体倾向性。对于动词重叠的语体归属，陈杨、吕世媛（2008）认为，“动词重叠多用于口语及文艺语体，不用于公文语体、政论语体及科技语体等”。那么，“说”“讲”的语体归属比一般动词重叠的语体归属更明确。

3　留学生的语用习得

分析可见，“说”“讲”在汉语中是一组常用的同义词，在词义、句法方面无明显差异，但在语用方面，出现比较明显的倾向性：①“说”具有优先选择性；②“讲”与第二人称“您”具有关联倾向性；③二者的“VV”“V 一 V”重叠式都具有会话语体倾向性。

这种语用方面的特点，对于母语习得者而言，一般不会对语言运用造成干扰，普遍认为是语感在起作用。因而许多学者提倡在留学生汉语习得中要注重语感的培养。那么，词语、句式的语用习得也是语感培养的一个重要方面。根据周健先生（2005）提出的观点，“语感是对语言文字的敏锐感知，是一种心理图式结构。依据语感对象即言语的要素划分，语感也可以分为语音感、汉字感、词汇感、语法感、语义感、篇章感等等”，因而对词语、句式语用方面的语感可称为“语用感”。符号学认为，“语形学研究指号（sign，也译为符号）联合的种种方式，语义学研究各种指号的意谓，语用学从指号的解释者的全部行为中来研究指号的起源、应用与效果”。简单地说，语形学（Syntactics，也译为句法学）研究符号与符号的关系，语义学（Semantics）研究符号与它所指称对象之间的关系，语用学（Pragmatics）研究符号与其解释者（使用者）之间的关系。因此，相对语音、词汇、语法等语言要素而言，语用与使用者直接相关，是应用范畴，具有动态性。因而，留学生的语用感非常重要，但又是建立在语音感、汉字感、词汇感、语法感等之上的。所以，初级阶段以培养语音感、汉字感、词汇感、语法感等为主，而到高级阶段语用感的重要性明显增强。

从目前对外汉语教学的现状来看，语用感不太受重视。一般在留学生教材乃至课堂上，词语主要讲解意义、常用搭配，语用方面的规律讲得很少，因为这些往往潜藏在母语习得者的语感中，词典一般也未进行说明。正因为这样，留学生在习得相应词语、句式后运用汉语时，常会出现一些偏误或用词不当等现象，很大程度是对词语、句式的语用功能尤其是词语的语用功能不熟悉所致。

那么，如何培养留学生注重词语、句式的语用习得呢？周健先生提出培养汉语语感的有效途径主要有三条：①按照汉语的特点教汉语、学汉语；②扩大语言输入；③语料真实、自然、地道、生动。对于语用感的培养，还需加强“语用”规律的捕捉和总结，教师要注意在教学中适时、适当地引导学生关注词语、句式的语用功能，多引导学生对一些看似“习惯用法”进行总结和分析，同时多思考留学生提出的“怪问题”或出现的偏误。

参考文献

陈杨，吕世媛．也谈现代汉语动词重叠［J］．现代语文（语言研究版），2008（8）．

莫里斯．指号、语言和行为［M］．罗兰，周易，译．上海：上海人民出版社，1989.

时维超．从词源学角度看“谈”“讲”“论”“说”的区别［J］．现代语文（语言研究版），2009（5）．

陶红印．操作语体中动词论元结构的实现及语用原则［J］．中国语文，2007（1）．

王德春，陈瑞端．语体学［M］．南宁：广西教育出版社，2000.

周健．论汉语语感教学［C］//对外汉语语感教学探索．杭州：浙江大学出版社，2005.

朱前鸿．先秦名家四子研究［M］．北京：中央编译出版社，2005.

（本文曾刊载于《海峡华文教学论丛》2013 年第 1 辑）

［作者简介］

李小凤，湖南衡阳人，暨南大学华文学院副教授，博士。主要从事修辞学、语体学、对外汉语教学研究。

泰国曼谷地区华裔青少年华语学习及背景情况研究①

刘　慧

1　调查的缘起

华语是“以普通话为核心的全球华人的共同语”。随着“华语热”的兴起以及国家对华文教育事业的日趋重视，东南亚地区的华语教学研究引起了学者们的关注。关于东南亚华人社区及其在华语教学中的重要地位，郭熙、李宇明等学者已在相关论著中有所提及，此不赘述。

对以往东南亚华文教育的研究成果进行梳理之后不难发现，一方面，东南亚地区华侨华人数量众多，自古以来就深受中华文化的影响，东南亚的华文教学相对于其他地区如美洲、欧洲来说，历史更加悠久，氛围也更加浓厚。

另一方面，东南亚地区的华语教学也呈现出国别化的特点：马来西亚的华语教学具有相对独立且完整的体系，当地华人的华语水平也较高；新加坡的华人数量占总人口的近80%，华语作为其母语理应得到较好的维持和发展，但由于新加坡政府在政策方面对英文教育的倾斜，近年来新加坡华裔青少年的华语水平呈现下降趋势。印尼的华语教学始于1690年，由于印尼政府曾采取限制打压等措施，其间几起几落，而今印尼的华语教学也进入了平稳发展时期。

泰国的情况与上述各国又有所不同。由于泰国政府采取包容性强的多元文化政策，经济上依靠华侨华人实施王室垄断贸易制度，政治上从中央到地方行政管理都任用有才能的华侨华人，因而华侨华人融入当地社会的程度较高，国家认同感高于族群认同感，泰国华裔新生代学习华语的现实性动机强于象征性动机。

在对相关研究成果进行统计分析后我们发现，从对外汉语教学视角出发，对泰国

① 本研究得到国家语委一般项目“东南亚华裔青少年华语习得与族群认同关系研究（YB125－136）”、中央高校基本科研业务费专项资金（暨南启明星计划15JNQM013）的资助。

学生的汉语语音、词汇、句式等习得情况进行考察的文章较多，如对泰国学习者汉语塞擦音的知觉同化与区分的研究、对中高级阶段泰国学生学习汉语离合词偏误的考察、对泰国学生汉语差比句习得的特点及偏误分析等。而从华语教学的视角出发，考察泰国华裔青少年的家庭背景及华语学习情况的研究成果很少，是我们今后需要重点关注的方向。

笔者利用2010年和2011年暑期暨南大学赴泰国曼谷面授的机会，采用问卷调查和访谈的方法，调查了该地区100位华裔青少年的华语学习、家庭和学校等情况，他们分别来自100个华裔家庭，并对其中的7位调查对象做了个案考察。现代语言教学理论一向重视对教学对象即学习者情况的分析，因此我们希望从学习者的视角出发，调查并分析泰国曼谷地区华语教学的特点，并对今后的教学提出一些意见和建议。

2　调查内容

本次调查内容可分为华裔青少年背景情况及学习情况调查两大类。其中背景情况的调查包括家庭背景和就读学校的调查。学习情况调查方面主要包括学习者的个人情况、学习兴趣、动机、成绩等的调查。我们共发放问卷100份，回收有效问卷96份，回收率为96%。具体的数据分析将在下文详述。

2.1　背景情况的调查

华人移居泰国的历史非常悠久，可上溯至13—14世纪。据史料记载，16世纪初，泰国的阿瑜陀耶（Ayudhya）地区已经有华人聚集区。据有关学者的保守估算，截至2007年，泰国华人共约700万，占泰国总人口的11%左右。

数百年来，泰国华人家庭在华语传承和族群认同方面发挥着重要作用。考察泰国华裔青少年所在家庭和就读学校等情况，对于了解当地华语教学的特点是非常必要的。

从语言使用情况来看，被调查者的家庭可以大致分为三类，具体情况如下：

2.1.1　主要以华语为交际语言的家庭

这些家庭多为新一代移民家庭，父母大都来自中国大陆和港台地区，为工商业界人士，由于经商的关系后来定居泰国，他们的子女大都在泰国出生，或者很小的时候就随父母赴泰定居。这类家庭的亲属大多仍居住在中国大陆和港台地区，因此他们常常往返于泰国和家乡。在族群认同和文化认同方面，他们多认为自己是中国人，在家喜欢观看中国大陆和港台的电视节目，喜欢去华人开的餐馆吃中国菜，社交圈集中在以华语为交际语言的商会侨社。

2.1.2 主要以泰语为交际语言的家庭

该类中大部分为第三代或第四代的华人家庭，家中的曾祖父母或祖父母从中国各地漂洋过海来到泰国，由于泰国早期实行限制华语教学的政策，因此这些华裔家庭的下一代大都已经不会说华语了，他们的主要交际语言为泰语。

该类家庭中还有一种情况是，来自中国的男性工商业者也就是新一代移民和泰国本地的女子结婚。虽然父亲是中国人，但常年忙于经商，抚养下一代的责任落在了泰籍母亲身上，由于母亲的华语水平有限，家里的交际语言以泰语为主，子女平时接触华语的机会也不多。

2.1.3 同时以华语和泰语为交际语言的家庭

这类家庭跟2.1.2所述的家庭一样，都是第三或第四代以上的华人家庭，祖父母或曾祖父母从中国各地来到泰国，虽然泰国早期实行限制教华语的政策，但在家长的努力之下，自孩子出生起就注意训练他们说华语，在家中常常用华语交谈。对这类家庭来说，身处以泰语为主的社会环境，如此长期坚持实属不易。另外还有一种情况是，中国的男性工商业者来泰经商，和泰国当地女子结婚，虽然母亲的华语不太好，但由于父亲一直坚持参与下一代的教育，教子女说华语，同时孩子的母亲也教孩子说泰语，因而创造了双语的交际环境，孩子既会说泰语，也掌握了不少华语。

上述三类家庭中华裔青少年的母语都是华语，第一类和第三类家庭中的华裔青少年学习华语的时间与其年龄基本相同，而第二类家庭中的华裔青少年的母语尽管也是华语，但最先习得的语言是泰语而非华语。

2.2 华裔青少年就读学校的类型及特点

被调查的华裔青少年所就读的学校按照教授课程所使用的语言来看，可以分为：①以泰语教学为主，同时开设汉语选修课的学校；②以英语教学为主，同时开设汉语选修课的学校；③以英语教学为主，同时开设华语必修课的学校，每周讲授华语课程的时间约为7小时。

2.2.1 第一类学校的特点

之前除了一些华校以外，一般的泰国学校很少开设华语课程，近几年来随着华语学习热潮的出现，部分学校为了顺应家长及社会的需求，开设了以华语为第二语言的选修课程，聘请当地华教师资或国家汉办派出的志愿者担任华语老师。

如果所就读的泰国学校没有开设华语选修课，大部分华裔学生会选择在假日补习华语，参加社会上举办的各种华语补习班，或者聘请华语家教，以提高自己的华语水平。此外，还有部分华裔家长参与到子女的华语教学当中，亲力亲为教授华语。

2.2.2　第二类学校的特点

泰国华裔青少年除了就读上述第一类学校之外，还常被父母送到以英语教学为主的国际学校。这类学校主要聘请以英语为母语或者官方语言的国家的外籍教师，学生来自多个国家，课程设置和教学方法仿照英美等西方国家，虽然学费较第一类学校高，但仍受到华裔家长的青睐。

在此类学校中，华语课程为外语选修课程，华裔青少年除了在校选修该类课程以外，还被家长送往校外的华语补习班，原因是此类学校开设的华语课程都是作为第二语言来进行教学的，课程内容相对简单。此外还有部分华裔家庭为子女请家教或是父母自己教，但存在一些不足之处，如难以持之以恒，课程内容缺乏系统性，教学进度不好控制等。

2.2.3　第三类学校的特点

此类学校如曼谷的中华国际学校，于1995年创校，早期由台商筹资创办，目的是使华人子弟能有较好的学习环境学习母语。该校创校之时是泰国唯一一所将华语作为第一语言教学的国际学校，开设有“中文母语班”和“中文外语班”两种华语课程。

“中文母语班”每周一至周五约有7小时的教学时间，周六还开设有4小时的华语学习班。“中文外语班”可供华语为零起点的学生选择，每星期约有1.5小时的授课时间。除了华裔青少年之外，还有来自许多其他国家的学生包括泰籍学生在此学习华语。

3　华裔青少年学习情况调查

在掌握被调查者性别和年龄等个人情况的基础上，我们调查了其学习兴趣、动机等情况，如下文所示：

3.1　被调查者的个人情况

被调查者的个人情况主要是指他们的年龄及性别，具体情况如表1所示：

表 1　被调查者性别和年龄情况统计表

年龄	9岁	10岁	11岁	12岁	13岁	14岁	15岁	16岁	17岁	18岁	19岁	20岁	21岁	22岁
男	2	1	3	4	7	4	5	1	5	3	1	1	1	1
女	2	3	5	8	9	2	9	1	3	5	1	3	3	3

由表 1 可见，所调查的泰国华裔青少年年龄分布区间为 9 ~ 22 岁，大部分集中在 11 ~ 18 岁，即被调查者多为初中或高中学生，男女的性别比例为 1：1.46。

前文的 2.2 小节已介绍了被调查者所就读的三类学校，在这三类学校就读的学生数量分布如表 2 所示：

表 2　被调查者在不同类型学校的就读情况统计表

学校类型	第一类学校	第二类学校	第三类学校
被调查者的数量及比例	10 人，10.4%	56 人，58.3%	30 人，31.3%

由表 2 可以看出，所调查的曼谷华裔青少年过半就读于以英语教学为主，同时开设汉语选修课的学校，其次是以英文教学为主，同时开设华语必修课的学校，只有少数就读于以泰语教学为主，同时开设汉语选修课的学校。

被调查者对华语的喜爱程度即学习兴趣如表 3 所示：

表 3　被调查者对华语的学习兴趣情况统计表

学习兴趣	很喜欢学华语	比较喜欢学华语	不太喜欢学华语	讨厌学华语
人数及比例	10 人，10.4%	56 人，58.3%	26 人，27.1%	4 人，4.2%

由表 3 可以看出，大部分被调查者学习华语的兴趣较强，兴趣较弱或者没有兴趣的只占被调查者总数的 31% 左右。

被调查者的学习动机如表 4 所示：

表 4　被调查者学习华语动机情况统计表

为什么要学习华语?	(1) 祖先是华人	(2) 父母期望我学好华语	(3) 希望到中国留学	(4) 华语很有用	(5) 华语很好听，汉字很优美	(6) 希望以后来中国旅游	(7) 希望用华语交朋友
人数及比例	16 人，16.7%	64 人，66.7%	8 人，8.3%	52 人，54.2%	10 人，10.4%	12 人，12.5%	10 人，10.4%

我们给“为什么要学习华语?”设置了几个答案选项，被调查者可以进行多项选择，其中第（1）和第（2）项属于象征性动机，第（3）～（7）项属于现实性动机，在象征性动机中选择“父母期望”的人较多，占被调查总人数的 66.7%，可见华裔家庭背景和父辈的督促教育是促成被调查者学习华语的主要动力之一。此外，超过半数的被调查者都意识到华语是非常有用的，这属于现实性动机，无论是华裔还是非华裔学习者，大都具有此种意识。

在华语的学习成绩方面，我们要求被调查者填写的是其最近一次华语期末考试的成绩。由于每个学校的命题难度不一，因此只能大致了解其汉语学习的优劣情况。我们将学习兴趣和成绩进行了关联性考察，发现被调查者的学习成绩和学习兴趣之间不存在显著相关性，如表 5 所示：

表 5　被调查者学习兴趣和学习成绩之间的关联性调查表

成绩	A	B	C	D	E	F
很喜欢	8		2			
比较喜欢	24	24	2		6	
不喜欢	16	2	4	2		2
讨厌		4				

由表 5 可知，不喜欢学习华语的被调查者中，有 16 位成绩为 A，而讨厌学习华语的被调查者的成绩均为 B。

之所以会出现学习兴趣低但学习成绩并不低的现象，原因非常复杂。一方面，华裔青少年年龄较小，身处以泰语为主的社会环境，缺乏学习华语的动力和兴趣。另一方面，华裔家长出于华人族群认同和中华文化传承的需要，坚持“学习华语要从娃娃抓起”的理念，对子女的华语学习非常重视。因此，尽管子女学习华语的愿望并不强烈，但在家长的坚持下，还是掌握了一些华语的知识和技能。我们认为，青少年学习兴趣的可塑性很强，通过家长和老师的努力，加上其对华语重要性的认识和华裔身份认同性的不断增强，其对华语的学习兴趣也会不断提高。

3.2 个案考察

我们从以华语为主要交际语言、以泰语为主要交际语言、同时以华泰双语为交际语言的三类华裔家庭中各选取了几位调查对象和他们的家长，进行个案考察，主要采用口头访谈的方法。

3.2.1 以华语为主要交际语言的华裔家庭的个案考察

我们选取了一对兄妹作为个案考察的对象，他们的年龄分别是15岁和13岁，父母均来自中国大陆，属于新一代移民家庭。两年前他们就读于以英语为主的国际学校，当时主要是由母亲在家中教授华语，使用的是大陆的小学语文教材，每周学习时间为2小时，母亲辅导兄妹朗读、背诵，写汉字，做课后练习。经过八年左右的家庭学习，他们的华语在听、说、读方面进步较大，但汉字书写较弱。为了使他们在听、说、读、写能力方面得到均衡发展，家长将他们转到了开设有华语专门课程的中华国际学校，其华语水平又有了较大的进步。

3.2.2 以泰语为主要交际语言的华裔家庭的个案考察

我们在中华国际学校找到了四位来自以泰语为主要交际语言的华裔家庭的青少年，分别是14岁两位、15岁两位。他们在学校所学的是以华语作为第二语言的课程，每星期的学习时间为1.5小时。我们同时对其进行了问卷调查，结果如表6所示：

表6 四位来自以泰语为主要交际语言的华裔家庭的青少年学习情况调查表

调查对象	学生甲	学生乙	学生丙	学生丁
学习态度	很喜欢学习华语	比较喜欢学习华语	不喜欢学习华语	比较喜欢学习华语
学习时间	在中华国际学校学习了8年	在中华国际学校学习了10年	在中华国际学校学习了6年	在其他学校学习了3年，在中华国际学校学习了5年
学习成绩	华语成绩A 英语成绩A 泰语成绩A	华语成绩B 英语成绩B 泰语成绩B	华语成绩C 英语成绩B 泰语成绩A	华语成绩E 英语成绩B 泰语成绩B

由表6可见，学生甲、乙、丙学习华语的兴趣、成绩和学习连贯性之间的关联度比较强。而学生丁的学习兴趣和成绩之间似乎关联度不大，访谈中我们得知学生丁之前曾在两所国际学校就读过3年，其间几乎没有学习过华语课程，之后在中华国际学校学习了5年，由于华语基础较薄弱，因此成绩不太理想，但在访谈中他表示希望学好华语。

3.2.3 同时以华泰双语为交际语言的华裔家庭的个案考察

我们访谈到了此类家庭中的一位华裔少年，年龄为13岁。他是这个家庭中的第四代成员，他的父母是华裔第三代成员，只会说简单的华语。由于父母亲均毕业于泰国著名的朱拉隆功大学，自身的文化水平较高，也非常重视子女的华语教学。当他出生后，母亲就边学华语边教他，有意在家中营造说华语的氛围。他入学后，每周日都去中华语文中心学习华语，此外，母亲每周六还带他参加华语教会的活动，听华语福音，唱华语歌曲。因此，这位少年的华语听说水平较高，能够流利地和我们交谈，但是写作水平较低，在汉字书写和作文方面的能力有待提高。

4 调查结果的分析及启示

4.1 语言不仅是交际工具，也是族群和文化认同的工具

对于泰国华人而言，华语在泰国的普及程度相对马来西亚、新加坡等东南亚国家而言并不算太高，华语在当地的交际功能也不算非常突出，但他们仍坚持教授后代学习华语，因为华语是他们作为族群认同和文化认同的工具。这里的认同不仅包括对自身属于中华儿女的身份认同，也包括对中华文化的认同。这是华语教学与对外汉语教学最大的不同，也是华语教学历经数百年，即使面临所在国政策的钳制仍具有顽强生命力的重要原因。正如郭熙（2007）所指出的，认同工具目的华语传承教学更多的是指向社会集体利益，它以社会集体利益、文化传承、族群认同建构等为目标，通过华文教学达到华文教育的目的。

4.2 华裔家庭中的第三代成员在华语传承过程中发挥着至关重要的作用

在泰国的华裔家庭中，第一代成员来自中国，能够熟练地使用华语进行交际，在家庭中也使用华语交谈，因而他们的子女即第二代成员也能较为熟练地掌握华语，与父母进行交流。

第二代成员大多出生在泰国或是自幼来到泰国，在学校和社会环境中习得了泰语，成为双语者，因此他们可以与他们的子女即第三代成员用泰华双语进行交谈。

第三代成员与当地社会的融合度较之前两代成员而言更高，同时作为华人的族群认同和文化认同感更弱，对华语的语感也更为模糊。如果没有父母的主动引导，第三代成员很可能就丧失了使用华语的能力。

由此可见，华裔家庭的第三代成员是海外华语教学的重要突破口，如果他们的华语学习收效良好，那么华语的代际传承就可以延续到第五代甚至第六代华人，这也是广大海内外华文教育工作者希望看到的结果。

4.3 家长在华裔子女的华语学习过程中起着关键性的作用

本次调查结果显示，多数华裔青少年年龄尚幼，缺乏自主学习华语的自觉性，他们学习华语的动机是出于父母的期望，或是听父母说学习华语对于将来留学及工作很有用处。个案访谈也证明，尽管在曼谷缺乏华语交际的大环境，但只要父母坚持用华语与子女沟通，将子女送入学校学习华语课程，同时及时跟进和辅导子女的华语学习，华裔青少年是可以较好地掌握华语的。由此可见，华裔青少年在华语学习方面的进步与家长的努力和坚持密不可分。

4.4 培养和激发华裔青少年的华语学习兴趣值得关注

从调查结果来看，一些学习兴趣较低的华裔青少年目前的华语考试成绩处于中上水平，但不可忽略的是，他们的成绩与父母刻意营造华语家庭氛围密不可分。从长远来看，他们的华语水平很可能在此阶段就止步不前，无法得到进一步提高，原因是其本身缺乏学习华语的兴趣和动力。

如何实现“要我学华语”到“我要学华语”的转变？我们认为，可以从“三教”即教材、教师、教法入手，培养和激发华裔青少年的学习兴趣。

在教材编写方面，重视教材的本土化和趣味性，例如针对目前许多青少年喜欢看漫画书的特点，可以用漫画的形式编写一些生动有趣的华文课外读物，这样也符合华裔青少年听说能力强、读写能力弱的特点。

在师资方面，除了汉办派出志愿者和中泰之间的师资交流之外，还需重点培养本土师资，这一方面可以保证其教学的持久性和延续性，另一方面也可以利用本土教师熟悉当地风土人情和语言的优势，提高教学效率。

在教学方法方面，可以针对不同教学对象的特点灵活实施，尽量多元化，采用游戏、歌唱、表演、观看华语动画片等形式，寓教于乐，提高其学习的积极性和自觉性。华裔青少年的华语语感大多比较好，可以充分发挥他们的这一优势，鼓励其诵读一些华语经典诗文，这对将来他们了解中华文化也大有裨益。

参考文献

陈晨．泰国学生汉语差比句习得的特点及偏误分析［J］．云南师范大学学报（对外汉语教学与研究版），2011（4）．

郭熙．海外华语教学研究的现状与展望［J］．世界汉语教学，2006（1）．

郭熙．论华语研究［J］．语言文字应用，2006（2）．

郭熙．华文教学概论［M］．北京：商务印书馆，2007.

郭熙．多元语言文化背景下母语维持的若干问题：新加坡个案［J］．语言文字应用，2008（4）．

兰海洋．中高级阶段泰国学生学习汉语离合词偏误分析［J］．四川教育学院学报，2011（7）．

李宇明．海外华语教学漫议［J］．暨南大学华文学院学报，2009（4）．

梅丽．泰国学习者汉语塞擦音的知觉同化与区分［J］．世界汉语教学，2011（2）．

石维有．华裔国家认同与泰国1932年立宪革命［J］．广西师范大学学报（哲学社会科学版），2009（4）．

庄国土．东南亚华侨华人数量的新估算［J］．厦门大学学报（哲学社会科学版），2009（3）．

（本文曾刊载于《世界华文教育》2014年第3期）

［作者简介］

刘慧，博士，硕士生导师，现为暨南大学华文学院华文教育系副教授，同时在国家语委海外华语研究中心（暨南大学）从事科研工作。研究方向为华语研究与海外华文教学、社会语言学。

汉语研究

主观量度和“才”“都”“了$_2$”的句法匹配模式分析①

胡建刚

1 前言

语气副词“才”和“都”都能后接数量结构，如：

（1）他才六岁，不能上学。
（2）他都六岁了，早就可以上学了。

但二者在句中分别表达了不同的意义。例（1）的意思是“他只有六岁，年龄太小了，不能上学”；而例（2）的意思则是“他六岁了，年龄不小了，早就该上学了”。类似的例句还有：

（3）是的，他才二十岁，还是个孩子哪。（孙少山《八百米深处》）
（4）直到我都二十岁了，对着小臂上一个伤疤，才把它完全想了起来。（王小波《革命时期的爱情》）

在以上例句中，“他已经六岁”和“我/他已经二十岁”都是已然事件，但在和“才”“都”组合时却构成了不同的句法框架：“才+数量结构”和“都+数量结构+了$_2$”。可以看到，在各自的句法框架中，“才”不能和“了$_2$”同现，“都”却必须和“了$_2$”同现，如：

① 本文写作得到导师邵敬敏教授的悉心指导，在广东省语言学会2005年年会上宣读时得到彭小川、岳中奇等先生的指教，后又根据《世界汉语教学》审稿专家的意见进行了逐一修改。在此一并致谢。

（1）a. ＊ 他才六岁了，不能上学。

（2）a. ＊ 他都六岁，早就可以上学了。

“才/都+数量结构”与“了$_2$”的这一句法组合特点具有普遍性。我们分别以“才＄3岁”和“都＄3岁”为查询项[①]，在北京大学中文系CCL语料库中查找含结构“都3岁”和“才3岁”的例句。我们共搜索到含“都3岁”的例句174个，其中“都”为语气副词的句子60个，这60个句子在数量结构后全部接了“了$_2$”；[②]共搜索到含“才3岁”的例句765个，选取前200个句子进行考察，“才”为语气副词的例句共198个，这198例没有一个后接“了$_2$”。这一抽样调查结果表明，“才+数量结构”不能后接“了$_2$”“都+数量结构”必须后接“了$_2$”的句法特点具有强制性。既然同为语气副词，为什么“才/都+数量结构”和“了$_2$”会有不同的组合结果呢？邵敬敏、饶春红（1985）曾指出，某个副词可以出现在某些语言格式中，但不能出现在另外一些语言格式中，这往往不是偶然的。这一思路指导我们，应该进一步探寻“才/都+数量结构”和语气助词“了$_2$”形成不同组合结果的原因。

关于副词“都”“才”“就”和“了”的句法组合问题，张谊生（1996）曾指出，副词“都”在修饰顺序义名词时，顺序义名词后面都必须带上动态助词“了”。岳中奇（2000：27）以句中的信息中心是达到还是超过预设标准为尺度，从认知上解释了“才”“就”与“了$_2$”对立分布的成因：“‘才’字句强调的信息中心表述了所述事件没有达到预设标准的未实现或未完成的相对体意义，谓语中心词后通常不能附加动态助词‘了’。……‘就’字句强调的信息中心表述了所述事件已经超过预设标准的实现或完成的相对体意义，当句子的绝对体意义和相对体意义一致时，谓语中心词后常需附着动态助词‘了’。”该结论的前提是“了”必须为表示实现或完成的动态助词“了”。但是如果要把句尾的“了$_2$”都看成动态助词“了”，彭小川、周芍（2005）指出这不尽合理，并证明了“了$_2$”确实存在不具有动态的实现或者完成功能的情况。那么，是什么在深层决定着“才/都+数量结构”和“了$_2$”的匹配选择呢？

2 主观量和主观量度

为进一步解释上述问题，我们尝试运用主观量的相关理论和方法，来考察“才/

① 查询表达式“才＄3岁”的含义是：“按照‘才’在前、‘3岁’在后的次序，二者之间无间隔”的要求查询。“都＄3岁”同。

② 其中只有1例用了“啦”，应是“了+啊”的合音。

都＋数量结构”和“了$_2$”的匹配特征。

主观量是说话人对相关数量的一种主观评价，施关淦（1988）、陈小荷（1994）、李宇明（2000）等都曾对此进行过探讨。

陈小荷（1994：18）指出：“主观量是含有主观评价意义的量，与客观量相对立。”例如对于“学了多长时间？”这一提问，可以有以下三种回答：

（5）a. 五年。

b. 才五年。

c. 都五年了。

例（5）a表达的是客观量，说话人对于“五年”这个数量没有进行主观性评价。例（5）b和例（5）c则表达了主观量，即对“五年”这个数量进行主观性评价：例（5）b表示说话人认为“五年”这个数量比较小，是一个主观小量；例（5）c则表示说话人认为“五年”这个数量相当大，是一个主观大量。当然，“主观量也包含对量的客观叙述，所以主观量与客观量的区别仅在于是否同时含有对量的大小的主观评价意义”（陈小荷，1994：18）。

主观量表达的是说话人对量大小的主观评价，但是已经表达出来的量是不是主观量，是主观大量还是主观小量，就不再取决于说话人自己的判断了，而应能从言语的形式特征上寻找到客观依据。其中句重音、副词、语气助词就是句中主观量的表达形式。

陈小荷（1994）进一步指出了“才”“都”“就”“了$_2$”的主观量：作为主观量的形式标志，副词“就”不管前指还是后指，都表示主观小量。副词“才”前指时帮助表示主观大量，后指时和“就”一样帮助表示主观小量。副词“都”用于后指时表示主观大量，用于前指时，如果存在正比例关系，则是主观小量；如果存在反比例关系，那么“都”前的是主观大量。而语气助词“了”也是主观量的标志，因为“了”前面出现的数量词总是表示主观量的，如果说的是量的增加，则表示主观大量；如果说的是量的减少，则表示主观小量。一般情况下，因为语言中能表示减少意义的动词很少，所以语气助词“了”都是表示主观大量。

主观量理论的提出和运用为我们分析问题提供了一个新的角度，但该文的一些结论仍有值得商榷之处。如马真（2004：132）认为“‘就’前的成分是重音所在，而‘就’之后（包括‘就’在内）无重音，那一定是言多”，而陈小荷认为此处的“就”不表示主观大量，因为它没有重音。陈小荷的这一解释不太能成立，因为副词本身就是表示主观量的主要手段之一，不能说副词“就”没有重音强调就不能表示主观量了。另外，陈小荷认为语气助词“了$_2$”前面的数量词一般表示主观大量，副词“就”只能表示主观小量，如果真是这样的话，那么表示小量的“就”和表示大量的“了$_2$”就不能在同一个数量结构中共现，因为二者在语义上显然是互相矛盾的。但在语言事实中，它们却可以在同一个数量结构中共现，如“他今年就八岁了”。这表明，我们对“就”“了$_2$”在主观量上的认识还不全面，仍值得进一步探讨。

在人类的认知体系中，凡含量的事物都可以进一步量化。为了精确表示事物在各个认知领域内的不同量情况，人们在概念系统中引入了“度”的概念，如用“长度”“宽度”“高度”等概念来表示事物在空间上不同方向的距离，用“烧伤度”“兴奋度”等概念来界定事物在一个连续状态中所处的层级等。那么，作为数量的一种表达方式，主观量也就同样可以进一步量化。为了清楚表示主观量在量化之后的情况，本文引入“主观量度”这一概念。“主观量度”就是主观量的量化等级。“才”“都”和“了$_2$”都能表示主观量，因此也就都具有自己的主观量度特征。

3 “才”“都”和“了$_2$”的主观量度

3.1 “才”的差量主观量度

语气副词“才”在《现代汉语八百词》中有5个义项：①刚刚，事情在不久之前发生；②事情发生或结束得晚；③表示数量少、程度低；④表示只有在某种条件下，或由于某种原因、目的，然后怎么样；⑤强调确定语气。白梅丽（1987）、邵敬敏（1990、1997a）、张谊生（2000）、陈小荷（1994）等从各个角度研究了“才”，对“才”的语义指向研究日益深化，并十分重视对“才”语法意义的分层次研究。在语义指向方面，邵敬敏（1990）认为“才”的语义只能后指，其余各家基本都认为“才”的语义为前后指。邵敬敏（1997b）也认为“才”可以前后指。各家确定“才”的语义指向的标准，基本都是依据“才”在句中和数量结构的相对位置：当数量结构在“才”前时，其语义就指向前；当数量结构在“才”后时，其语义就指向后。结合主观量来考察，则一般认为“才”前指时为多量、大量或者增值，后指时则是不足量、小量或者减值。但问题是，如果仅仅以数量结构在句子线性排列上和“才”的相对位置来决定“才”的语义指向的话，当“才”的前面和后面都是数量结构时，“才”的语义应该指向前还是指向后呢？如：

（6）八舅他们队里一个劳动日才八分钱，村民们常为买盐的钱犯愁，更不用说横遭天灾人祸之苦了。（张胜利《八舅》）

（7）一年才三百六十五天，时间过得飞快。

对这一问题，邵敬敏（1997：5）认为此处的“才”语义指向为前后指，是“从不同的角度显示对时间、数量、年龄等的看法”。我们认为这个解释存在欠缺。因为在一个线性序列中，方向的维度只有两个：前或者后。如果线性排列序列上的某一事物指向前又同时指向后，那其实也就等同于没有方向。所以，当我们说一个词的语义既指向前又同时指向后时，其实也就冒着取消这个词的语义指向的风险。

邵敬敏（1990）认为，“才”不仅可以和数量结构发生联系，而且可以与动作行为发生语义联系，从而指出“才”的语义只能是后指，而不是被动地必须指向句中数量结构。我们支持这一观点，即“才”的语义指向只能后指，“才”在后指时它既可指向数量结构，又可指向其后的动作、行为、状态等。之所以支持这一观点是因为：首先，“才”是一个评注性副词，它所指向的评注性内容往往都是句子的语义表达重心，是句子的语义焦点所在，而汉语的焦点信息一般分布在句子后半部分，那么“才”的语义自然也就跟着向后指；其次，就主观量来说，动作行为同样也可以表达主观量的特征，只是较之于数量结构，动作行为表达出的主观量不是直接的数量，而是一个比较性的结果量。因此，表示主观量的“才”指向动作行为也是成立的。如：

（8）要不怎么闹腾了几十年才是个小工长？（孙少山《八百米深处》）

（9）就这么点路，他走了三天才到永定门。（邓友梅《那五》）

例（8）说话人的意思是“闹腾了几十年”显然应该做更大的官，目前“是个小工长”应被视为一个低等级量上的结果；例（9）“到永定门”也是一个和说话人预期所要抵达的地点相差甚远的不足量结果。因此，动作行为也可以表达主观量，这就使具有主观量意义的“才”后指动作行为成为可能。

通过以上例句的语义分析，我们还可以看到，在主观量度上，“才”实际表示的是一个客观现实量和主观预期量之间的差距量。这个差距量我们称为“主观差量”，即句中所述的客观事实没有达到说话人主观上的预期标准。

表示“主观差量”的“才”后接数量结构时，体现为一个“数量差量”，即主观认为句中数量结构所代表的量和句中动作行为要发生所要求的量在数量上存在着差距，如：

（10）你想想，我才十七岁，忽然落到这地步，头次见到这世面，谁知道该怎么

做，我只想保住弟弟和我自己。(冯骥才《一百个人的十年》)

(11) 可是她说的三点钟在北海等我，现在才十一点。(邓友梅《在悬崖上》)

例(10)指说话人认为“十七岁”就要应付这样一个场面在年龄量上显然是差距太大，例(11)“才”指向的“十一点”和动作“她在北海等我”发生的预期时间“三点”之间也存在着时间量上的差距。

当表示“主观差量”的“才”后接动作行为词语时，体现为一个“结果差量”，即主观认为句中“才”指向的动作行为所表示的结果没有达到说话人的主观预期。如：

(12) 姑母数了半天，才狠心地把钱交给小力笨兼专员。(老舍《正红旗下》)

(13) 人们费了一个时辰工夫才把这场火救下，总算没蔓延到两侧邻居家中。(邓友梅《烟壶》)

例(12)“把钱交给小力笨兼专员”这一结果的发生显然在过程上没有达到说话人心目中的预期，即钱最后还是要交的，姑母可以更早、更爽快一些；例(13)“把这场火救下”这一结果的实现则是在时间上没有达到说话人希望在一个更短的时间内把火扑灭的心理预期。

由此我们认为，在主观量度上，“才”表示“主观差量”，是汉语“主观差量”这一量度的标记词。根据其后所接语义成分的类型，“才”的“主观差量”意义又可以分为“数量差量”和“结果差量”。

3.2 “都”的超量主观量度

关于“都”,《现代汉语八百词》中有3个义项：①表示总括全部。②甚至。“都”轻读。③已经。句末常用“了”。王红(1999)、张莉莉(2001)、张谊生(2005)都认为“都”只有两个语法意义，一个为客观性的范围副词，一个为主观性的语气副词。前者是基本意义，后者是派生意义，《现代汉语八百词》中的第三个义项“已经”一般被认为是语气副词的附带功能。本文要讨论的“都”为主观性的语气副词。

语气副词“都”的语义指向也有两种情况，一个是前指，一个是后指，判定标准也是“都”在句中和相关数量结构的相对位置。如果数量结构在“都”后，“都”的语义指向后面；如果数量结构在“都”前，“都”的语义就指向前面。因此，在语义指向的判定标准上，“都”存在和“才”一样的问题，即当“都”的前面和后面都是数量结构时，“都”的语义是指向前还是指向后？如：

（14）他十五岁都一米八三了。

（15）我爸爸二十五岁都三个孩子了。

王红（2001：41）指出语气副词“都”的语法意义是“强调某件事或某种情况的非寻常性”，这就意味着，语气副词“都”的语义其实是既可以指向句中数量结构，也可以指向句中某件事或者某种情况的。由于“都”也为语气副词，它所要评价的内容往往就是句中的焦点信息，汉语焦点信息分布在后，因此，不管“都”后接的是数量结构还是动作行为，“都”的语义都应是后指，而不管其前面有无数量结构存在。如：

（16）哥伦布这家伙可真了不起，大前年都五十岁出头了还率领船队冒险出航，听说去年冬天才历尽艰辛返回马德里。（刘心武《永恒的微笑》）

（17）都七十来岁的人了，怎么越活越邪性，冒出个青年时代的恋人来？（梁晓声《冉之父》）

（18）四十岁的矿工愿为一毛钱出上一身汗；这些二十岁的，给一块钱都买不了他们一动弹。（孙少山《八百米深处》）

（19）她一百斤都挑得起。

例（16）、例（17）中数量结构出现在“都”后，“都”的语义就指向数量结构“五十岁出头了”和“七十来岁的人了”；例（18）、例（19）中数量结构出现在“都”之前，“都”的语义还指向后，并且指向的是后接的动作行为“买不了他们一动弹”和“挑得起”。

陈小荷（1994）认为副词“都”语义后指时表示主观大量，这在一定程度上反映了“都”的语义特点，但仍不够准确。因为“都”是用来强调“某件事或某种情况的非寻常性”的，而且还“强调焦点处于层级的顶层”，如果把“都”仅仅定性为一个一般性的主观大量，它就很难表达出这“非寻常性”的含义。“都”之所以能表达出“非寻常性”，更主要的还在于，在主观量度上，“都”表达的是一个“主观超量”，即其所指向的语义成分在量上要极大地超出说话人的主观预期量。和“才”一样，当“都”指向其后的数量结构时，它是一个“数量超量”；当“都”指向其后的动作行为时，它是一个“结果超量”，即句中所述的动作行为在事件结果的范围、程度等方面极大地超出了说话人的主观预期。如：

（20）都三四天没好好休息了。

（21）艳春都二十岁了，又受到刺激，得赶快找个工作嫁个人。（池莉《你是一条河》）

（22）他挑两百斤都不觉得累。

（23）他半斤酒都会醉。

例（20）的“三四天”显然超出了一般人所能承受的时间长度，例（21）的“二十岁”在说话人看来也超出了女子工作和嫁人的正常年龄，以上都是“数量超量”。例（22）中一般人“挑两百斤”肯定会觉得累，但他“都不觉得累”这一结果显然大大超出了说话人对这一情况的主观预期结果。例（23）中说话人主观认为一般人喝半斤酒肯定不会醉，但是他喝半斤酒就“会醉”也同样超出了说话人的结果预期范围，这些都是“结果超量”。

由此我们认为，在主观量度上，“都”表示“主观超量”，是汉语“主观超量”这一量度的标记词。根据其后所接语义成分的类型，“都”的“主观超量”意义又可以分为“数量超量”和“结果超量”。

3.3 “了$_2$”的足量主观量度

彭小川等（2005）指出：必须区分“了$_1$”和“了$_2$”，“了$_1$”是动态助词，“了$_2$”是语气助词，“了$_2$”的核心语法意义是表达对当前相关事态的肯定的语气。在动态叙事句中，“了$_2$”的出现主要是加强对事态发展变化状况的肯定，起强调及提示作用。我们同意彭文这一观点，而且语言事实表明，语气助词“了$_2$”同时也是一个重要的主观量度标记。

陈小荷（1994：20）认为语气助词“了$_2$”前的数量词总是表示主观量的：“如果说的是量的增加，就是主观大量，如果是量的减少，就是主观小量。”简而言之，即句中数量结构的语义特点决定了“了$_2$”的主观量度。这就让人生疑：“了$_2$”的主观量属性到底是“了$_2$”的固有属性呢，还是由“了$_2$”前的数量结构所赋予的格式意义？如果“了$_2$”的主观量意义是由数量结构赋予的格式意义，那么“了$_2$”总是用来表示主观量的结论就有“把某个虚词所在的格式所具有的语法意义误认为是该虚词表示的语法意义”之嫌（马真，2004：18）。

为切实弄清这一问题，我们借鉴陆俭明先生在分析疑问词的性质时所采用的方法来考察“了$_2$”的语法意义，即观察由相同数量短语组成的句子，在有“了$_2$”和无“了$_2$”时语义上会有什么不同。如：

（24）他今年六岁。

（25）他今年六岁了。

例（24）和例（25）都陈述了“他今年六岁”这一事实，例（25）更通过加“了$_2$”加强了对“他六岁”这一事实的肯定。由于以上例句仅仅是两个简单单句，主观量的区别不太明显，为能更清楚地显现出它们的不同，我们把它们放到更大的句法环境中去观察，即通过考察它们对后续句的语义选择要求来分辨二者的异同。如：

（24）a. 他今年六岁，可以上小学。

b. 他今年六岁，不能上小学。

（25）a. 他今年六岁了，可以上小学。

b. * 他今年六岁了，不能上小学。

我们看到，在国家规定儿童六岁可以上小学这一前提下，例（24）作为一个对事实的客观陈述，后续句既可以是肯定的例（24）a，也可以是否定的例（24）b；而例（25）加上“了$_2$”之后，后续句就只能是肯定的例（25）a，语义否定的例（25）b不成立。例(24) b 和例（25）b 在句法上的唯一不同就在于例（25）b 多了一个“了$_2$”，因此可以肯定，例（25）b 不成立是由“了$_2$”决定的。分析其原因，我们认为，当“他今年六岁”后无“了$_2$”时，“他今年六岁”在主观量上既可以被主观认为是一个达标量，也可以被认为是一个不达标量，所以例（24）a、例（24）b 两句都能成立；而当“他今年六岁”后接了“了$_2$”之后，“他今年六岁”就只能被主观看作一个达标量，而不能被主观看作一个不达标量，所以就只有例（25）a 成立，例（25）b 不能成立。“了$_2$”的功能就在于它使一个客观量在主观量度上进一步确定下来，只能表示达标量，不能再被看作未达标量。“了$_2$”在主观量度上表示的这一“主观达标量”，我们称之为“主观足量”。“了$_2$”是汉语“主观足量”这一量度的标记词。

以上例句体现了当前后分句具有正比例关系，即前句数量条件越高，后句发生的可能性越大时的前后分句语义选择的情况。当句中前后分句为反比例关系，即前句数量条件越高，后句所述情况发生的可能性越小时，受“了$_2$”的制约，后续句选择和正比例关系句有所不同。如：

（26）他今年六岁，可以上幼儿园。

a. 他今年六岁，不能上幼儿园。

（27）＊他今年六岁了，可以上幼儿园。

a. 他今年六岁了，不能上幼儿园。

按照国家规定，三岁是儿童上幼儿园的年龄，六岁是孩子上小学的年龄。没有“了$_2$”，例（26）和例（26）a都能成立，因为“他今年六岁”这一数量结构在主观量上可大可小，视说话人的需要进行主观调节；但当数量结构后接“了$_2$”后，“他今年六岁了”的“六岁”就只能是一个“主观足量”，即只能指他已经达到了上小学的年龄，不能再上幼儿园这一种情况，所以只有例（27）a成立，例（27）不能成立。

陈小荷（1994）认为“都”和“了$_2$”都表示大量，也就是说，二者在主观量上相同。但语言事实表明，二者在主观量度上并不等同。王红（1999：60）曾举过以下例子来说明有“都”和无“都”的“了”字句的不同：

（28）＊都夜里十点了，办公室里没有人。

a. 已经夜里十点了，办公室里没有人。

（29）＊他都是大学生了，有了自己的想法。

a. 他已经是大学生了，有了自己的想法。

王文认为，例（28）、例（29）之所以都不成立，是因为前半句中“都”分别强调时间晚的程度和水平高的程度，而它们的后半句却是对“夜里十点”和“大学生”的正常情况的描述，反映不出其程度之深，因此和前半句意思不衔接；例（28）a、例（29）a之所以能成立，是因为前半句用“已经”只是客观陈述，与后半句的一般状态正好吻合。而如果从主观量的角度去观察，我们可以更清晰地看到，例（28）、例（29）中各句成立与否，其实都取决于“都”和“了$_2$”的不同主观量度意义。

“了$_2$”表示达标性的“主观足量”，所以能够后接表示一般条件及其结果的小句；“都”表示超出性的“主观超量”，所以不能后接仅仅表示一般条件及其结果的小句。“都+……+了$_2$”更倾向于后接条件及其结果具有极大超出或强调意味的小句，如：

（30）都夜里十点了，办公室里早就没有人了。

（31）他都二十八岁了，不可能没有自己的打算。

综上所述，“才”“都”“了$_2$”在汉语中都表示主观量，但在主观量度的等级分布上各不相同，其中“才”为主观差量，“了$_2$”为主观足量，“都”为主观超量。

4 “才”“都”和“数量结构+了$_2$”的匹配模式分析

4.1 语义对句法的制约作用

邵敬敏（1997）提出了句法语义的双向性选择原则，指出汉语语法的决定性因素是语义，而不是形式；两个词语如果能够组合成一个语言结构，那么，它们必定具有某个或某些相同的语义特征，否则二者是无法进行组合的，这一观点强调了语义在句法组合中的重要作用。主观量也是语义的一个重要组成部分，主观量度更是一个重要的语义特征，因此句法形式的组合匹配过程中，主观量度也具有重要的作用。

4.2 “才”“都”“了$_2$”与数量结构的匹配模式分析

数量结构在句子中通常可以分为两种形式：一种是光杆形式，即只有数量结构本身，不附带其他成分，如十八岁、三十米，在句中往往表示客观量；二是“数量结构+了$_2$”形式，如十八岁了、三十米了，此时数量结构表示主观足量。数量结构的这两种形式与“才”“都”在句法匹配中存在着以下几种模式，见表1：

表1　“才／都”和“数量结构／数量结构+了$_2$”的匹配模式

	语气副词“才”		语气副词“都”	
	能否匹配	主观量度匹配模式	能否匹配	主观量度匹配模式
数量结构+了$_2$+～（十八岁+了+才／都）	√	主观足量+主观差量	√	主观足量+主观超量①
～+数量结构+了$_2$（才／都+十八岁+了）	×	主观差量+主观足量	√	主观超量+主观足量
数量结构+～（十八岁+才／都）	√	客观量+主观差量	√	客观量+主观超量
～+数量结构（才／都+十八岁）	√	主观差量+客观量	×	主观超量+客观量

从表1我们看到，“才”“都”“了$_2$”在与数量结构匹配时，“数量结构+才/都、数量结构+了$_2$+才/都、才+数量结构、都+数量结构+了$_2$”都能成立，“才+数量结构+了$_2$”“都+数量结构”这两个句法模式则不成立。总体上看，“才”“都”“了$_2$”和数量结构的匹配遵循着以下几个原则：

（1）当数量结构分布在“才”“都”之前时，不管该数量结构是客观量还是主观足量，“才”“都”皆能与之匹配。因为“才”“都”的语义都指向其后的句子成分，所以出现在它们前面的数量结构的主观量属性不会影响到“才”“都”在句中对主观量的选择要求。

（2）当“才”分布在数量结构之前时，只有表示客观量的数量结构才能与之匹

① “主观足量+主观超量”原则上都能够匹配，可有时也会出现匹配不当的情况，如：

（1）＊他八岁了都上学了。

其原因不在于足量不能和超量匹配，而在于句法组合时的精简原则要求当句中同时出现两个“了”时选择只出现一个。而且当动词结构带“了”时，“了”首选跟在动词之后；当动词结构不带“了”时，“了”就选择跟在数量结构之后。如：

（2）他八岁都上学了。
（3）他八岁了都还没上学。
（4）他八岁了都还住在奶奶家。

配，不能后接表示主观足量的“数量结构 + 了$_2$”。因为一个客观量也可能被说话人主观视为一个不足量，从而和“才”的主观差量意义匹配；但是一个既有的主观足量则不可能再被视为一个不足量，因此不能和“才”匹配。

（3）当“都”分布在数量结构之前时，只有表示主观足量的“数量结构 + 了$_2$”能够与之匹配，而不能后接客观量的数量结构。因为“都”表示主观超量，而主观超量是以主观足量为直接基础的，超量是在足量基础上的加量；但是客观量则需要主观化后才能确定它的主观量度，这一量度可能是足量，也可能是差量，具有不确定性。因此，当“都”在数量结构前出现时，确定表示足量的“数量结构 + 了$_2$”就自然成为首选的匹配结构，而客观量结构则被排除。

根据“才”“都”“了$_2$”和数量结构的以上匹配原则，我们来看前言中例（1）、例（2）成立，而例（1）a、例（2）a却不成立的原因。例（1）中“才六岁”的主观量度匹配模式为“主观差量 + 客观量”，符合匹配原则二的要求，句子成立；例（2）中“都六岁了”的主观量度匹配模式为“主观超量 + 主观足量”，符合匹配原则三的要求，句子成立。例（1）a中“才六岁了”的主观量度匹配模式为“主观差量 + 主观足量”，不符合匹配原则二的要求，句子不成立；例（2）a中“都六岁”的主观量度匹配模式为“主观超量 + 客观量”，不符合匹配原则三的要求，句子也不成立。

5 结语

本文从主观量度出发，分析了语气副词“才”“都”和语气助词“了$_2$”的不同取值特征，论证了“才”表示“主观差量”，“了$_2$”表示“主观足量”，“都”表示“主观超量”，从而进一步量化了“才”“都”“了$_2$”的主观量意义。语言的每一个结构体都是语法形式和语法意义的统一体，语法形式和语法意义相互依存，语法研究的根本目的就在于探求二者之间的复杂对应关系。“才”“都”“了$_2$”的主观量度意义同样在句法形式上得到了体现，决定了其所处句法结构的形式特征。具体来说，就是“才”“都”“了$_2$”在和数量结构进行组合时，表现出了不同的组合匹配要求，构成了“数量结构 + 才/ 都”“数量结构 + 了$_2$ + 才/都 ”“才 + 数量结构”“都 + 数量结构 + 了$_2$”等可以成立的句法模式，排除了“才 + 数量结构 + 了$_2$”“都 + 数量结构”等不符合语义匹配要求的句法结构。而在对外汉语教学中，积极探求和发现汉语中这类语法意义和语法形式之间的简明对应关系，对我们的实际教学大有裨益，它将有助于帮助留学生深入理解汉语表层句法规则背后的内在决定因素，从而促使其在具体语言使用中表达得更为准确。

“才”“都”“了$_2$”的主观量度特征也构成了汉语主观量量度表达系统从低到高的一个连续统：

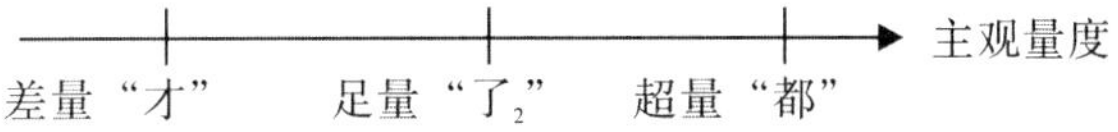

“才”“都”“了$_2$”分别代表了这个连续统上的几个量度节点，而每一个量度节点其实都是一类主观评注性词语的聚合，如在“差量”点有“刚”等词语，在“足量”点有“已经”等词语，在“超量”点有“早就”等词语。这些量度节点上的词语在和数量结构匹配时，也都表现出和量度标记词“才”“都”“了$_2$”基本一致的句法特征。

参考文献

陈小荷．主观量问题初探——初探副词“就”“才”“都”［J］．世界汉语教学，1994（4）．

董秀芳．“都”的指向目标及相关问题［J］．中国语文，2002（6）．

李宇明．汉语量范畴研究［M］．武汉：华中师范大学出版社，2000.

马真．现代汉语虚词研究方法论（修订本）［M］．北京：商务印书馆，2004.

彭小川，周芍．也谈“了$_2$”的语法意义［J］．学术交流，2005（1）．

任海波．“都”的语义功能与“都”字歧义句［J］．浙江大学学报（哲学社会科学版），1995（2）.

邵敬敏．对副词“才、就”语义的再认识［C］//汉语论丛（一）．上海：华东师范大学出版社，1990.

邵敬敏．从“才”看语义与句法的相互制约关系［J］．汉语学习，1997（3）．

邵敬敏．论汉语语法的语义双向选择性原则［J］．中国语言学报，1997（8）．

邵敬敏，饶春红．说“又”——兼论副词研究的方法［J］．语言教学与研究，1985（2）．

施关淦．试论时间副词“就”［C］//语法研究和探索（四）．北京：商务印书馆，1988.

王红．副词“都”的语法意义试析［J］．汉语学习，1999（6）．

王红．语气副词“都”的语义、语用分析［J］．暨南大学华文学院学报，2001（2）．

张莉莉．谈“都……了”句式的认知特点［J］．南京师大学报（社会科学版），2001（6）．

张谊生．名词的语义基础及功能转化与副词修饰名词［J］．语言教学与研究，1996（4）．

张谊生．现代汉语副词研究［M］．上海：学林出版社，2000.

张谊生．副词“都”的语法化与主观化［J］．徐州师范大学学报（哲学社会科学版），2005，31（1）．

周守晋．“主观量”的语义信息特征与“就”“才”的语义［J］．北京大学学报（哲学社会科学版），2004（3）．

（本文曾刊载于《世界汉语教学》2007 年第 1 期）

［作者简介］

胡建刚，副教授，博士，硕士生导师，华侨大学华文教育研究院/华文学院副院长，研究方向为现代汉语语法。原文发表时作者为暨南大学华文学院教师。

汉语口语交谈中的沉默现象

匡小荣

1 沉默及与沉默相关的几个概念

萨克斯（Sacks）认为，在口语交谈中，大多数情况下，在一段时间里，只有一人说话。虽然在一段时间里，两人或两人以上同时说话或无人说话的现象时有发生，但这是短暂的。① 国内一些学者将萨克斯所说的在一段时间里出现的两人或两人以上同时说话的现象称为重叠（overlap）现象，如李悦娥、范宏雅（2002），王得杏（1998）等；将萨克斯所说的无人说话的现象称为冷场现象，如李悦娥、范宏雅（2002），何兆熊（1989）等。本文要讨论的是在一段时间里无人说话的现象。我们认为，一段时间里无人说话并不只是冷场现象，还包括停顿、间隙和沉默现象。它们是四种性质不同的现象，产生的原因各不相同，不能笼统地归结为冷场。也有的学者将它们统统称为沉默（或静默），如杨平（1996）、宋莉（1998）、范志燕（2001）、李君文（2003）等。这就忽视了几种不同现象之间的界限，不利于人们准确理解一段时间里出现无人说话时所蕴含的各种意义。本文试图对它们加以区分。为了阐述的方便，我们将交谈中出现的无人说话的一段时间称为无语时段。也就是说，这种无语时段，根据其所产生的原因，可以区分为停顿、间隙、冷场和沉默四种现象。那么如何对它们进行区分呢？这需要运用萨克斯等人的话轮转换理论来解释。②

萨克斯等人的话轮转换理论是用以说明话轮转换的基本运作情况的。

---

① 参见王得杏．英语话语分析与跨文化交际［M］．北京：北京语言文化大学出版社，1998：154.

② 参见 SACKS H，SCHGLOFFEA，JEFFERSON G. A simplest systematics for the organization of turn - taking for conversation. Language，1974（50）：197 - 199.

根据这个理论，在任何一个可能的话轮转换处，[①]有以下规则可以使用，这些规则分为两大类：第一类是基本规则，第二类是基本规则的重新运用。

1.1 基本规则

在第一个话轮的第一个可能的话轮转换处，话轮的转换有三种可能：

规则一：如果当前的说话者在自己的话轮中选择了下一个说话者，那么当前的说话者必须停止说话，被选的说话者有权利和义务接过话轮，成为下一个说话者，其他人没有这个权利和义务。

规则二：如果当前的说话者在自己的话轮中没有选择下一个说话者，那么任何其他交谈参与者可以通过自我选择，主动成为下一个说话者。在这种情况下，第一个自选说话者有权利接过话轮。

规则三：如果当前的说话者在自己的话轮中没有选择下一个说话者，其他交谈参与者也没有进行自我选择，那么当前的说话者可以（但并非必须）继续说话。

1.2 运用规则

在第一个话轮的第一个可能的话轮转换处，如果上述规则一、二都不起作用，那么根据规则三，当前的说话者可以继续说话。如果当前的说话者确实继续说话了，那么在下一个可能的话轮转换处，规则一、二可以重新启用。这种规律可以循环不停地运用到任何下一个可能的话轮转换处，一直到话轮转换得以实现。

运用这个理论，我们可以对上述无语时段中的停顿、间隙、冷场和沉默四种现象分别加以解释。

（1）停顿。又名提顿，出现在一个话轮的内部，不涉及话轮转换的问题。在口语交谈中，说话者有意在自己话轮中的词语间、句子间造成语音上的停歇和断顿，以强调某一语意或形成某种语气，增强所要表达的思想感情。王德春（1987）给提顿下的定义是“辞格之一，为了强调语意，有意在两个成分之间作停顿”。关于这种话轮内部的停顿，许多语言学著作都有详细介绍，因而这里不再赘述。

---

① 萨克斯认为，正常的话轮转换发生在一个当前说话者话轮的可能结束之处（TRP）。之所以说话轮的可能结束之处，是因为不存在绝对的话轮结束之处。“正如 Sacks 所指出的，自选的说话人无法真正辨认正在说话的人话是否说完，因为任何人都可以在自己好像已经结束的话之后再加上一句甚至更多的话。”（见何兆熊．语用学概要［M］．上海：上海外语教育出版社，1989：219）由于一个话轮要表达一个完整的意义，而在汉语中能够表达一个完整意义的最小单位是句子，所以我们认为汉语中能够成为一个话轮的最小单位是句子。一个话轮可以只包含一个句子，也可以包含几个句子，但至少必须包含一个句子。因此，一个话论的可能结束之处只能出现在某个句子的终止位置，只有在一个句子的终止位置，话轮转换才能发生，故这个位置又叫可能的话轮转换处。

（2）间隙。间隙出现在对话轮转换规则一、二的运用之前。一种情况是，当前的说话者说完一轮话后，自选的说话者的话轮没有立即跟上，二者的话轮之间产生一段话语上的空白，待自选的说话者接上话后，这段空白也就消失了。另一种情况是，当前说话者的话轮到了可能的话轮转换处，但没有别人自选说话，于是，当前的说话者继续说话，在继续说话之前也会产生一段话语的空白。在这两种情况下，话语的空白也即交谈中的间隙，持续的时间都相当短，这是交谈中的一种非常普遍的现象。

（3）冷场。在交谈过程中的某个时段，如果话轮转换规则一、二、三都不被运用，这时就会出现冷场的局面。冷场通常跟话题的转换联系在一起，冷场往往标志着一个话题的结束，另一个话题的开始。一般说来，潜在的自选说话者如果对当前的话题感兴趣，有什么话想说，在规则一不被运用的情况下，他们会立即自选说话。否则，就会让人觉得在场的其他交谈者对这个话题没有更多要说的了。如果这种无人说话的时段持续到几倍于间隙时间的长度，这时就出现冷场。

（4）沉默。这种无语时段出现在对话轮转换规则一的运用之后。当前的说话者选择了下一个说话者，便退出话轮让位给被选定的说话者，但被选定的说话者并不说话，或过了一段时间才说话，这样就出现了一段无人说话的时间。我们把这种由于被选定的说话者不说话或延迟说话而产生的无语时段称为沉默。根据话轮转换规则一，当前说话者甲选择了下一个说话者乙后，被选择的对象乙就有权利和义务在甲的话轮结束后接过话轮，但乙这时却不说话，保持沉默，或沉默之后才说话。这里的沉默不是其他人的沉默，而是被选定说话人乙的沉默。话轮转换规则将话轮分配给被选定说话人乙，而乙却以沉默的形式接过话轮。既然沉默也是一个话轮，那么它也就能够表达各种交谈的意义。

在这四种无语时段中，间隙和冷场一般都不表达交谈的意义，只有停顿和沉默能够表达各种丰富的交谈意义，而停顿的意义已有许多学者做过深入的研究，因此，本文以下两部分将着重探讨沉默的意义及与沉默意义相关的几种社会因素。

2　沉默的意义

沉默是一种话语（包括体态语）的缺失，它是由“零符号”构成的。索绪尔（Saussure）在谈到这种沉默时说，为了表达某种思想，物质符号并非必不可少，因为语言并不能满足一切。[①]这段话表明：即使缺乏物质符号，由“零符号”构成的沉默

---

① 参见 DEBORAH SCHIFFRIN. The silent protest［M］//Approaches to discourse. Oxford：Blackwell，1994：7.

也能表达某种思想。正因为沉默具有这种表达思想意义的功能，话轮转换规则才能够将沉默分配给特定的交谈者作为其话轮。

当前说话人的话语与被其选择的下一话轮说话人的话语一起构成一个相邻对。[①]当前说话人的话语叫作相邻对的始发语，下一话轮说话人的话语叫作相邻对的应答语。始发语和应答语是相邻对的两个组成部分，分别由先后说话的两人接连发出，它们在语意上是相关的。始发语对应答语有制约作用，一定的始发语要求有一个恰当的应答语与之相配。

当前说话者选择下一个说话者所使用的方法多半是说出相邻对的始发语，然后停止说话，期待着对方即被选定对象说出相邻对的应答语。一般情况下，被选定对象都会很快作出反应。如果这种反应不出现或很迟才出现，也就是说，对方保持沉默或沉默之后才说话，那么当前说话者在对方的沉默阶段就会认为对方一定有什么特殊的理由才会保持沉默，从而去推断这种“特殊的理由”是什么，也就是推断对方的沉默所蕴含的意义。然而，沉默本身并不能显示自己的意义，对沉默意义的解读需要联系沉默前后话语的内容及其他语境。通过分析沉默前后话语的内容及其他语境，并在此基础上作出合理的推断，沉默的意义才能让人理解、明白。

沉默的常见意义如下：

第一，表示思考。在对一个相邻对的始发语作出反应之前，通过沉默来进行思考，特别是对一些复杂的问题作出回答之前，需要有一个构造思想、搜寻词语、组织句子的心理准备过程，这个思考的过程越长，沉默的时间也越长。这种沉默的后面通常有思考的结果，也即会对始发语作出反应。如：

（1）我万料不到她却说出这样的话来，诧异的站着。

“就是——”她走近两步，放低了声音，极秘密似的切切的说，“一个人死了之后，究竟有没有魂灵的？”

……

“也许有罢，——我想。”我于是吞吞吐吐的说。（鲁迅《祝福》）

面对祥林嫂突然提出的这样一个问题，“我”事先毫无思想准备，一时竟不知如何回答，于是陷入沉默，思考着该怎样回答她。“也许有罢”就是思考后的结果。

第二，表示将要给对方的始发语提供一个不满意的应答语。我们知道，有些相邻

---

① 参见王得杏．英语话语分析与跨文化交际［M］．北京：北京语言文化大学出版社，1998：159.

对的始发语和应答语比较固定，但更多的相邻对的始发语有数种不同的应答语，如始发语为邀请，应答语可以是接受，也可以是拒绝；始发语为请求，应答语可以是同意，也可以是不同意。这些不同的应答语具有不同的地位，有的是始发语的说话者满意的（preferred），如表示接受和同意的应答语；有的是始发语的说话者不满意的（dispreferred），如表示拒绝和不同意的应答语。答话者在说出不满意的应答语前常出现短暂的沉默。[①]如：

（2）村民：我准备办个电动碾米厂，想到乡信用社贷款两万块。村长，我想找你做我的担保人。

村长：（沉默片刻）让我考虑考虑吧。

这里，村民向村长提出一个请求，如果村长能够给村民一个满意的应答语的话，一般来说，他会迅速作出反应。可他并没有这样做，而是沉默之后，给人一个拖延的答复，显然这是一个不满意的应答语。在人际交往中，当别人提出一个请求，而自己不能满足对方时，为了不伤对方的面子，答话者不会马上直接拒绝对方，而是会沉默片刻，考虑如何使用更含蓄、委婉的方式来回答对方。

第三，表示默认、同意。有时交谈者对对方或对自己作出某种不利的或负面的评价、判断，如果对方不表示反对，保持沉默的话，可以认为这种沉默是一种默认、同意。如：

（3）父亲：平平，那个花瓶是你打掉的？

平平：……

父亲：打都打掉了，就算了，以后小心点，啊。

平平：唔。

通常情况下，交谈者对对方作出一个不利的或负面的评价、判断，如果与事实不符，那么，对方必定会申辩或反驳，假如他不申辩、不反驳，而是保持沉默的话，则表明这个评价或判断与事实相符，对方默认了这种评价或判断。上例平平的父亲作出一个判断，这个判断对平平来说是不利的，可平平没有表示反对，而是保持沉默，这说明他父亲的这个判断是事实，平平默认了这个事实。

---

① 参见王得杏. 英语话语分析与跨文化交际［M］. 北京：北京语言文化大学出版社，1998：164－166. 另见 LEVINSON S. Pragmatics［M］. Cambridge：Cambridge University Press，1983：334.

例（3）是交谈者对对方作了一个负面的判断，我们再看一个交谈者对自己作负面评价、判断的例子：

（4）女同事：小孙，今天是最后期限了，快把材料交过来吧。

男同事：抱歉，我这人很贪玩，办事拖拉，总是不能按时完成任务。

女同事：（沉默）

男同事：这两天我抓紧时间把材料赶出来。

女同事：那好吧，只有这样了，你后天交给我。

例（4）的男同事对自己作了一个负面评价“很贪玩，办事拖拉”，女同事保持沉默，表示认同男同事的这一评价。

第四，表示置之不理。交谈的一方提出一个问题或一项要求等，另一方保持沉默，有时是表示置之不理。如：

（5）应尔康：你不招出指使的人来，痛苦有得吃的！

郁丽丽：……（于伶《夜光杯》）

又如：

（6）（某火车站售票厅问讯处）

乘客：请问，到上海的火车几点开？

服务员：（正看着小说，沉默）

乘客：喂，到上海的火车几点开？

服务员：外边墙上不是有吗？自己看去。

以上两例，问话者都迫切需要得到对方的回答，但对方却保持沉默，不予回答，对问话者的话语不理不睬。这种沉默其实就是无视交谈另一方的存在，用无声的语言来向对方表明自己不屑于或不愿回答对方的问题。

第五，表示不知道怎么回答。当交谈的一方提出一个测试性的问题，而答话者又不知道其答案时，答话者有时会保持沉默。

（7）兰兰：妈妈，我们今天数学课上学了乘法口诀表。

妈妈：好哇，学了乘法表就更会算数了。兰兰，我现在就考你一个问题，九三是多少？

兰兰：（看着妈妈，沉默）

妈妈：九三就是九个三，也就是三个九，三九是多少？

兰兰：三九二十七。妈妈，我只会五以前的，五以后的我们还没有学。

该例兰兰的沉默表示她不知道问题的答案，而不表示她在思考，因为后面她说了还没有学。这种沉默在一些正式场合的交谈中也常出现。如课堂上，当老师向学生提出一个问题，而学生不知道怎么回答时，学生也往往保持沉默。

第六，用于自我修正时。一般来说，修正机制强烈地倾向于选用主动修正和自我修正而不是别人修正。① 也就是说，自我修正优先于他人修正，当听话者发现说话者的话轮中有问题时，有时并不马上给予修正，而是保持沉默，让说话者自己去发现问题，并修正问题。如：

（8）甲：这位太太，请问123路公交车车站在哪儿？

乙：（沉默）

甲：（看清乙后）对不起，这位小姐，请问123路公交车车站在哪儿？

乙：从这儿往前走，在路口上拐个弯就到了。

这里甲误将小姐乙说成太太，乙自然不高兴，不愿意回答甲的问题，因此保持沉默。直至甲意识到自己的错误并改正错误后乙才回答甲。

例（9）是发生在一所医学院里的电话交谈，基础部的甲打电话去寄生虫教研室找乙，甲错误地把寄生虫教研室简称为“寄生虫”，接电话者听到后，不想回答，故保持沉默。

（9）甲：喂，是寄生虫吗？

乙：（沉默）

甲：是寄生虫教研室吗？

乙：对呀，你找谁？

---

① 参见王得杏．英语话语分析与跨文化交际［M］．北京：北京语言文化大学出版社，1998：177.

这里，把“寄生虫教研室”说成“寄生虫”的错误对乙来说是很明显的，他不想马上回答。如果回答“是”，岂不承认自己是寄生虫？如果回答“不是”，他又怕对方会挂断电话，这样就有可能影响某事项的传达。因此，乙保持沉默，有意让甲自己修正错误后才作出回答。

第七，表示不便回答。当交谈的一方提出的问题让对方感到为难，不便回答时，对方常常保持沉默，不予回答。如：

（10）丁壮壮的心渐渐凉了下来：“你这样动感情，大概不仅仅对孩子吧？”

罗明艳咬紧了嘴唇，未置可否。

“他对你说了很多话？”

“没有，走的时候，留了一封信。”（水运宪《雷暴》）

在这个例子里，丁壮壮的第一句问话使罗明艳感到为难、不便回答，因而她保持沉默，不作回答。在平时的交谈中，类似这样的沉默很多。如当有人问及一个人（尤其是女性）的年龄、婚姻状况或工资收入时，不想回答该类问题的人常常会保持沉默，以此向对方表示，这是个人隐私，没必要让对方知道。

第八，表示未理解对方所说的话语。如果答话者没有理解发话者的话语，他就无法作出回答，在这种情况下，答话者有时会出现沉默，希望对方作进一步的解释。如：

（11）（一位新生跟一位老生聊天）

新生：你知道你们这一级研究生中谁是从“西师”考过来的吗？

老生：（望着新生，沉默）

新生：就是从西南师大考过来的。

老生：噢，从西南师大考过来的，隔壁的小项就是。我刚才不明白你讲的“西师”是什么意思。

新生：这是我们那边的简称，说惯了。

“西师”一词，地方色彩很浓，只能在特定的人群中使用，当它超出一定的使用范围时，它的意义就不能被人理解。因为答话者不知其所云，故而无法对它作出回答，只好保持沉默。

第九，表示惊奇、莫名其妙。这种沉默常出现在始发语为招呼语之后。当交谈的一方向另一方打招呼，可另一方却并不认识对方时，另一方往往会由于感到奇怪而保持沉默。如：

（12）小李：小于！

小于：……

小李：你不认识我，是吧？我叫李元元，三年级二班的，咱们是邻居呀？

小于：噢，就是上学期搬来的那家？

小李：是的。（吴志宵《汉语会话》）

这里小于一开始由于不认识小李或对小李不熟悉，因而对小李的招呼语感到好奇，只好以沉默来回应小李。等小李作了自我介绍，小于明白过来后，才跟小李接上话。与此相类似的情况还有，如甲和乙本来并不认识，但甲却因为乙的相貌同他所认识的丙的相貌相像，就错把乙当成丙而向乙打招呼，可乙发现自己并不认识甲，对甲的招呼语感到惊奇，所以乙有可能不作反应，保持沉默。另一种类似的情况是，甲和乙原本相识，若干年后，一方或双方发生了较大变化，其中一方还能认出另一方，但另一方却已认不出对方，认不出对方的一方很可能在对方跟自己打招呼时感到奇怪，陷入沉默，直至认出对方后才会作出反应。

第十，表示揣测、琢磨对方话语的意思。如：

（13）甲：张老师，请你再出个谜语给我猜。

乙：好，下面这个是字谜。“一只狗，真少有，头上长了两张口。”是什么字？

甲：（沉默片刻）猜出来了，是个“哭”字。

乙：对，是“哭”字。

表示这种意义的沉默跟前面第一种表示思考如何回答对方的沉默有一定的相似之处，交谈者在这两种沉默中都要动脑筋，思考问题。但二者又有所不同，前者思考的重点在对方的话语，目的在于弄懂、理解对方的话语；而后者的思考重点在自己用于回答的话语上，其目的是如何才能更好地回答对方。

第十一，表示不同意、不赞成。当交谈的一方提出一项建议、请求或作出一个邀请，希望得到对方肯定、正面的回答时，对方却默不作声。这时对方的沉默多半表示不同意、不赞成或不愿意。如：

(14)(乙刚走进寝室)

甲:今天是星期六,我建议我们寝室每人凑三十块钱到外边餐馆去吃一顿,其他人都同意了,你呢?

乙:……

此例中,甲希望乙也同意他的建议,因而他迫切需要得到乙肯定、正面的回答,然而,乙却不回答,保持沉默。显然,这种沉默表明乙不赞成、不同意这么做。

第十二,表示不知该说什么或没有心情说。在某些环境下,交谈者由于过分激动、愤怒、痛苦、悲伤、失望、疑虑等,面对对方的话语,自己一时不知说什么好,或没有心情说,便以沉默相待。如:

(15)"你原来这么大了,竟还没有出过疹子?"他遇到什么奇迹似的,惊奇地问。

"……"

"你自己是不会记得的。须得问母亲才知道。"

"……"

"母亲又不在这里。竟没有出过疹子。哈哈哈!"(鲁迅《弟兄》)

这里的沉默,体现出主人公对自己病情的焦虑,希望与失望等多种感情交织在一起,一时竟不知说什么好。又如:

(16)(某家庭,妻子和丈夫正在气头上,谁也不讲话)

男人气愤地坐在一旁抽烟。

女儿云霞像旋风一样刮了进来。

女儿:爸!妈!

(男人和女人都无语。云霞愣愣地站在那里)

(话剧小品《真爱无言》,《剧本》2002 年第 2 期)

这里,男人和女人对女儿的称呼保持沉默,是由于他们都在气头上,谁都不想说话,也没有心情说话。

从沉默所表达的上述各种意义中可以看出,沉默并不是话语的缺失,而是另一种表达思想的话轮方式,包含着极其丰富的意义。这些具体的意义,需要交谈者在一定的语境中通过推断才能获得。可以说,语境和推断是沉默的意义所依赖的两个条件,它们紧密地联系在一起，交谈现场的语境为交谈者合理地推断沉默的意义提供了依据。

3 影响沉默意义的几种因素

美国作家和哲学家亨利·戴维（Henry David）曾经说过，人类交往的不幸，并不在于对话语的误解，而在于对沉默的不理解。①可见，理解沉默的意义对于人类交往的重要性。成功的交谈不仅需要理解语言所表达的意义，也需要理解沉默所表达的意义。前面我们讲到理解沉默的意义需要联系沉默前后的话语内容及其他语境。在这一部分，我们简单地谈谈语境中跟沉默相关的、影响沉默意义的一些常见的因素。

3.1 交谈者之间的关系

交谈者之间关系的亲疏好坏常常会影响沉默的意义，如陌生人之间的沉默常常表示置之不理。这种情况我们在日常生活中经常碰到。有时，在大街上，一个人向另一个人询问问题，由于彼此不认识，被问的人心存戒备，对对方的询问不作回答，保持沉默。显然这里的沉默是置之不理的意思。还有，当我们去逛某些市场时，许多商贩纷纷要求我们购买他们的产品，由于我们并不认识他们，也不可能对他们的要求一一作出回应，因此我们可能会沉默不语、旁若无人。这里的沉默同样也表示置之不理。而关系亲密、熟悉的交谈者之间，如朋友之间、同事之间、家人之间在正常的交谈状态下假使出现沉默，这种沉默不大可能表示置之不理。熟人之间表置之不理的沉默一般出现在这几种情况下：大人和小孩之间谈话，如果小孩对大人的问话不感兴趣或感到厌烦，小孩就以沉默相对，对大人的问话充耳不闻；同样，如果小孩喋喋不休，没完没了地说话，而大人感到厌烦，大人也会沉默，不理会小孩；熟悉的成人之间如果闹了矛盾，有一方不开心，也会出现这种表置之不理的沉默。

3.2 交谈的场合

交谈的场合对理解沉默的意义也有一定的参照作用。如在医院，我们经常可以看到患者的一些亲戚或朋友在跟患者说话，但患者却沉默不语，这种沉默大多表示患者对自己病情的焦虑、担心等。在一些招聘的场合，招聘人向应聘人介绍了其单位的情况后，问应聘人愿不愿意受聘到其单位，如果应聘人沉默了一阵才说出一些态度不是很坚决的话，那么这里的沉默便表示应聘人不是很愿意受聘到对方单位。同一场合的

① 参见 DEBORAH SCHIFFRIN. The silent protest［M］//Approaches to discourse. Oxford：Blackwell，1994：7.

沉默，也有不确定的一面，如在某些谈判的场合，当一方提出某些条件或要求，另一方保持沉默时，这种沉默可能表示作出反应之前的思考，也可能表示无声的抗拒，即无法满足对方的条件或要求。再如，在法庭上证人作证时的沉默，一方面，法庭要求证人证词内容必须客观、真实，这就需要证人慎重对待，三思而后言，这时的沉默可理解为认真思考；另一方面，陪审团却常常要求证人立即回答，长时间的思考、沉默会被认为是在编造情节和作假供词。

3.3 沉默持续时间的长短

沉默持续时间的长短也能反映出沉默所表达意义的倾向，有的沉默，答话者一直持续下去，直至对方再次说话为止，这种沉默更多地倾向于表示置之不理、默认、不便回答以及不知道怎么回答等；而有的沉默，只持续很短的时间，随后，答话者便开始作出反应，这种沉默更倾向于表示思考或将要给对方一个不满意的应答语或表示惊奇、揣测和琢磨对方话语的意思等。沉默时间的长短也能反映沉默者的心理活动过程，如面试时，考生回答考官的提问，考生一般允许有适当的思考时间，短暂的沉默是考官能够接受的，也是很正常的现象，但是长时间的沉默会令人尴尬，使现场气氛变得紧张，让考官认为考生不知道怎么回答，从而给考官留下考生反应迟钝、思维不够敏捷、缺乏应变能力等印象。教师的课堂提问也是这样，学生沉默时间短，表明学生在思考；学生沉默时间长，则表明学生不知道怎么回答。

3.4 民族差异

沉默现象在各个民族的口语交谈中都存在，由于语言和文化上的差异，不同的民族对沉默的使用、对沉默含义的理解都存在差异。如一位男士向一位女士求婚，男士说："请你嫁给我，好吗?"女士保持沉默。对这里的沉默，西方人会理解为不同意，而东方人正好相反，如中国人、日本人则会理解为同意。又如，在菲律宾，有人家里的冰箱、电视机或管道坏了，需要修理，他打电话给修理工，如果修理工沉默了一会儿之后，说一定会来修理。这时他就会打电话请别的修理工，因为他知道，在菲律宾，修理工沉默了一阵才说会来的话，是表示绝对不会来。修理工说会来是因为他不希望对顾客表示不友好，出于礼貌，口头上说一定会来，其实，此前的沉默已暗示他不会来。而在别的国家，如我国，如果修理工说了一定会来的话，顾客一般也都会认为他会来，即使修理工说话前有沉默，顾客也会认为修理工是在考虑有没有时间，合适不合适，沉默之后说了会来，人们便认为他真的会来。如果不了解沉默的这种民族差异性，不同民族在交往时就不能正确地理解沉默的意义，这难免给人们的工作、生活带来麻烦。可见，沉默虽是交谈中的一种普遍现象，包含了广泛的意义内容，但它也能反映特定的社会文化背景，体现富有民族特色的社会心理和价值观念。

此外，交谈者的个人因素，如年龄、性别、社会地位等，也对沉默的使用和理解有影响。如面对长辈的批评、指责，晚辈保持沉默，表示接受长辈的批评意见。社会地位高的人批评社会地位低的人，地位低的人沉默，也表示接受批评；而反过来，假如地位高的人对地位低的人的话语不作回答，保持沉默，则表示置之不理、摆架子等意思。在有的国家，性别差异也影响沉默的使用和理解，如在日本，妻子对丈夫的指责应保持沉默，表示顺从。另外，每个人都在社会上扮演多种角色，如乘客、顾客、职员、丈夫、父亲、儿子等，不同的角色社会要求其采用与之相应的规约的行为模式，从而也影响到人们对沉默的使用和理解。

参考文献

范志燕．沉默　言语　交际［J］．山东师大外国语学院学报，2001（1）．

何兆熊．语用学概要［M］．上海：上海外语教育出版社，1989.

李君文．非言语交际的跨文化差异——“沉默”的文化涵义对比［J］．漳州职业大学学报，2003（1）．

李悦娥，范宏雅．话语分析［M］．上海：上海外语教育出版社，2002.

宋莉．沉默中的不同“声音”——静默语之跨文化分析［J］．外语学刊（黑龙江大学学报），1998（1）．

王德春．修辞学辞典［M］．杭州：浙江教育出版社，1987.

王得杏．英语话语分析与跨文化交际［M］．北京：北京语言文化大学出版社，1998.

杨平．“沉默”的语用功能和文化内涵［J］．山东外语教学，1996（2）．

（本文曾刊载于《语言教学与研究》2007 年第 6 期）

［作者简介］

匡小荣，暨南大学华文学院副教授，文学博士，主要从事对外汉语、华文教育、汉语修辞学研究。

影响词语跨体使用的四个维度考察[①]

邵长超

1 引言

从认知学角度来讲，人们在认识世界时并非被动接受，“而是根据客观事物的特性，采取整理、分析、判断等方法对认识事物进行归纳和分类。这种主客观相互作用对事物进行分类的过程即范畴化的过程”（赵艳芳，2001：55）。语体是语言运用的功能样式，是适应不同题旨情景需要所形成的一系列语言运用特点的综合，是人们对不同情境语言使用特点的归纳和总结。因此语体的分类也可以看作一个范畴化的过程。

若一种语体属于一个范畴，那么在这一语体范畴内，风格特征由范畴内部词语的风格特征共同表现。范畴内词语也必须遵守语体的风格约定，这样语体范畴的特征才得以表现、确定，并具备稳定性。

但范畴的边界又具有模糊性，在边缘上会与其他范畴交叉。因此不同语体之间又会出现彼此关联、交叉渗透的情况。词语跨体在本质上就是不同范畴词语的互相渗透。本文将词语跨体使用的情况，放在范畴理论的框架下考察，希望能提供解读语体内部联系的新视角。

2 词语跨体概念的限定及相关研究动态

2.1 词语跨体概念的限定

所谓词语跨体，顾名思义就是为了达到某种特定的表达效果，将原本属于某一语体的专用或常用词语使用到另一语体的表达中。

依据认知心理学的理论，人们在认知某一个事物时，并不是将整个事物的所有特

① 本文得到国家社科基金项目“现代汉语辞格语料库建设研究”（11BYY090）、2012“中央高校基本科研业务费专项资金”和暨南大学华文学院“校区科研起步计划”经费资助。

点予以显示，而是根据自己的经验或现场情景等因素的提示，将事物的某一部分、某一侧面特征凸显，通过了解某一个侧面特征，进而形成对整个事物的印象。

跨体产生的义项多与常用的概念义不相符。词语跨体使用时，不考虑整体形态与属性，而将某一侧面放大，利用侧面的意象引发联想，实现语义嫁接，满足交际的需要。这种抛开整体、凸显侧面的语言手段，会产生陌生化、形象化的效果。凸显的部分自然成为语义表达和认知的重心。

（1）“和平使命—2012”军演亮点盘点（《解放军报》，2012年6月18日）

（2）他猛然想起巧珍来，心顿时像刀割一样疼痛，情绪一下子从沸点降到冰点。（路遥《人生》）

例（1）中“盘点”是指定期或临时对库存商品的实际数量进行清查、清点的作业。我们对“盘点”的本义和跨体意义进行义素分析可以得出：

盘点1（本义义素）：[+库存商品]　[+清查]　[+核对]　[+掌握情况]

盘点2（跨体义素）：[+军演亮点]　[+清查]　[+核对]　[+掌握情况]

通过词语跨体，将经济专用词用于新闻语体中，保留“盘点”本义的大部分义素，替换个别义素。实现义素替换的“盘点2”可以更好地表现出军演的特点，与“回顾、总结、审视”这类词语相比较，“盘点2”更具表达优势。

例（2）中“沸点”“冰点”为科技语体词，义素分析为：

沸点：[+液体]　[+因热沸腾]　[+温度达到100摄氏度]

冰点：[+液体]　[+因冷凝固]　[+温度达到0摄氏度]

和例（1）有所不同，它是通过跨体借用词语义素中的某一个义素来覆盖词义。凸显[+因热沸腾][+因冷凝固]这两个抽取出的义素，简洁形象地表现了心情的极端变化。若不跨用，而是寻找文艺语体词，则一方面难以简洁表达，另一方面也较难收到新颖、形象的效果。

词语跨体使用通常是由语体词本身所携带的义项与另一语体范畴的意义表达空位相比对，建立共性连接，进而进入这一范畴。因跨体词语携带填补这一空位的某些意义特征，从而可以为语境所接受，通过某一共性关系实现认知转嫁。由于不同语体范畴之间词语风格差异较大，因此词语跨用往往带来表达效果的新颖性、创新性，并使文本表现出活跃的生命力。在话语组合上，能突破规则实现跨语域组合，凸显事物的临时义项，模糊事物边界，寻求一种艺术美。

2.2 相关研究动态

目前对词语跨体现象进行研究的成果较少，主要有袁晖（2004）、张礼（2008）等，对不同语体词语的表达特点进行归纳总结，确立了语体词的概念、分类以及对文本表达的影响。“所谓语体词是对言语成品进行语体切分的最后结果，是对言语成品进行语体分析的最小单位。语体词是某语体专用和常用的词语。如：‘苦寒、疾驰、芬芳、绚烂、荡漾、萦绕’等，就只用于文艺语体。‘转发、批复、备案、会签、议决、商调’等就只用于公文语体。”（袁晖，2004）

语体词依附于特定的语体，在语境条件没有充分具备的情况下，任意脱离语体规约的情况都会造成交际的障碍或表达混乱，但词语跨体使用并非无规律可循。王占馥（2008）分析了跨体的形式，并阐释了其形成原因；李琳（2011）探讨了词语跨体后带来的词义和表达效果的变化，并从概念整合的角度探讨跨体原理。但是他们大都侧重从跨体现象产生的外部原因进行分析。周芸（2003、2006）研究了跨文体写作对语体认知的影响，从认知、语境、语用、功能角度对诗歌、散文、小说创作中的跨体式语言进行了阐释和总结，文章主要以文体与语体的关系为立足点，研究对象仅限于文艺语体。

3 词语跨体实现的形式

3.1 填补表达空位

客观世界具有多元性，思维具有多维性。如果固守一种思维形式，就无法展现多姿多彩的语言和心理世界。对于某一语体及其语体词，我们在表达时已经形成了较为固定的认知图式。有时单纯依靠专属语体词和通用成分并不能实现表达特定意义的效果，特别是在追求语言的新颖性和表现张力方面。因此词语表达产生心理空位，进而需要借助其他语体的专属词语来填补语言空位。词语跨用也体现了功能交际过程中意义建构与解构的经济性原则。

（3）“希腊噩梦”萦绕　欧美股指一朝回到年初（《第一财经日报》，2012 年 5 月 21 日）

（4）十条意见力促白下发展“加速度”（《南京日报》，2008 年 12 月 22 日）

例（3）中的“萦绕”在《现代汉语词典》[1] 中的解释是“盘旋往复”，此处用在经济新闻中，强化［＋反复出现］的义素特征。对希腊经济危机拖累欧洲经济进行形象描绘，且富于艺术美感的词语“萦绕”和“希腊噩梦”搭配形成鲜明的表达效果，易于读者形成直观感受。

“加速度”，物理学术语，指速度变化量与发生这一变化所用时间的比值，是表示物体速度快慢的物理量。义素分析为：

加速度：［＋物体］［＋速度变化］［＋比值］

在此跨用，凸显［＋速度变化］这一义项，指出十条意见对白下经济发展的促进作用。

3.2 通过转喻、隐喻实现意义相关

转喻和隐喻是认知模式的两种基本类型，二者都以经验为理据。前者是利用两个相关认识域的接近和关联性，将人类的感知由显著度高的认知域转向显著度低的认知域，后者是由一个认知域投射到另一个认知域。二者是实现联想和想象的重要推力，是实现委婉间接、形象生动、言简意赅语用效果的主要手段。部分语体词经过隐喻、转喻已经由一种专有语体词过渡成为语体间的通用词语。

（5）林志玲《幸福额度》：大消费时代的小爱情（《湖南电视报》，2011 年 10 月 26 日）

（6）幼儿教育：“小学化”透支童年（《光明日报》，2011 年 9 月 8 日）

“额度”为金融业术语，是指贷方在没有提供财物担保的情况下可向借方所借贷的金额。义素分析为：

额度：［＋商业行为］　［＋借贷］　［＋无抵押］　［＋最高可支配量］

“幸福”是一个抽象的概念，“额度”和“幸福”搭配，抽取义素［＋最高可支配量］从主观上对“幸福”进行量化，可以产生抽象概念具体化的效果。

“透支”是指银行允许其存款户在事先约定的限额内，超过存款余额支用款项的一种放款形式。

透支：［＋金融业务］　［＋事先约定］　［＋超出限额］

“透支”和“童年”搭配，利用义素［＋超出限额］填补了单一语体词语意义表

---

① 中国社会科学院语言研究所．现代汉语词典［Z］．5 版．北京：商务印书馆，2005.

达时出现的空位，言简意赅，形象地表现了各地幼儿园教育不顾儿童成长的规律盲目赶超的现象。

值得注意的是，“透支”的词汇意义已被泛化，由一个使用域过渡到其他，由科技词语逐渐过渡成为通用词语。利用义素［＋超出限额］亦可用来比喻精神、体力过度消耗，超过所能承受的程度。另外如“关节”“节点”“拐点”“内存”“单飞”“推手”等更多词语都有使用范围扩大化的趋势。

3.3　通过激活语境意义实现意义相关

词语跨体现象一般在上下文语境、情境语境或社会文化背景语境的提示下出现，不会脱离相关语境。在交际过程中，表达者的信息激活了接受者的语言认知，使其对语言信息作出反应，接受需要的信息，抑制不需要的信息，从而构建基于自身的语言环境。在语境的充分提示下，词语跨体使用，能达到既陌生又熟悉的效果。

（7）如果静秋是导演，如果要她来给欢欢的三爹分配一个角色，她就要分派他演那个林育生，因为他的长相不革命，不武装，很小资产阶级。（艾米《山楂树之恋》）

“革命”“武装”“小资产阶级”均为政论语体词，超常跨用形容相貌，让人始料未及。但是我们通过前后语境和政论词语字面义表达出的整体意象可以构拟出：欢欢三爹的长相没有气质，没有威严，小头小脑。作者通过具体语境的衬托，引发读者想象，瞬时把人物形象刻画得栩栩如生，跃然纸上。当然理解文本人物形象刻画的前提条件是接受者本身通过自己的知识储备能够正确理解抽象词语“革命”“武装”“小资产阶级”。

4　影响词语跨体使用的四个维度

词语跨体使用，利于表现丰富的情感和语言张力，利于增加形象、新颖的情趣，利于从貌似不协调的表象中引发联想。词语跨体能否成功，涉及表达者和接受者双方社会文化背景、心理以及现实语境等多方面因素。

综合前面的分析，我们还可以把词语跨体使用的现象放在范畴理论的框架中考察。

首先，词语跨体实现的前提条件必须是由原范畴进入对象范畴。

其次，在不借助原范畴词语的情况下，对象范畴内部的词语难以取得良好的表达效果，出现表达空位。

再次，对象范畴并非借助原范畴词语的全部特征，而是凸显部分侧面特征，达到既陌生又形象的表达效果。

最后，原范畴的词语必须在具体语境的伴随下进入对象范畴，实现意义相关，完成跨体。

我们可以把上面四点归结为语体词跨体使用的四个维度：①范畴成员的相似度；②语体表达的空位度；③侧面特征的凸显度；④语境的提示度。以此为基本参数，对跨体现象展开科学的量化分析，并探讨量度改变时表达的效度问题。

4.1 范畴成员的相似度

某一语体范畴内部，其原型和边缘成员之间具有程度不等的相似性。边缘成员又有相对的独立性，能够和其他语体范畴的边缘成员形成另一范畴。这就使语体范畴之间拓展为一种相互交叉、存在交集的关系。边缘成员参与的交集越多，甚至可以通用于几个范畴时，它自身在某一个范畴中的相似度就会降低，接受者对其认知度也随之降低，侧面凸显的能力就会变弱，语义的清晰度受到影响，有时会产生误解，所以表达效果就差。

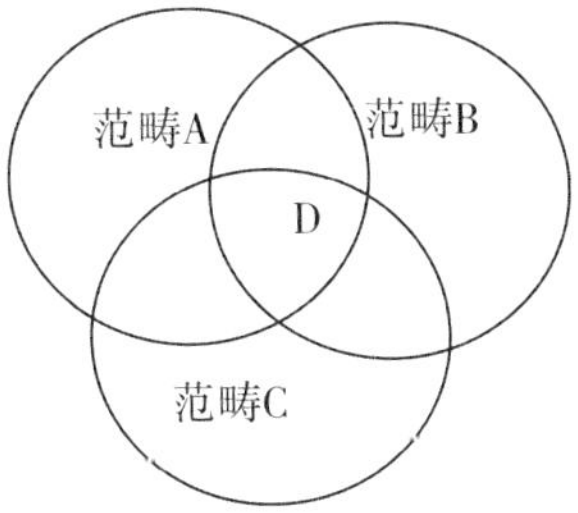

图1　范畴成员的相似度

如图1所示，在A、B、C某一范畴内部D部分词语具有最低的共性值和相似度，但是A和D、B和D、C和D属于同一范畴，也就是说D在A、B、C三个范畴内分别表现为不同的形式与意义。作为通用成分，词义变得模糊，具有多个义项，整体感知度较低。且通行于几个范畴，语体词跨体后新颖系数较低。

交集部分D的范围越大，不同范畴之间的差异就越小，词语D就更容易通行于各个范畴，跨体能力就越强，但是新颖性就会降低。而且范畴之间差异小，不利于心理表达空位和语言空位的产生，因此效果就越差。反之，跨体的效果就好。

我们把 D 在范畴 A 的义项命名为 D_A，把 D 在范畴 B 的义项命名为 D_B，把 D 在范畴 C 的义项命名为 D_C。那么，如果通过通用成分 D 实现跨体，必须是：

D_A 进入范畴 B 或 C　　　　D_B 进入范畴 A 或 C　　　　D_C 进入范畴 A 或 B

例如：泡沫，通用义项是聚在一起的许多小泡。专用成分是作为经济学术语，如泡沫经济。只有后者进入其他语体时，才看作跨体。

（8）伊朗"上火"，宣称要建造航母（《东方早报》，2011 年 9 月 30 日）

（9）华为无奈"压强"何？（《上海证券报》，2007 年 11 月 30 日）

"上火"用于口语语体，口语语体与书面语体差别较大。因此，跨体后新颖性、形象性较强。"上火"义素分析：

上火：[+ 人体]　　[+ 阴阳失衡]　　[+ 内热]

通过义素分析，"上火"是由 [+ 内热] 引起，将"伊朗"和"人体"相比对，实现认知嫁接，引申出"需祛火治疗"的观点。

"压强"义素分析：

压强：[+ 物理量]　　[+ 压力]　　[+ 作用于单位面积]

此处抽取 [+ 压力] 的义素实现跨体。物理学术语的义项与华为公司面临艰难处境的形象建立链接。但意义和形象链接后表达效果的好坏，还取决于语境提示程度等其他参数。下面会作具体论述。

4.2　语体表达的空位度

在语言表达时，如果仅仅使用某一语体的专属词语或通用词语，有时难以达到特定效果，出现语体表达空位。这时需要引进其他语体范畴的成员进行填补。空位度越高，跨体使用的可能性就越强。跨体成分作为一种异质成分来填补空位时，接受者会结合具体的语言环境和自身的认知经验进行体验和联想，接受者的认知度就会提高。如果能激活接受者原有的知识经验，表达效果会增强。反之，效果就差。

（10）学生实践经历"零存整取"（《新华日报》，2008 年 9 月 2 日）

（11）教育策划为学校发展"开处方"（《中国教育报》，2007 年 11 月 6 日）

"零存整取"是银行定期储蓄的一种基本类型，即为储户在存款时约定存期，一次或按期分次存入本金，整笔或分期、分次支取本金或利息的一种储蓄方式。处方即医生给患者开的药方。

例（10）、例（11）可以分析为：

零存整取：[+ 定期储蓄]　[+ 每月定存]　[+ 到期支付]

处方：[+ 医生开出]　[+ 治疗病症]　[+ 用药说明]

“零”“整”和“存”“取”借用于指称学生实践的方式，希望学生在平时的实践中重视积累，厚积薄发。四个字言简意赅、形象生动地展示了如何处理实践活动的问题。“处方”则借用[+ 治疗病症]的义素指出学校发展存在的“病症”，并提供解决办法。跨体借用后，词语在语言表达上会清新脱俗、不落窠臼。

4.3 侧面特征的凸显度

突出事物的某一特征，用侧面来表现整体。既可以实现特定的交际目的，又能取得理想的表达效果。侧面特征的凸显度较高，部分特征具有代替本体的能力，对词语整体感知的模糊性降低，认知度会相对提高。接受者会结合自身的经验来发掘语言表现的张力，容易引发联想和想象。词语跨体能力增强，表达效果就会增强。词语跨体借用有时不仅会凸显借用义素，而且会凸显跨体词语的字面意义。

（12）鸡冠区改造城中村扩张“内存”（《黑龙江日报》，2012 年 4 月 19 日）

（13）本色铂金，套牢婚姻（《中国黄金报》，2006 年 9 月 26 日）

“内存”是计算机专业术语。“套牢”原为金融股市术语，是指进行股票交易时所遭遇的交易风险。

例（12）、例（13）我们可以采用义素分析法分析为：

内存：[+ 计算机部件]　[+ 存储信息空间]　[+ 影响运行速度]

套牢：[+ 股市交易]　[+ 误判形势]　[+ 遭受损失]

“内存”抽取[+ 存储信息空间]这一义素，凸显城中村改造后城区容量扩大这一特征。“套牢”在此借用而非抽取词语的部分义素，也并非进行部分义素替换，而是凸显词语的字面意义，借用后的含义和原义缺乏内在联系。“套牢婚姻”不是“婚姻遭遇危机”，而是凸显“牢牢把握住婚姻”之字面义。

4.4 语境的提示度

词语能否跨体受到语境的制约，脱离语境的跨体只能带来语言歧义和交际障碍。可以说语境伴随着词语跨体的全过程。语境的提示度主要表现在词语包含的信息量、信息表达者和接受者建构解构的素质是否对等等方面。语境必须和跨体词语相兼容，且能够释放出足够的信息量让接受者认知。语境中提供的信息量越大，提示程度越高，词语跨体使用才有可能被接受和正确认知。同时接受者的素质能力、社会经验、认知水平也决定着词语跨体的成败。如果接受者的认知经验和跨体词语的具体含义不匹配，就会导致歧义现象的发生，或是引起错误的联想。

语境的提示度越高，词语的模糊性就越低，认知度就越高，词语表达的含义就更容易被接受者正确认知和理解，表达的效果就会越好。

（14）同花顺布局经销网络　股票软件市场升温（《证券日报》，2008 年 10 月 23 日）

（15）浙江金华因地制宜巧打“花牌”（《新农村商报》，2010 年 5 月 5 日）

（16）静谧性凸显　长安悦翔持续热销（《中国高新技术产业导报》，2009 年 6 月 29 日）

例（14）至例（16）中，若要准确理解话语含义，必须对词语“同花顺、花牌”以及文学艺术词语“静谧”有准确的理解。如果跨体使用的词语不为接受者所理解，以及前后语境中无法提供更多的解释信息，就会对接受者产生理解障碍或信息误导。

通过分析，我们了解到四个维度在语体词跨体使用中的意义和作用。但是上述四个维度之间并非不分主次、互不相关，而是一个相互联系的有机整体。

在四个维度中，以维度一为基础与核心，语体词跨体必须在两个范畴之间进行。语体词属于同一范畴或是范畴间相似度高，跨体表达就失去了意义，无法带来良好的表达效果。维度二和维度三在维度一的基础上衍生。不同语体有着不同的表达风格与特点，正是表达空位的出现和凸显侧面特征的需要，才使得对象范畴向原范畴借词。维度四伴随整个跨体过程，维度一、维度二和维度三必须在维度四的正确提示下才能进行，特别是基于双方经验的社会文化背景语境的提示。

5　结论

结合上述分析，四个维度和词语跨体使用的关系，可以用表 1 说明：

表1　四个维度和词语跨体使用的关系（+表示程度增强，-表示程度减弱）

	模糊性	认知度	跨体能力	表达效果
A 侧面特征凸显度（+）	-	+	+	+
B 范畴成员相似度（+）	+	-	+	-
C 语体表达空位度（+）	-	+	+	+/-
D 语境提示度（+）	-	+	+/-	+

由此我们可以得出结论：

（1）词语的侧面特征凸显度高，接受者的认知度就高，利于跨体的实现和表达效果的提高。范畴成员相似度高，范畴之间的差异就小，跨体就会更容易实现，但表达效果特别是新颖度就会降低。空位度提高使得认知度和跨体能力提高，但是空位度并不能直接影响到表达效果。语境提示度决定认知度和表达效果，但是不能决定跨体能力的强弱。

（2）词语跨体的认知度受到特征凸显度、表达空位度、语境提示度的影响，三者成正比关系；与范畴成员相似度成反比关系。

（3）词语的跨体能力和特征凸显度、语体表达空位度、范畴成员相似度成正比关系。语境提示度和跨体能力无直接关系。

（4）表达效果和特征凸显度、语境提示度成正比关系；与范畴成员相似度成反比关系。语体表达空位度和表达效果无直接关系。

（5）四个维度是相互联系的有机整体，以范畴成员相似度为基础，衍生出凸显度和空位度，并在语境提示度的作用下共同完成词语跨体。

词语跨体使用的现象在各类作品中频繁出现。跨体使用，体现了思维的多维性和语言的艺术张力。建构者将心理、经验、认知方式、社会文化素质与背景文本合为一体，效果新颖、形象，激发感悟，利于揭示本质。正是这些表达优势，使得词语跨体使用表现出了强大的艺术生命力。同时，大量跨体现象的出现，可能会加快改变跨体组合的心理认知和预期，进而产生更多心理空位和语言空位，出现一些超常规的词语搭配，通过频繁使用，进而上位为规范的词法组合现象。四个维度的观点同样适用于词语跨域现象的分析，对于词语超常搭配和新词语产生的内在机制等具有一定的解释力。本文希望随着研究的深入可以得到更有价值的发现，同时在批评中不断得到完善。

参考文献

陈忠．认知语言学研究［M］．济南：山东教育出版社，2006.

李琳．语体词跨用的概念整合解释［J］．外国语文，2009（6）．
李琳．语体词的跨体使用探微［J］．当代教育理论与实践，2011（3）．
王占馥．论不同语体词语渗透的修辞艺术［J］．江西社会科学，2008（6）．
袁晖．论语体词［J］．修辞学习，2004（3）．
袁毓林．词类范畴的家族相似性［J］．中国社会科学，1995（1）．
张礼．文艺语体词的跨体运用现象析论［J］．求索，2008（4）．
赵艳芳．认知语言学概论［M］．上海：上海外语教育出版社，2001.
周芸．辨体、破体与语体的认知［J］．修辞学习，2003（2）．
周芸．新时期文学跨体式语言的语体学研究［M］．昆明：云南人民出版社，2006.

（本文曾刊载于《语言文字应用》2012 年第 4 期）

［作者简介］

邵长超，暨南大学华文学院副教授，博士。主要研究修辞学、对外汉语教学、认知语言学。